PENSAMENTO EFICAZ

Shane Parrish

Pensamento eficaz
Como transformar situações cotidianas em resultados extraordinários

TRADUÇÃO
Renato Marques

3ª reimpressão

Copyright © 2023 by Latticework Publishing Inc.
Todos os direitos reservados, incluindo o direito de reprodução total ou parcial em qualquer formato.
Edição publicada mediante acordo com Portfolio, um selo da Penguin Publishing Group, uma divisão da Penguin Random House LLC.

Grafia atualizada segundo o Acordo Ortográfico da Língua Portuguesa de 1990, que entrou em vigor no Brasil em 2009.

Título original
Clear Thinking: Turning Ordinary Moments into Extraordinary Results

Capa
Sarah Brody

Imagem de capa
Olaser/ DigitalVision Vectors/ Getty Images

Preparação
Natalia Engler

Índice remissivo
Maria Claudia Carvalho Mattos

Revisão
Aminah Haman
Nestor Turano Jr.

Dados Internacionais de Catalogação na Publicação (CIP)
(Câmara Brasileira do Livro, SP, Brasil)

Parrish, Shane
  Pensamento eficaz : Como transformar situações cotidianas em resultados extraordinários / Shane Parrish ; tradução Renato Marques. — 1ª ed. — Rio de Janeiro : Objetiva, 2024.

  Título original : Clear Thinking : Turning Ordinary Moments into Extraordinary Results.
  ISBN 978-85-390-0812-4

  1. Autoajuda 2. Autoconhecimento 3. Mudança de atitude 4. Pensamento. I. Título.

24-196816   CDD-158.1

Índice para catálogo sistemático:
1. Pensamento : Poder : Psicologia aplicada   158.1

Eliane de Freitas Leite - Bibliotecária - CRB 8/8415

Todos os direitos desta edição reservados à
EDITORA SCHWARCZ S.A.
Praça Floriano, 19, sala 3001 — Cinelândia
20031-050 — Rio de Janeiro — RJ
Telefone: (21) 3993-7510
www.companhiadasletras.com.br
www.blogdacompanhia.com.br
facebook.com/editoraobjetiva
instagram.com/editora_objetiva
twitter.com/edobjetiva

Sumário

Prefácio 7
Introdução: O poder do pensamento eficaz nas situações cotidianas 13

PARTE 1: OS INIMIGOS DO PENSAMENTO EFICAZ

1.1. Pensar errado — ou nem sequer pensar 19
1.2. O padrão da emoção 25
1.3. O padrão do ego 28
1.4. O padrão social 35
1.5. O padrão da inércia 40
1.6. O padrão para a eficácia 45

PARTE 2: FORTALECER-SE

2.1. Autorresponsabilidade 53
2.2. Autoconhecimento 64
2.3. Autocontrole 67
2.4. Autoconfiança 69
2.5. Força em ação 77
2.6. Definir os padrões 79
2.7. Modelos + prática 85

PARTE 3: GERENCIAR AS FRAQUEZAS

3.1. Conhecer suas fraquezas 95
3.2. Proteger-se com salvaguardas 102
3.3. Como lidar com os erros 112

PARTE 4: DECISÕES — O PENSAMENTO EFICAZ EM AÇÃO

4.1. Definir o problema 121
4.2. Analisar cuidadosamente possíveis soluções 129
4.3. Avaliar as opções 146
4.4. Agir! 169
4.5. Margem de segurança 178
4.6. Aprender com suas decisões 194

PARTE 5: QUERER O QUE IMPORTA

5.1. A lição oculta de Dickens 207
5.2. Os especialistas em felicidade 212
5.3. *Memento mori* 215
5.4. A morte dá lições de vida 219

Conclusão: O valor do pensamento eficaz 223

Agradecimentos 225
Notas 227
Índice remissivo 235

Prefácio

Comecei a trabalhar numa agência governamental de inteligência em agosto de 2001. Passadas algumas semanas, veio o Onze de Setembro e o mundo mudou para sempre.

De repente, todos os funcionários se viram compelidos a assumir posições e responsabilidades para as quais não estavam preparados. Uma das incumbências do meu trabalho era a permanente necessidade de descobrir como fazer coisas que poucos imaginavam ser possíveis. Não me cabia apenas resolver problemas complicados e inéditos: a vida das pessoas estava em jogo. Falhar não era opção.

Certa noite, voltando para casa às três da manhã, depois de uma operação cujo resultado não tinha sido o esperado, eu pensava que dali a algumas horas teria que enfrentar meu chefe e explicar o que acontecera e no que eu estava pensando quando fiz as escolhas que fiz.

Havia pensado em tudo com clareza? Será que tinha deixado passar alguma coisa? Como eu poderia saber?

Meu raciocínio seria exposto e escancarado para o julgamento e escrutínio de todos.

No dia seguinte, entrei na sala do meu chefe e expliquei o que havia passado pela minha cabeça. Quando terminei, admiti que não estava pronto para aquele trabalho ou para o nível de responsabilidade que o cargo exigia. Ele pousou a caneta, respirou fundo e disse: "Ninguém está pronto para esse trabalho, Shane. Mas você e a equipe são tudo o que nós temos".

Não foi exatamente uma resposta reconfortante. Por "equipe" ele se referia às doze pessoas que vinham trabalhando oitenta horas por semana durante anos a fio. Por "tudo o que nós temos" ele se referia ao início do mais importante dos novos programas que a agência já havia implementado em gerações. Saí daquela breve reunião com a cabeça a mil.

À noite, comecei a me fazer perguntas que não me abandonariam no decorrer da década seguinte. Como melhorar o processo de raciocínio? Por que tomamos decisões ruins? Por que algumas pessoas obtêm resultados melhores do que outras que dispõem das mesmas informações? Como posso tomar decisões acertadas com mais frequência e diminuir a probabilidade de um resultado ruim quando há vidas em jogo?

Até aquele ponto da minha vida profissional, eu havia tido bastante sorte, e, embora desejasse que essa maré continuasse, queria também depender menos dela. Se existisse um método para aprender a pensar com clareza e desenvolver a capacidade de discernimento, eu queria tirar proveito disso.

Se você é parecido comigo, ninguém nunca te ensinou a pensar ou tomar decisões. Na escola não existem matérias como "Introdução ao pensamento eficaz" ou "Primeiros passos para aprender a pensar de forma eficaz". Ao que parece, todo mundo tem a expectativa de que você já saiba como fazer isso, ou que aprenda por conta própria. Acontece que aprender sobre o ato de pensar — pensar de forma *eficaz* — é surpreendentemente difícil.

Ao longo dos anos seguintes, eu me dediquei a aprender a pensar melhor. Observei de que modo as pessoas adquiriam informações, raciocinavam e agiam, e como suas ações se desdobravam em resultados positivos ou negativos. Será que algumas pessoas eram mais inteligentes que outras? Ou contavam com sistemas ou práticas melhores? Nos momentos relevantes, teriam uma noção nítida acerca da qualidade de seu pensamento? De que forma eu poderia evitar os erros óbvios?

Assistia às reuniões dos meus superiores. Ficava lá, sentado em silêncio,[*] ouvindo atentamente o que essas pessoas experientes julgavam importante e por quê. Lia tudo que encontrava sobre cognição e conversava com qualquer um que atendesse ao telefone.

---

[*] Tudo bem, na maioria das vezes eu ficava em silêncio, mas nem sempre.

Escarafunchei as atitudes dos titãs da indústria,* que pareciam pensar com eficácia de maneira consistente, o que não ocorria com todo mundo. Eles davam a impressão de saber de alguma coisa da qual nem todos sabiam, e eu estava determinado a descobrir o quê.

Enquanto as pessoas comuns como nós almejam a vitória, os melhores do mundo sabem que, antes de vencer, devem primeiro evitar perder. No fim das contas, fica claro que se trata de uma estratégia surpreendentemente eficaz.

A fim de registrar minha aprendizagem, criei o site anônimo *Farnam Street* — disponível no endereço fs.blog —, cujo nome homenageia Charlie Munger e Warren Buffett,** duas pessoas cujo ganha-pão é exercitar o discernimento e que tiveram um profundo impacto na minha maneira de enxergar o mundo.***

Ao longo dos anos, tive a sorte de conversar sobre pensamento e tomada de decisões com meus heróis Charlie Munger e Daniel Kahneman, além de outros mestres como Bill Ackman, Annie Duke, Adam Robinson, Randall Stutman e Kat Cole. Muitas dessas conversas estão disponíveis no podcast *The Knowledge Project*. Outras, como as que tive com Munger, devem permanecer privadas. Entre todas as pessoas com quem conversei, porém, ninguém exerceu maior influência no meu pensamento e nas minhas ideias do que meu amigo Peter D. Kaufman.

Milhares de conversas me renderam uma percepção muito nítida.

Para obter os resultados que desejamos, temos de fazer duas coisas: antes de mais nada, criar um espaço mental para raciocinar e formular nossos pensamentos, sentimentos e ações, e só então usar deliberadamente esse espaço para pensar com clareza. Depois de dominar essa habilidade, você descobrirá que tem uma vantagem incomparável.

---

* Trabalhar para uma agência governamental de inteligência abre uma porção de portas que poderíamos julgar fechadas.
** A sede da Berkshire Hathaway, da qual Warren Buffett é CEO e Charlie Munger é vice-presidente, fica na rua Farnam em Omaha, Nebraska, nos Estados Unidos.
*** Recorri ao anonimato porque, ao que parece, as agências governamentais de inteligência tendem a desaprovar perfis públicos. As coisas mudaram desde então. Em decorrência dos muitos problemas para recrutar pessoal, hoje em dia elas permitem ter um perfil público. Na verdade, embora as descrições dos cargos sejam vagas, agora as pessoas costumam pôr em seu perfil do LinkedIn o nome da agência para a qual trabalham. É importante ter em mente que, quando comecei, nós não existíamos — não havia nenhuma placa de identificação no prédio. A ideia de ter qualquer tipo de perfil público estava a mais de uma década de distância.

O pensamento eficaz é a base de decisões que nos possibilitam galgar posições cada vez melhores, que poderão acarretar êxitos cada vez maiores.

Este livro é um guia prático para dominar a arte do pensamento eficaz.

A primeira metade trata de como criar um espaço mental para isso. Primeiro, identificamos os inimigos do pensamento eficaz. A maior parte do que consideramos "pensar" é, na verdade, como você verá, uma reação desprovida de raciocínio, desencadeada por instintos biológicos que evoluíram para preservar a espécie. Quando reagimos sem raciocinar, nossa posição fica enfraquecida e nossas opções se tornam cada vez piores. Quando ritualizamos uma resposta aos nossos gatilhos biológicos, criamos um espaço mental para pensar com clareza e fortalecer nossa posição. Em seguida, identificamos maneiras práticas e facilmente acionáveis de manejar nossos pontos fracos e fortalecer os pontos fortes, de modo que o espaço mental seja criado de modo sólido e constante quando estivermos sob pressão.

A segunda metade do livro gira em torno de como pôr em prática o pensamento eficaz. Tão logo conseguimos fortalecer nossos pontos fortes e administrar nossas fraquezas — quando criamos a pausa entre o pensamento e a ação —, somos capazes de transformar o pensamento eficaz em decisões eficazes. Na parte 4, compartilho as ferramentas mais práticas que podem ser usadas para a resolução de problemas.

Por fim, assim que você tiver dominado as habilidades necessárias para que seus padrões funcionem a seu favor e não contra, e tiver potencializado a ferramenta que é sua mente racional, voltarei àquela que talvez seja a questão mais importante de todas: definir, para começo de conversa, quais são seus objetivos. Toda execução bem-sucedida é inútil se não estiver a serviço do melhor resultado — mas de que forma decidimos o que é isso?

Ao longo do caminho, mostrarei os métodos e as estratégias mais eficazes para pensar de certo modo, um modo pouco falado. Sem jargões sofisticados, planilhas ou diagramas de árvores de decisão. Em vez disso, vamos nos concentrar nas habilidades práticas que aprendi com outras pessoas, que descobri por conta própria e testei junto a milhares de indivíduos de várias empresas, culturas e setores.

Juntos, vamos descobrir o elo perdido entre a ciência comportamental e os resultados do mundo real, e transformar situações cotidianas em resultados extraordinários.

As lições aqui presentes são simples, práticas e atemporais, baseadas em larga medida na sabedoria de outras pessoas e, em termos de execução prática, em minha própria experiência. Procuro transmitir ideias e constatações para tomar melhores decisões dentro da agência governamental de inteligência, construir e dimensionar vários negócios e, por que não, me tornar um pai melhor. A maneira como você vai usar essas reflexões depende de você.

Se existe um lema que norteia minha vida é: "Dominar a melhor parte do que outras pessoas já descobriram". E o livro que você tem em mãos é um tributo a essa convicção. Fiz o possível para atribuir as ideias aqui mencionadas às pessoas que merecem o devido crédito. Provavelmente devo ter deixado algumas passarem em branco, e pela omissão peço desculpas. Quando colocamos as coisas em prática, elas se tornam parte de nós. Depois de duas décadas, de conversar milhares de vezes com os melhores do mundo e devorar uma biblioteca maior do que sou capaz de contar, não é fácil lembrar de onde vem tudo. A maior parte do que eu sei ficou impregnada no meu inconsciente. Não seria errado supor que alguma coisa de útil neste livro seja ideia de outra pessoa, e a minha principal contribuição é apresentar ao mundo o mosaico do que aprendi com outras pessoas que vieram antes de mim.

Introdução
O poder do pensamento eficaz nas situações cotidianas

Pequenas situações cotidianas determinam nosso futuro.

Somos ensinados a nos concentrar nas grandes decisões em vez de focar nos momentos em que nem percebemos que estamos fazendo uma escolha. No entanto, esses momentos banais são em geral mais importantes para o nosso sucesso do que as grandes resoluções. E ter consciência disso nem sempre é fácil.

Julgamos que, acertando no peixe graúdo, tudo fará sentido e se encaixará como num passe de mágica. Se escolhermos casar com a pessoa certa, tudo ficará bem. Se optarmos pela carreira certa, seremos felizes. Se selecionarmos o investimento certo, ficaremos ricos. Essa sabedoria é, na melhor das hipóteses, uma meia verdade. Você pode até casar com a pessoa mais incrível do planeta, mas se não der o devido valor a ela, seu casamento estará com os dias contados. Você pode até escolher a melhor carreira, mas se não suar a camisa e trabalhar além da conta, não terá oportunidades. Você pode até encontrar o investimento perfeito, mas se não dispuser de nenhuma reserva para investir, esse achado de nada vale. Mesmo quando acertamos em cheio nas grandes decisões, nada nos garante obter os resultados que desejamos.

Nunca encaramos situações cotidianas como decisões. Quando reagimos ao comentário de um colega de trabalho, ninguém dá um tapinha no nosso ombro para nos dizer que estamos prestes a jogar gasolina na fogueira. É lógico que, se soubéssemos que estávamos prestes a piorar a situação, não faríamos isso. Ninguém quer correr o risco de sacrificar uma década inteira para obter uma vitória momentânea, mas muitas vezes é assim que as coisas acontecem.

Os inimigos do pensamento eficaz — os nichos mais primitivos de nossa natureza — tornam difícil ver o que está acontecendo, servem apenas para complicar a vida. Quando, numa reunião de trabalho, respondemos a um colega movidos pela emoção, temos de consertar o estrago. Quando, em vez de tentar obter o melhor resultado possível, resolvemos provar que estamos certos, geramos apenas uma confusão que precisaremos desfazer depois. Se começamos a brigar com nosso cônjuge na sexta-feira, corremos o risco de jogar no lixo todo o fim de semana. Não é de admirar que tenhamos menos energia, mais estresse e a sensação de que estamos ocupados o tempo todo.

No dia a dia, a situação pensa por nós. Não percebemos na hora porque o vivido parece insignificante. Contudo, à medida que os dias se transformam em semanas e as semanas em meses, o acúmulo desses momentos banais faz com que se torne mais fácil ou mais difícil alcançar nossos objetivos.

Cada momento da vida nos deixa numa posição melhor ou pior para lidar com o futuro, e é isso que mais cedo ou mais tarde facilita ou complica as coisas. Quando nosso ego assume as rédeas e mostramos que somos o mandachuva, dificultamos o futuro. Quando somos passivo-agressivos com um colega, nosso relacionamento piora. E ainda que, no calor da hora, esses instantes não pareçam relevantes, eles vão se somando à nossa posição atual. E nossa posição determina nosso futuro.

Uma boa posição nos permite pensar com clareza, em vez de nos deixarmos ser levados pelas circunstâncias. Uma das razões pelas quais os melhores do mundo vivem tomando boas decisões é que raras vezes eles se veem forçados a deliberar às pressas, premidos pela conjuntura.

Se você se puser numa posição melhor que a dos outros, não precisa ser mais inteligente para ter um desempenho auspicioso. Qualquer um posa de gênio quando está numa boa posição, e até mesmo um Einstein vai parecer um idiota se estiver numa posição ruim.

A melhor ferramenta de apoio para o discernimento é partir de uma posição favorável. Empresa com dinheiro em caixa e poucas dívidas só se vê às voltas com boas opções. Quando os tempos ruins chegam, e eles sempre chegam, as opções vão de boas a ótimas. Por outro lado, uma empresa sem fluxo de caixa e afundada em dívidas só se depara com opções ruins. Num piscar de olhos as coisas desandam. E é fácil estender esse exemplo para além das salas de reunião da diretoria.

O tempo favorece quem está bem posicionado e é atroz para quem não está. Quem ocupa uma boa posição tem pela frente muitos caminhos que levam à vitória, enquanto quem está mal posicionado só se depara com um. É mais ou menos como jogar Tetris. Quem é craque encontra muitas opções para encaixar o próximo bloco, já quem joga mal precisa encontrar a peça exata.

O que muita gente não percebe é que as situações cotidianas determinam nossa posição, e nossa posição determina nossas opções. O pensamento eficaz é a chave para o posicionamento adequado, que é o que permite dominar as circunstâncias em vez de sermos dominados por elas.

Não vem ao caso em que posição você se encontra agora. O que importa é se você é capaz de melhorar sua posição atual.

Cada momento corriqueiro é uma oportunidade de tornar o futuro mais fácil ou mais difícil. Tudo depende de pensar de forma eficaz.

PARTE 1

OS INIMIGOS DO PENSAMENTO EFICAZ

Nunca se esqueça de que seu inconsciente é mais esperto do que você, mais rápido do que você e mais poderoso do que você. Ele pode até mesmo te controlar. Você nunca saberá todos os seus segredos.

CORDELIA FINE,
Ideias próprias: Como seu cérebro distorce a realidade e o engana

A primeira coisa que ouvi foi uma gritaria. Não é isso que você espera ouvir quando está na porta da sala de um CEO. Mas esse CEO era diferente.

Entrei, pus minha pasta sobre a mesa e sentei bem à sua frente. O CEO não fez menção de ter notado a minha presença. Embora os muitos meses de trabalho ali pudessem ter me calejado, não deixava de ser perturbador.

Eu era seu braço direito, e praticamente nada nem ninguém chegava até ele sem antes passar por mim. Era isso que tornava aquele telefonema tão interessante. Não estava na agenda dele.

Sei lá com quem ele falava, mas a conversa o deixara vermelho de raiva. Eu já havia aprendido a duras penas a jamais interrompê-lo em momentos como aquele, senão sua cólera se dirigiria imediatamente a minha pessoa.

Assim que ele desligou, seus olhos encontraram os meus. Eu sabia que tinha uma fração de segundo para dizer alguma coisa, caso contrário ele começaria a berrar comigo por ter sido obrigado a atender àquela ligação imprevista.

"O que houve? Do que se trata?", perguntei.

"Alguém precisava pôr essas pessoas no devido lugar", ele disse.

Eu ignorava quem havia estado do outro lado da linha, mas seu tom irritadiço me levou a acreditar que era alguém que não o conhecia. As pessoas que trabalhavam para ele sabiam que era melhor não dizer nada que pudesse aborrecê-lo. Isso incluía dar-lhe más notícias, externar ideias que contrariavam suas opiniões e, lógico, fazer um sinal para que ele não agravasse uma situação ruim.

Seria uma das últimas ligações que ele atenderia em seu escritório. Esse momento aparentemente banal mudou tudo.

Acontece que a pessoa do outro lado da linha estava numa tentativa desesperada de relatar um problema com sérias consequências para a empresa. Como naquele dia tais inquietações foram recebidas com ira, decidiram levá-las ao conselho. Não muito tempo depois, o tal CEO foi demitido.

Embora parte de mim queira dizer que a causa direta foi o comportamento dele, nós dois sabemos que isso não seria verdade. O CEO foi demitido por não agir em conformidade com a informação que a pessoa do outro lado da linha estava tentando lhe comunicar, porque seu ego não lhe permitiu. Se ele tivesse pensado com clareza, talvez ainda estivesse no emprego.*

---

* A história é verdadeira, mas alguns detalhes foram alterados para proteger a identidade da pessoa envolvida.

1.1. Pensar errado — ou nem sequer pensar

A racionalidade é perda de tempo se não sabemos *quando* usá-la.

Se você perguntar a alguém como aperfeiçoar o processo de raciocínio, você provavelmente vai ser agraciado com inúmeras ferramentas concebidas para ajudar a pensar de forma mais racional. As livrarias estão abarrotadas de livros que sugerem que o problema é nossa capacidade de fazer uso da razão. São obras que enumeram as etapas que devemos seguir e as ferramentas que devemos utilizar para ter discernimento. Se você já tem consciência de que deveria estar pensando, esse tipo de coisa pode ser útil.

O que aprendi ao observar as pessoas é que, tal qual o CEO zangado, muitas vezes não temos noção de que as circunstâncias é que estão pensando por nós. É como se esperássemos a voz dentro da nossa cabeça dizer: "PARE! ESTE É UM MOMENTO EM QUE VOCÊ PRECISA PENSAR!".

E por não saber que deveríamos estar pensando, deixamos que nossos impulsos controlem a situação.

No intervalo entre o estímulo e a resposta, pode acontecer das duas uma: de forma consciente, fazemos uma pausa e aplicamos a razão à situação. Ou abrimos mão do controle e acionamos um comportamento-padrão.

O problema é que nosso comportamento-padrão geralmente piora as coisas.

Quando alguém nos menospreza, atacamos com palavras raivosas.

Quando alguém nos exclui, supomos haver maldade da parte da pessoa.

Quando as coisas vão mais devagar do que queremos, ficamos frustrados e impacientes.

Quando alguém é passivo-agressivo, mordemos a isca e agravamos a situação.

Nesses momentos de reação, não percebemos que nosso cérebro foi sequestrado pela biologia e que o resultado irá na direção contrária do que buscamos. Não nos damos conta de que acumular informações para obter uma vantagem está prejudicando a equipe. Não atinamos que estamos nos sujeitando às ideias do grupo quando deveríamos estar pensando por conta própria. Não enxergamos que nossas emoções estão nos fazendo reagir de tal modo que mais à frente só haverá complicações.

Assim, o primeiro passo para melhorar nossos resultados é treinar para identificar os momentos em que, antes de mais nada, a sensatez é necessária, e fazer uma pausa a fim de criar um espaço mental para o pensamento eficaz. Esse treinamento exige muito tempo e esforço, porque envolve o contrapeso de padrões biológicos que se consolidaram ao longo de séculos. Entretanto, dominar as situações cotidianas que atravancam o futuro não é apenas uma possibilidade, é o ingrediente decisivo para o sucesso e para alcançar nossos objetivos de longo prazo.

O ALTO CUSTO DE PERDER O CONTROLE

Reagir sem raciocinar só piora as coisas.

Penso numa situação absolutamente trivial, que estou cansado de ver. Durante uma reunião, um colega de trabalho faz pouco caso de um projeto que você está coordenando. Instintivamente, você rebate com um comentário ácido que deprecia o colega ou o trabalho dele. Você não fez uma escolha consciente para responder, apenas reagiu. Antes mesmo de entender direito o que está acontecendo, você já estragou tudo. Não só o relacionamento pessoal entre você e o colega sofre um abalo, mas a reunião descamba e sai do rumo planejado.

Aí você precisa investir um bocado de energia para conseguir voltar à posição anterior. O relacionamento precisa ser consertado. A reunião que saiu dos trilhos deve ser remarcada. Num esforço para aliviar as tensões e acalmar os ânimos, pode ser que você precise falar com os demais participantes da reunião. E mesmo depois de tudo isso, talvez você se veja numa situação pior que antes. Cada testemunha e cada pessoa com quem essa testemunha conversou sobre o ocorrido recebeu um sinal inconsciente que corroeu a confiança depositada em você. Reconstruir essa confiança exige meses de empenho de sua parte.

Todo o tempo e a energia que você consome para consertar seus erros não forçados* deixam de servir em prol dos resultados que você almeja. Possui imensa vantagem quem usa suas reservas de energia para alcançar seus objetivos do que para remediar seus problemas. O esforço da pessoa que aprende a pensar de forma eficaz acaba direcionado para obter os resultados desejados, ao contrário do que ocorre com quem não faz isso.

Porém, aquele que não é capaz de administrar seus comportamentos-padrão pode abandonar a esperança de conseguir pensar com clareza.

INSTINTOS BIOLÓGICOS

Não existe nada mais forte do que os instintos biológicos. Eles nos controlam, muitas vezes sem nos darmos conta disso. A incapacidade de chegar a um denominador comum com nossos instintos apenas nos torna mais suscetíveis à força deles.

Se você está penando para entender por que às vezes reage da pior maneira possível, o problema não é sua mente, que está fazendo exatamente o que a biologia a programou para fazer: agir com rapidez e eficiência em resposta a ameaças, sem perder tempo pensando.

Se alguém arromba sua casa, você instintivamente se põe entre o invasor e seus filhos. Se alguém se aproxima de você com uma expressão ameaçadora, você fica tenso e em estado de alerta. Se sente que seu trabalho está em risco, talvez você comece inconscientemente a acumular informações. Seu cérebro animal acredita que, se você for a única pessoa que sabe fazer seu trabalho, ninguém jamais poderá te demitir. A biologia, não sua mente racional, diz a você o que fazer.

---

* No jogo de tênis, diz-se que um erro forçado é aquele que o jogador comete devido a uma bola do adversário, enquanto o erro não forçado se deve inteiramente ao jogador. (N. E.)

Quando nossas reações impensadas pioram a situação, aquela vozinha que existe em nossa cabeça começa a martelar: "O que você estava pensando, seu idiota?" Bem, você não estava pensando, essa é que é a verdade. Você estava reagindo, exatamente como o animal que você é. Sua mente não estava no comando. A biologia é que estava.

Nossas tendências biológicas estão programadas em nós, impressas em nossos circuitos.* Elas prestaram bons serviços a nossos ancestrais pré-históricos, mas hoje tendem a nos atrapalhar. Esses comportamentos atemporais já foram descritos e discutidos por filósofos e cientistas, desde Aristóteles e os estoicos até Daniel Kahneman e Jonathan Haidt.[1]

Nós, por exemplo, assim como todos os animais, *temos a propensão natural de defender nosso território*.[2] Isso não significa necessariamente assegurar a posse de um pedaço de terra na savana africana, pois, além de físico, o território é psicológico. Nossa identidade também faz parte do nosso território. Quando alguém critica nosso trabalho, nossa posição ou a maneira como nos vemos, instintivamente nos fechamos ou nos defendemos. Quando alguém questiona nossas convicções, paramos de ouvir e partimos para o ataque. Zero pensamento, puro instinto animal.

Somos naturalmente programados para organizar o mundo em uma hierarquia. Fazemos isso porque ajuda a entender as coisas, a manter nossas convicções e, enfim, a nos sentirmos melhor. Mas quando alguém desrespeita nosso lugar no mundo e nossa compreensão de como ele funciona, reagimos sem pensar. Quando alguém te corta no trânsito e você tem um ataque de raiva, é a sua mente inconsciente que diz: "Quem é você pra me cortar?". Você está reagindo a uma ameaça a seu senso de hierarquia. No trânsito, somos todos iguais. Todos devemos jogar de acordo com as mesmas regras. Dar uma fechada em alguém viola essas regras e sugere que o infrator se sente acima de você.** E pense quando você encerra uma discussão com seus filhos, que não estão obedecendo, com o argumento "Porque eu estou mandando" (ou o equivalen-

---

* Obrigado, Peter Kaufman, pelas muitas conversas que tivemos sobre esse tema e que deram consistência ao meu pensamento.
** Tenho certeza de que originalmente ouvi Jim Rohn citar esse exemplo, mas não consigo encontrar a referência.

te no escritório: "Porque eu sou o chefe"). Nesses momentos, você parou de pensar e regrediu às suas tendências biológicas de reafirmação da hierarquia.

Temos senso de autopreservação. A maioria de nós jamais derrubaria alguém intencionalmente a fim de pôr em marcha nosso propósito.* A palavra-chave aqui é "intencionalmente", porque intenção envolve pensamento. Quando somos provocados e não pensamos, nosso desejo de autoproteção assume o controle. Quando uma empresa se vê sob a ameaça do fantasma das demissões, num piscar de olhos pessoas em geral decentes se mostram dispostas a puxar o tapete umas das outras para manter o emprego. Lógico que ninguém quer de caso pensado prejudicar os colegas, mas se no fim das contas as coisas se resumirem a "eles ou eu", as pessoas farão de tudo para salvar a pele e sair por cima. Isso é biologia.

Nossos instintos biológicos fornecem uma resposta automática sem processamento consciente. Afinal, é para isso que eles servem!

O processamento consciente consome tempo e energia. A evolução favoreceu os atalhos de estímulo-resposta porque são vantajosos para o grupo: eles melhoram a aptidão *do grupo*, a sobrevivência *do grupo* e a reprodução. À medida que os humanos continuaram a florescer em grupos, desenvolveram-se as hierarquias, criando ordem a partir do caos e conferindo a todos nós um lugar. A territorialidade é a forma como tentamos evitar conflitos contra os outros — você fica fora do meu território, eu fico fora do seu. E a autopreservação significa que escolhemos a sobrevivência em detrimento de regras, normas ou costumes.

O problema ocorre quando deslocamos o foco do todo para dar um close no indivíduo, de eras de evolução para o momento presente da decisão. No mundo de hoje, a sobrevivência básica não está mais em questão. As tendências que outrora nos serviam agora atuam muitas vezes como uma âncora que nos mantém empacados, enfraquecendo nossa posição e tornando as coisas mais difíceis do que precisam ser.

---

* Exceto, é claro, a pessoa, seja lá quem for, para a qual Taylor Swift escreveu a canção "Better Than Revenge" [Melhor que vingança].

CONHECER SEUS PADRÕES

Embora esses instintos sejam muitos, penso que quatro se destacam como os mais notáveis, os mais marcantes e os mais perigosos. São comportamentos que representam algo semelhante às configurações-padrão ou configurações de fábrica do nosso cérebro.[3] São programas comportamentais gravados em nosso DNA pela seleção natural e que nosso cérebro executará automaticamente quando acionado, a menos que paremos e reservemos um tempo para pensar. Eles têm muitos nomes, mas, para os propósitos deste livro, vamos chamá-los de *padrão da emoção*, *padrão do ego*, *padrão social* e *padrão da inércia*.

Vejamos como cada um funciona, em essência:

1. Padrão da emoção: tendemos a responder a sentimentos e não a argumentos e fatos.
2. Padrão do ego: tendemos a reagir a qualquer coisa que ameace nossa autoestima ou nossa posição em uma hierarquia de grupo.
3. Padrão social: tendemos a nos submeter às normas do grupo social estendido.
4. Padrão da inércia: tendemos a resistir à mudança e a preferir ideias conhecidas, processos e ambientes com os quais estamos familiarizados, pois somos criaturas que cultivam hábitos e buscam conforto.

Não há limites rígidos entre os padrões; volta e meia um se mescla com o outro. Cada um deles, sozinho, é suficiente para provocar erros não forçados, mas, quando atuam juntos, as coisas rapidamente se degringolam.

As pessoas que dominam seus comportamentos-padrão obtêm os melhores resultados no mundo real. Não é que não tenham temperamento instável ou ego: elas sabem como controlá-los, em vez de serem controladas por eles. Graças à capacidade de pensar com clareza em situações do cotidiano, elas sempre garantem uma boa posição para o dia seguinte.

Na seção a seguir, apresentarei uma visão geral de como esses padrões se manifestam no comportamento humano e como reconhecer quando estão em ação em sua vida. Depois que você passar a observar os padrões, não apenas suas ações passadas farão mais sentido, como você aprenderá a identificar quando outras pessoas também estão reagindo a eles.

1.2. O padrão da emoção

O poderoso chefão é um dos meus filmes prediletos, em parte por causa de suas muitas lições de negócios. Vito Corleone, o chefe da família mafiosa, é um mestre da paciência e da disciplina. Mantendo sob controle seus padrões, ele nunca reage sem raciocinar e, quando reage, é com eficácia impiedosa.

Seu filho mais velho, Santino, também conhecido como Sonny, é o provável sucessor do pai. Ao contrário de Vito, no entanto, ele é vingativo, impulsivo e tem o pavio curto. É dado a acessos de fúria, primeiro reage e só depois raciocina. Por causa de seus erros não forçados, ele costuma jogar a vida no modo mais difícil.

O padrão da emoção controla Sonny e ele não percebe. Em certa ocasião, ele surra publicamente o cunhado Carlo Rizzi, o que lhe trará consequências não premeditadas. Em outra ocasião, uma família rival propõe uma parceria de venda de drogas a Vito, que a recusa, mas o impetuoso primogênito, sempre propenso a reagir sem pensar, intervém e solapa a resposta do pai. Depois, Vito dá uma lição ao filho: "Nunca mais diga a ninguém de fora da família o que você está pensando". Mas essa lição chega tarde demais, o estrago já está feito. O traficante deduz que, com Vito fora de cena, Sonny aceitará o negócio. Sua indiscrição resulta numa tentativa de assassinato que fere gravemente o pai.

Enquanto Vito convalesce no hospital, Sonny se torna o chefe interino da família. Fiel à sua natureza impulsiva, ele declara guerra às outras famílias. Enquanto isso, Carlo Rizzi continua ressentido por Sonny tê-lo espancado na frente de seus homens, e conspira com uma família rival para matá-lo. Carlo joga a isca e incita o cunhado a reagir sem raciocinar, e a consequência é seu brutal assassinato na cabine de pedágio da pista elevada de Jones Beach.

No fim das contas, o temperamento explosivo de Sonny o leva à derrocada, como acontece com muitas pessoas. Quando respondemos sem raciocinar, é maior a probabilidade de cometermos erros que, olhando para trás, parecem muito óbvios. Na verdade, quando reagimos baseados na emoção, muitas vezes nem percebemos que estamos numa posição que exige reflexão. Se a pessoa está possuída pelo momento, nem todas as ferramentas de raciocínio do mundo poderão ajudá-la.

DA EMOÇÃO À AÇÃO

Há um pouquinho de Sonny em cada um de nós. Quando sentimos raiva, medo ou outra emoção, somos compelidos a agir no ato. Porém, nesses momentos, raramente a ação à qual somos impelidos tem serventia.

Sentir raiva de um rival nos impede de fazer o que é melhor para nós. O medo de perder uma oportunidade nos leva a abreviar o pensamento e agir de forma impulsiva. A indignação diante de uma crítica faz com que, em nome da autodefesa, optemos por desferir ferozes ataques, afugentando potenciais aliados. A lista continua, sem fim.

As emoções podem zerar todo o seu progresso. Não importa o quanto você pensou ou trabalhou em alguma coisa: tudo pode ser desfeito num piscar de olhos. Ninguém está imune. O atleta olímpico norte-americano Matthew Emmons, por exemplo, era um prodígio que chegou a dominar a modalidade de tiro competitivo com carabina. Ele estava prestes a ganhar seu segundo ouro olímpico quando o padrão da emoção fez seu estrago. Emmons estava na rodada final. Ele apontou. Disparou. E acertou na mosca. O único problema: atirou no alvo errado, o do competidor vizinho! Tivesse mirado o alvo certo, a medalha de ouro seria dele. Emmons recebeu nota zero e caiu para o oitavo lugar.

Mais tarde, ele explicou que, antes de abaixar a arma e fazer pontaria, ele costumava olhar através da mira da arma para o número acima do alvo, de modo a se certificar de que era o correto. Na ocasião, pulou esse passo crucial. "Naquele último disparo", ele disse, "eu só estava preocupado em me manter calmo [...] então nem olhei para o número."¹ Por causa disso, o ponto foi para o padrão da emoção.

Embora tenha proporções épicas, o fiasco olímpico de Emmons empalidece em comparação com a tragédia que se desenrolou na vida de um ex-colega meu. Vamos chamá-lo de Steve. Notei que Steve sempre parecia se fechar toda vez que discussões sobre política vinham à tona nos jantares com os colegas de trabalho. Um dia eu lhe perguntei em particular qual era o motivo disso.

Ele me contou uma história da qual eu nunca esqueceria.

Certa noite, seu pai e sua mãe foram jantar na casa dele. Começaram a falar de política e impostos, e a conversa ficou acalorada. As emoções de Steve logo assumiram o controle, e ele começou a dizer coisas que provavelmente não tinha a intenção de dizer. Coisas que ele não poderia desdizer. Coisas que estamos sujeitos a falar quando reagimos em vez de pensar.

Foi a última conversa que Steve teve com seus pais. No caminho de volta para casa, o carro deles foi abalroado por um veículo conduzido por um motorista embriagado. Nenhum dos dois sobreviveu. Aquela noite o assombra até hoje. É uma lembrança que não vai embora, de um momento corriqueiro do qual ele se arrependerá para sempre.

As emoções são capazes de transformar os melhores de nós em idiotas, afastando-nos do pensamento eficaz. No entanto, em geral elas recebem ajuda. Mais tarde, veremos algumas das muitas vulnerabilidades biológicas inerentes que nos deixam ainda mais expostos à força do padrão da emoção: privação de sono, fome, cansaço, emoção, distração, estresse causado pela pressa e por estarmos num ambiente desconhecido. Se você estiver em qualquer uma dessas condições, cuidado! O padrão da emoção provavelmente está comandando o show. Investigaremos também aquilo que pode proteger você nessas situações.

1.3. O padrão do ego

Em *O poderoso chefão*, Carlo Rizzi é o protótipo de outro padrão: o ego.

Carlo passa a integrar a família Corleone ao casar com a filha de Vito, Connie. Ocupa uma posição relativamente baixa na hierarquia social. Orgulhoso e egocêntrico, vai ficando cada vez mais frustrado ao ser relegado a um papel secundário nos negócios da família, e essa frustração o leva a tomar algumas atitudes imperdoáveis.

É o que às vezes acontece na vida: o padrão do ego nos instiga a fomentar e proteger nossa autoimagem a todo custo.

No caso de Carlo, a combinação de dois aspectos — a constante lembrança de sua baixa posição na família e o desejo de defender sua autoimagem ("Eu sou capaz de fazer mais do que meu trabalho exige de mim, mas eles insistem em não me dar mais tarefas") — é o que, no frigir dos ovos, o leva a cometer a traição extrema. Carlo jamais teve a intenção de destruir a família Corleone por dentro. Ele queria um papel em conformidade com a maneira como via a si mesmo. A indignação diária de ser tratado como inferior provocou uma reação em cadeia que ele nunca havia planejado.

PARECER BEM-SUCEDIDO VS. SER BEM-SUCEDIDO

Nem todo tipo de confiança tem a mesma origem. Às vezes, a confiança brota de um comprovado histórico de pôr em prática um conhecimento profundo; outras vezes surge da mera leitura de um artigo. É extraordinária a frequência com que o ego transforma conhecimento fortuito em confiança afoita.

Adquirir um conhecimento rasteiro pode ser perigoso, como um dos meus filhos aprendeu a duras penas. Pouco disposto a escrever seu dever de casa em francês, o que lhe exigiria um bocado de tempo e esforço, ele julgou que poderia redigir o texto em inglês e depois traduzi-lo por meio de um tradutor on-line. Quando lhe perguntei como é que ele conseguiu terminar a tarefa tão rápido, ele me disse que tinha sido fácil, e ficou por isso mesmo. Claro que o professor percebeu o embuste e o agraciou com um retumbante zero.

Nosso ego nos faz ceder à tentação de pensar que somos mais do que de fato somos. Se não for controlado, o ego pode transformar a confiança em excesso de confiança, ou até em arrogância. Adquirimos um naco ínfimo de conhecimento na internet e de repente somos pura soberba. Tudo parece fácil. E com isso corremos riscos, e muitas vezes nem percebemos que estamos nos expondo a riscos. No entanto, devemos resistir a esse tipo de autoconfiança fortuita, se quisermos obter aquilo que almejamos.

Recentemente, assisti a uma palestra sobre o aumento da população de rua; a pessoa sentada ao meu lado comentou que seria facílimo resolver esse problema profundo e complexo. O sujeito estava inebriado por uma dose de autoconfiança fortuita, baseada numa compreensão rasa da questão, por isso, a seu ver, o problema parecia ser dos mais simples. No entanto, na opinião das pessoas dotadas da competência baseada em conhecimento adquirido com muito esforço, o problema estava longe de ser simples. Elas tinham plena consciência da realidade da situação.

O conhecimento fortuito nos leva a julgamentos apressados e irrefletidos. "Entendi! Deixa comigo!", pensamos. Nós nos convencemos de que eventos pouco prováveis (com poucas chances de acontecer) são eventos improváveis, com chance zero de acontecer, e pensamos apenas nos cenários mais favoráveis e nos melhores resultados possíveis. Por causa do nossa recém-descoberta (e falsa) confiança, temos a sensação de sermos imunes ao azar — às coisas ruins que acontecem com as outras pessoas.[1]

A confiança não torna menos prováveis os resultados ruins, tampouco aumenta as chances dos bons resultados: ela apenas nos cega para os riscos. Além do mais, o ego nos deixa mais preocupados em manter ou melhorar a nossa posição numa hierarquia social (aos olhos alheios) do que em enriquecer nosso conhecimento ou apurar nossas habilidades.

Uma das razões pelas quais as pessoas têm dificuldade para capacitar outras no trabalho é que, como elas precisam de nós para todas as decisões, nós nos sentimos importantes e indispensáveis. Ter pessoas dependendo de nós desperta a sensação de que somos não apenas necessários, mas poderosos. Quanto mais pessoas dependerem de nós, mais poderosos nos sentimos. No entanto, essa posição costuma ser autodestrutiva. Aos poucos, e depois subitamente, nos tornamos prisioneiros das circunstâncias que criamos; passa a ser necessário um esforço cada vez maior para permanecermos no mesmo lugar, e nos aproximamos do limite da força bruta.* É apenas uma questão de tempo até que as coisas se despedacem.

A pessoa que deseja que os outros a vejam como alguém importante e excepcional mostra ao mundo de que modo ela pode ser manipulada. Temos a propensão a nos preocupar menos com a excelência de verdade do que com maneiras de transparecer excelência. Quando alguém menospreza ou desqualifica a forma como nos vemos (ou como *queremos* ser vistos), o ego entra em ação, e muitas vezes reagimos sem raciocinar. Carlo Rizzi é um exemplo fictício, mas existem muitos na vida real.

Em setembro de 1780, por exemplo, o general norte-americano Benedict Arnold teve um encontro secreto com um espião britânico. Em troca de 20 mil libras e o comando de uma brigada militar, Arnold concordou em ceder aos britânicos o controle do forte em West Point, posição estratégica que na época estava sob seu comando.

Que força poderosa seria capaz de fazer alguém trair seu país? O motivo de Arnold era o mesmo de Carlo Rizzi: anos de ressentimento acumulado acerca de sua posição social.

Arnold era um militar talentoso, um oficial de mão-cheia, mas não era exatamente um sujeito benquisto. Suscetível a acessos de inveja, vira e mexe se queixava de que o Congresso promovia oficiais mais jovens e menos competentes, esquecendo-se dele. Era rápido no gatilho para reagir a desfeitas e ofensas sociais, tanto reais quanto imaginárias. E, dada sua inclinação para

---

* Expressão que aprendi com Brent Beshore.

provar sua superioridade humilhando as pessoas de quem discordava, criou um exército de inimigos.

Mesmo assim, Arnold conseguiu ganhar a confiança do comandante em chefe do Exército Continental, George Washington, que o nomeou governador militar da Filadélfia. Nessa época, Arnold pediu em casamento Peggy Shippen, filha de uma abastada família local.

Simpatizantes do lealismo,* os Shippen só se interessavam por pessoas ricas como eles. Arnold, no entanto, não havia nascido em berço de ouro. Seu pai alcoólatra dissipou a fortuna da família quando o filho ainda era menino. Desde então, ele vinha tentando restaurar a posição da família na sociedade.

Arnold levava uma vida de luxo e extravagâncias, dando festas suntuosas na esperança de ganhar o respeito da elite rica da Filadélfia. Prometeu aos Shippen um dote generoso, concedendo a Peggy uma vultosa soma em dinheiro como prova de seus opulentos recursos financeiros, e se comprometeu a arcar com uma exorbitante hipoteca para comprar uma mansão. Quando Arnold e Peggy enfim casaram, ele já estava atolado em dívidas. O casal nem pôde ocupar a tal mansão, porque ele precisou alugar a propriedade para pagar a hipoteca.

O estilo de vida perdulário de Arnold chamou a atenção de muitos inimigos, incluindo Joseph Reed, o inescrupuloso presidente do Conselho Executivo Supremo da Pensilvânia. Reed fundamentou uma acusação de corrupção e prevaricação contra Arnold, um processo frágil e inconsistente que, ao que parecia, tencionava mais desonrá-lo publicamente do que qualquer outra coisa. Descobriu-se, no entanto, que Arnold vinha usando sua posição de governador militar para obter lucro financeiro. No fim das contas, seu caso foi levado a uma corte marcial. A única punição foi uma leve repreensão por parte do general Washington, mas ainda assim Arnold julgou que Washington o havia traído.

Pouco tempo depois, ele viraria a casaca.

O orgulho de Arnold estava ferido. Ele queria mostrar aos outros o seu valor e a sua importância. Queria que o vissem como ele via a si mesmo. Uma vez que isso não aconteceu, ele deixou de exercitar a capacidade de discernimento e acabou entrando para a história pelos motivos errados.

---

* Os lealistas eram os colonos que, durante a Guerra de Independência dos Estados Unidos (1775-83), permaneceram leais à Coroa Britânica. (N. T.)

Quem nunca se viu em situação semelhante? Alguém próximo a você não te valoriza da maneira como você gostaria de ser valorizado. Talvez essa pessoa não atine com a sua perspicácia. Ou talvez não reconheça o quanto você faz por ela. No desespero para satisfazer ao ego, seja em âmbito pessoal ou profissional, você para de pensar e faz coisas que em outras circunstâncias não faria — por exemplo, tenta seduzir um concorrente ou flerta com alguém numa festa. Um exemplo que já vi muitas vezes no local de trabalho é quando a pessoa, por se sentir subestimada, deixa de empenhar 100% de sua capacidade.* O ego agarra seu inconsciente, joga pela janela seus objetivos de longo prazo e a põe na rota da destruição.

Se Arnold não tivesse sido tão vorazmente consumido pelo ego — e, em vez disso, tivesse reagido menos e raciocinado mais —, poderia ter percebido que seus objetivos políticos de longo prazo e o bem-estar de sua família exigiam um estilo de vida mais modesto.

SENTIR QUE ESTAMOS CERTOS É MELHOR DO QUE ESTARMOS CERTOS

Nosso desejo de sentir que estamos certos sobrepuja nosso desejo de estarmos certos.

O padrão do ego nos incita a sentir que estamos certos à custa de realmente estarmos certos. Poucas coisas nos causam uma sensação melhor do que ter razão — tanto que, de forma inconsciente, reorganizamos o mundo em hierarquias arbitrárias para mantermos nossas convicções e nos sentirmos melhor em relação a nós mesmos. Minha primeira lembrança de fazer isso remonta à época em que, aos dezesseis anos, trabalhei como operador de caixa em um supermercado.

Um determinado cliente sempre tratava mal os funcionários. Ele chegava dirigindo um baita carrão, estacionava em local proibido na frente do estabelecimento e entrava afobado para comprar alguma coisa. Se havia fila, fazia

---

* Embora esse comportamento já exista há algum tempo, durante a pandemia de covid-19 em 2020 as pessoas começaram a chamar isso de *quiet quitting*, ou "demissão silenciosa".

comentários grosseiros e, levantando a voz, ordenava que todo mundo se apressasse para atendê-lo logo. Nós o chamávamos de "sr. Rolex".

Um dia, enquanto esperava na fila do meu caixa, o homem me disse: "Porra, rapaz, agiliza aí, porque este meu Rolex aqui não se paga sozinho". Não transcreverei a resposta que eu dei, mas digamos que me custou o emprego.

Valeu a pena, porém, porque a experiência me fez perceber que algumas pessoas organizam sua hierarquia inconsciente com base em dinheiro e status. Era recorrendo a esses critérios que o sr. Rolex contabilizava os pontos de seu placar para ficar sempre por cima e levar a melhor.

Lembro que naquela noite voltei a pé pra casa pensando que, embora tivesse perdido o emprego, pelo menos eu não era igual ao sr. Rolex. E naquele momento rearranjei o mundo de tal modo que eu, um estudante do ensino médio recém-desempregado, sem carro nem relógio luxuoso, saíra por cima. Inconscientemente, organizei o mundo de tal forma que de uma só tacada consegui me pôr acima dele e ainda me sentir melhor comigo mesmo.

Naquele dia, nós dois retrocedemos ao padrão do ego.

A maioria das pessoas passa a vida supondo que estão certas... e que quem não vê as coisas do seu jeito está errado.[2] Nós confundimos nosso ideal de mundo com a efetiva realidade do mundo. Pouco importa o assunto: estamos sempre certos sobre política, sobre as outras pessoas, sobre as nossas lembranças dos acontecimentos, sobre qualquer coisa. Fazemos confusão entre nossas aspirações e expectativas acerca do funcionamento do mundo e o funcionamento real do mundo.

Lógico que não é possível ter razão a respeito de tudo o tempo inteiro. Todo mundo comete equívocos ou tem lapsos de memória e não lembra direito de algumas coisas. Mas ainda assim queremos *sentir que estamos certos* o tempo todo e, idealmente, fazer com que outras pessoas corroborem esse sentimento. Assim, canalizamos uma energia descomunal para provar aos outros — ou a nós mesmos — que estamos certos. Quando isso acontece, estamos menos preocupados com os resultados e mais concentrados em proteger nosso ego.

Mais adiante, apresentarei em detalhes como combater o padrão do ego. Por ora, tenha em mente que é possível reconhecer o ego quando ele irrompe e mostra a cara. Se você percebe que está gastando uma energia gigantesca para mudar a percepção das pessoas a seu respeito; se com frequência sente que seu orgulho está sendo ferido; se depois de ler um ou dois artigos sobre determinado tema você já começa a se considerar um especialista; se você sempre tenta provar que está com a razão e tem dificuldade em admitir erros; se você sofre para dizer "eu não sei"; se você com frequência sente inveja dos outros ou julga que nunca recebeu o reconhecimento que merece — fique atento e alerta! Seu ego está no comando.

1.4. O padrão social

Quando todos pensam a mesma coisa, ninguém pensa muito.
Walter Lippman, *The Stakes of Diplomacy*

Anos atrás, assisti a uma palestra especialmente ruim e desagradável. Quando terminou, começaram a bater palmas. Eu hesitei, mas, meio constrangido, decidi imitar os demais. Teria sido embaraçoso não aplaudir.*

O padrão social inspira conformidade. Ele nos persuade a seguir uma ideia ou comportamento só porque outras pessoas fazem isso. É a materialização do significado do termo "pressão social": o desejo de pertencer à multidão, o receio de ficar de fora, o medo de ser desprezado, o medo de decepcionar outras pessoas.

Nosso desejo de adequação vem da nossa história. Um elevado nível de conformidade sempre serviu muito bem aos interesses do grupo. Mas serviu

---

* Talvez não seja surpresa alguma que, ao longo da história, os líderes tenham usado e abusado do simples ato de bater palmas. Grupos profissionais de espectadores aliciados ou contratados para aplaudir, as "claques", costumavam ser estrategicamente posicionados em teatros ou casas de ópera. As claques são usadas desde pelo menos a época do imperador Nero, cujas apresentações costumavam ser ovacionadas por milhares de soldados. Tão logo um punhado de pessoas começa a bater palmas, nosso padrão social entra em cena e nos vemos, assim como eu me vi, aplaudindo sem saber por quê.

também aos nossos interesses individuais. A sobrevivência dentro da tribo era difícil, mas a sobrevivência fora dela era impossível. Como precisávamos do grupo, nossos interesses individuais se tornaram secundários em relação aos interesses do grupo. Apesar de o mundo de hoje ser muito diferente daquele a partir do qual evoluímos, ainda buscamos em outras pessoas dicas sobre como nos comportar.

As recompensas sociais de acompanhar a multidão são sentidas bem antes dos benefícios de nadar contra a corrente. Um bom critério para avaliar uma pessoa é observar se ela faz a coisa certa mesmo contrariando o senso comum. É fácil, porém, superestimar nossa disposição de divergir da multidão e subestimar nosso instinto biológico de buscar a adequação no grupo.

O padrão social nos estimula a terceirizar e transferir para o outro nossos pensamentos, nossas crenças e nossos resultados. Quando todo mundo está fazendo determinada coisa, é fácil racionalizar a ideia de também fazer o mesmo. Não há necessidade de se destacar, sobressair, assumir a responsabilidade pelos resultados ou pensar por si mesmo. Basta pôr o cérebro no piloto automático e tirar uma soneca.

O padrão social favorece a atribuição de virtude — fazer com que outras pessoas aceitem ou elogiem as certezas e convicções que professamos. Sobretudo uma vez que não há custo para isso.

Robert George, professor de Princeton, escreveu: "Às vezes pergunto a meus alunos qual seria a posição deles acerca da escravidão se eles fossem brancos vivendo no sul do país antes da abolição. Adivinhe só! Todos teriam sido abolicionistas! Todos teriam a bravura de se posicionar com veemência contra a escravidão e teriam trabalhado incansavelmente contra ela".[1]

Não, não teriam. É compreensível que queiram se mostrar virtuosos agora, quando é seguro se posicionar assim, mas naquela época é bem provável que teriam se comportado como quase todo mundo.[2]

LEMINGUES RARAMENTE FAZEM HISTÓRIA

Por causa do padrão social, temos medo de ser desprezados, ridicularizados e tratados como idiotas. Para a maioria das pessoas, esse medo de perder capital social excede qualquer vantagem potencial de desvio da norma e nos predispõe a aceitá-la.[3]

O medo nos impede de correr riscos e realizar nosso potencial.

Repetir "Eu quero fazer a mesma coisa que todo mundo está fazendo" não ajuda ninguém a crescer. No entanto, é reconfortante cercar-se de pessoas que concordam com você ou que fazem a mesma coisa que você. Assim, embora vez por outra haja uma sabedoria na multidão, confundir o conforto do coletivo com a evidência de que aquilo que você está fazendo levará a melhores resultados é a grande mentira do padrão social.

Para quem está fazendo a mesmíssima coisa que todo mundo, a única maneira de sobressair e ter um desempenho extraordinário é trabalhar com mais afinco que os demais. Imagine uma equipe de escavadores cujo trabalho é abrir valas com as mãos. Uma ligeira variação na quantidade de terra movimentada por hora é quase imperceptível — o trabalho de um escavador é indistinguível da labuta do colega ao lado. A única maneira de remover mais terra é cavar por mais tempo. No âmbito desse paradigma, o escavador que tira uma semana de folga para fazer experimentos e inventar a pá parece louco. Ele não apenas faz papel de tolo por se expor ao risco de perder o trabalho, mas sua produtividade cumulativa fica para trás a cada dia que ele deixa de cavar. Somente quando surge a pá é que os outros veem a vantagem que o utensílio representa. O sucesso requer atrevimento. O mesmo se aplica ao fracasso.

Fazer algo diferente significa que a pessoa pode até ter um desempenho inferior, mas significa também que ela pode mudar completamente o jogo.

Se você fizer o que todo mundo faz, obterá os mesmos resultados que todo mundo obtém.* As melhores práticas nem sempre são melhores. Por definição, são medianas.

Se você não sabe o suficiente a respeito daquilo que está fazendo para tomar suas próprias decisões, provavelmente é melhor mesmo continuar a fazer o mesmo que todo mundo. Porém, se deseja resultados acima da média, terá que pensar de forma eficaz. E pensar de forma eficaz é pensar de forma independente. Às vezes você tem que se livrar do padrão social e fazer uma coisa diferente daquela que fazem as pessoas ao seu redor. Quem avisa amigo é: isso vai ser desconfortável.

Nosso desejo de adequação muitas vezes se sobrepuja a nosso desejo de um resultado melhor. Em vez de *tentarmos* algo novo, *dizemos* a nós mesmos algo novo.

---

* Peter Kaufman faz questão de me lembrar disso o tempo todo.

Esquivar-se das práticas estabelecidas pode ser doloroso. Quem é que está interessado em tentar algo diferente que talvez não funcione? Se nos desviarmos em demasia da norma sem produzir bons resultados, podemos acabar perdendo o respeito das pessoas, sua amizade e até nosso emprego. É por isso que raramente tentamos novos enfoques e ensaiamos novas atitudes, e, quando nos arriscamos, quase sempre agimos com tanto receio que até o menor dos contratempos nos manda de volta à zona de conforto da conformidade.

É fácil se consolar com o pensamento de que outras pessoas concordam conosco. No entanto, como disse o lendário investidor Warren Buffett: "Se outras pessoas concordam ou discordam de você, isso não significa que você esteja certo ou errado. Você estará certo se seu raciocínio for sólido e abalizado por fatos".

As pessoas que apostam em práticas estabelecidas dizem que querem novas ideias, mas acontece que não querem as ideias ruins. E uma vez que querem evitar as ideias ruins, nunca se desviam o suficiente para encontrar ideias novas e boas.

Embora seja necessário divergir da norma para progredir, nem toda divergência é vantajosa. Para alcançar o sucesso, não basta fazer algo diferente; você também precisa estar certo. Para fazer algo diferente, você precisa pensar diferente. E é isso que o fará se destacar.*

O jogador de beisebol Lou Brock talvez tenha dado uma definição muito melhor quando afirmou: "Me mostre alguém que tem medo de se dar mal e eu te mostrarei alguém que pode ser vencido todas as vezes". Em outras palavras, alguém que está dominado pelo padrão social é fácil de derrotar.

---

* A maioria das pessoas persegue a complexidade. Elas aprendem os fundamentos básicos para serem medianas, e aí saem em busca do segredo, do atalho, do conhecimento oculto. Dominar o básico é a chave para ser barbaramente eficaz. O básico pode parecer simples, mas isso não significa que seja simplista. Os melhores do mundo provavelmente não têm acesso a nenhum atalho secreto ou conhecimento oculto. Entendem os fundamentos melhor do que outros, só isso. Meu exemplo favorito disso é um dos lemas de Warren Buffett: "A primeira regra para investir é nunca perder dinheiro". Ainda que haja uma vida inteira de sabedoria por trás dessa frase, as pessoas a menosprezam por considerá-la simples demais. Um ótimo exercício de pensamento é utilizar o raciocínio para, partindo da estaca zero e passando pelos princípios fundamentais, chegar a essa arguta percepção.

De maneira análoga, Warren Buffett salientou os efeitos do padrão social em sua carta de 1984 aos acionistas da Berkshire Hathaway:

> A maior parte dos gestores tem pouquíssimo incentivo para se mostrar inteligente, mas tem alguma chance de parecer idiota. Para eles, a proporção entre ganho e perda pessoal é óbvia: se uma decisão atípica e nada convencional funcionar bem, eles recebem um tapinha nas costas; se não funcionar, recebem um aviso de demissão. (Fracassar de forma convencional é o caminho a seguir; como grupo, os lemingues podem até ter má fama e uma péssima imagem, mas nenhum lemingue sozinho jamais recebeu críticas negativas.)[4]

Os lemingues podem até implementar pequenas mudanças, claro, mas não as mudanças de que precisam para causar um impacto descomunal. Ainda que falem como estão fazendo grandes coisas para mudar o rumo dos acontecimentos, quando você cava abaixo da superfície, constata que as coisas são as mesmas de antes. O que realmente mudou foi o marketing.

A mudança só acontece quando você está disposto a pensar por si, quando faz o que ninguém mais está fazendo e corre o risco de parecer um idiota por causa disso. Assim que você percebe que está fazendo o mesmo que todos os demais — e apenas porque todas as outras pessoas já estão fazendo —, é hora de tentar algo novo.

Mais adiante, discutirei outros exemplos de como o padrão social opera e como combatê-lo. Por enquanto, tenha em mente o seguinte: se percebe que está se esforçando demais para se encaixar na multidão; se tem medo de desapontar outras pessoas; se tem medo de ser deixado de fora; e se a ameaça de ser alvo de desdém enche você de pavor, então tome cuidado! O padrão social está no comando.

1.5. O padrão da inércia

> *O grande inimigo de qualquer tentativa de mudar os hábitos dos homens é a inércia. A inércia limita a civilização.*
> Edward L. Bernays, *Propaganda*

Em meados dos anos 2000, investi parte significativa do meu patrimônio líquido em uma pequena rede de restaurantes. Um grande investidor comprou o controle acionário da empresa e conseguiu reestruturar as operações, mas essas mudanças não se refletiram no preço das ações da empresa. O CEO dizia e fazia todas as coisas certas. Era uma oportunidade atraente, então mergulhei de cabeça e apostei todas as fichas.

No decorrer dos anos seguintes, no entanto, a atitude do CEO mudou. O que começou como uma parceria justa se transformou numa ditadura. Tal qual uma panela de água no fogo alto, a mudança foi lenta e difícil de notar até que, de repente, a fervura transbordava.

Eu havia feito múltiplos investimentos e acreditava no futuro da empresa, por isso hesitei em sair logo de cara — mas chegou uma hora em que tive que vender minha parte. Depois de obter algum sucesso, o padrão do ego assumiu o controle do CEO. De repente, os parceiros deixaram de ser exatamente iguais: um se tornou melhor que os demais.*

---

* A hierarquia é um poderoso instinto biológico.

Mudar de ideia demorou um pouco. Cada transgressão do CEO não era muito significativa e era fácil de minimizar com explicações. Somente depois que eu me afastei daquele cenário e comecei a vê-lo com algum distanciamento é que percebi que o comportamento dele havia ido longe demais. Tive a sorte de sair antes que se tornasse evidente para todos — cheguei muito perto de perder uma fortuna.*

O padrão da inércia nos leva a manter o status quo. Começar uma coisa é difícil, mas é igualmente difícil interrompê-la.[1] Resistimos à mudança mesmo quando ela é vantajosa.

Em latim, a palavra *inertia* significa literalmente "imobilismo", isto é, falta de reação ou de iniciativa; estagnação, apatia, indolência, prostração. Na física, "inércia" se refere à propriedade que têm os corpos de resistir a uma mudança em seu movimento ou seu estado de repouso. Portanto, um modo simples de enunciar a primeira lei do movimento de Newton — o princípio da inércia — é o seguinte: "Um corpo ou objeto em movimento tende a permanecer em movimento e um corpo ou objeto em repouso tende a permanecer em repouso".

Os objetos nunca mudam por si sós; para mudar, é necessária a ação de forças externas. Eles não começam a se deslocar por iniciativa própria, tampouco param de se mover, a não ser que algo os impeça.** Essa lei da física também pode ser aplicada ao comportamento humano e ao nosso instinto de resistir até mesmo a mudanças benéficas. O físico Leonard Mlodinow sintetiza assim: "Quando apontada numa direção, a mente tende a continuar nessa direção a não ser que depare com uma força externa".[2] Essa inércia cognitiva é a razão pela qual mudar de ideia é difícil.

A inércia nos mantém em empregos que detestamos e em relacionamentos que não nos fazem felizes, porque em ambos os casos já sabemos o que esperar e é reconfortante ter nossas expectativas atendidas de forma previsível e confiável.

---

* No momento que este livro foi escrito, o preço das ações da empresa registrava um retorno negativo nos últimos dez anos, num período de lucros maciços do mercado de ações em geral. Não há dúvida de que um punhado de sorte esteve envolvido na minha decisão de vender no pico do preço.
** Cerca de cinquenta anos antes de Newton publicar a formulação de sua lei, Descartes a resumiu assim: "Cada coisa permanece no mesmo estado o tempo que puder e não muda senão pela ação das outras; por conseguinte, uma vez em movimento, continua sempre a se mover".

Uma das razões pelas quais resistimos à mudança é que manter as coisas do jeito que estão requer quase nenhum esforço. Isso ajuda a explicar por que nos tornamos complacentes. Gerar impulso exige um bocado de esforço, mas manter o embalo requer muito menos. Quando algo se torna "bom o suficiente", podemos interromper a carga de esforço e ainda assim obter resultados satisfatórios. O padrão da inércia alavanca nosso desejo de permanecer em nossa zona de conforto, fiando-se em técnicas ou modelos antigos, mesmo quando já deixaram de ser ideais.

Outra razão pela qual tendemos a resistir à mudança é que fazer uma coisa diferente pode acarretar resultados piores. Na mudança há uma assimetria — levamos mais a sério os resultados negativos do que os positivos. Resultados piores nos botam sob os holofotes, e assim nos destacamos pelos motivos errados. Por que correr o risco de fazer papel de idiota quando você pode permanecer mediano? Preferimos ficar na média a arriscar a possibilidade de dar com os burros na água e ir parar em algum lugar abaixo da média.

A inércia é evidente em muitos de nossos hábitos diários; por exemplo, quando insistimos em comprar a mesma marca de determinado produto, embora apareça no mercado uma marca nova e de qualidade superior. Em geral essa relutância em experimentar novos produtos se deve à incerteza e ao esforço envolvido em avaliá-los. Por isso as empresas costumam oferecer amostras grátis aos clientes, o que serve como uma forma de baixo risco para estimulá-los a experimentar um novo produto e avaliar sua qualidade sem medo de se decepcionar.

Gostamos de pensar que temos a mente aberta e estamos dispostos a mudar nossas convicções à medida que os fatos mudam, mas a história mostra o contrário. Quando o automóvel surgiu, muitos o repudiaram com desdém, considerando-o uma moda passageira e argumentando que cavalos e carruagens eram um meio de transporte mais confiável. Da mesma forma, quando o avião foi inventado, as pessoas duvidaram de sua praticidade e segurança. O rádio, a televisão e a internet enfrentaram um ceticismo inicial semelhante; no entanto, apesar disso, cada uma dessas invenções teve um profundo impacto na maneira como vivemos hoje.

Quando se trata de inércia, a "zona da média" pode ser perigosa. É o ponto em que as coisas estão funcionando suficientemente bem, portanto não sentimos necessidade de fazer alterações. Temos a esperança de que as coisas vão melhorar como num passe de mágica. Claro que isso raramente acontece. Por exemplo, permanecer num relacionamento que é bom demais para dele se abrir mão e ruim o bastante para prosseguir é um perfeito exemplo da zona da média. Se as coisas fossem muito piores, faríamos alguma coisa, mas como não são tão terríveis assim, decidimos ficar e, sem agir, alimentamos a esperança de que as coisas melhorem.

DOBRAR AS APOSTAS QUANDO VOCÊ ESTÁ ERRADO

Como diz a célebre citação erroneamente atribuída a Charles Darwin: "Não é o mais forte que sobrevive, nem o mais inteligente, mas o que melhor se adapta às mudanças".[3] Ainda que não seja de Darwin, nem por isso ela deixa de ter seu valor.

Quando as circunstâncias mudam, precisamos nos adaptar. Mas a inércia paralisa nossa mente e sufoca a motivação para mudar o modo como fazemos as coisas, dificultando a criação de métodos alternativos e desestimulando as experimentações e correções de rumo.

Por exemplo, declarações públicas podem criar inércia. Fazer uma afirmação pública e oficial estabelece expectativas acompanhadas da pressão social para atender a essas expectativas. Quando uma nova informação lança dúvidas sobre uma de nossas afirmações, podemos instintivamente rejeitá-la e reiterar a informação antiga que lhe dava sustentação. Queremos ser coerentes em relação àquilo que sai da nossa boca. Mudar nossa mente fica cada vez mais difícil. Ao observar como as pessoas rotulam um político de "vira-casaca" em vez de "esperto" quando ele de repente muda de posição em resposta aos fatos, nós receamos ainda mais as implicações sociais de mudar nossa mente.

A inércia também nos impede de fazer coisas difíceis. Quanto mais tempo evitamos aquela coisa árdua que sabemos que temos de fazer, mais complicada ela se torna. Evitar conflitos é confortável e fácil. Quanto mais tempo evitamos o conflito, porém, mais necessário se torna continuar a evitá-lo. O que começa como tentativa de se esquivar de uma conversa breve, porém difícil, logo se transforma em escapar de uma conversa demorada e aparentemente impossível. O peso das coisas que evitamos acaba por afetar nossos relacionamentos.

Os grupos criam sua própria inércia. Eles tendem a valorizar a constância em detrimento da eficácia, e recompensam as pessoas por manterem o status quo. A inércia dificulta a iniciativa de desvio das normas do grupo. Muitas vezes a ameaça de se destacar de forma negativa mantém as pessoas na linha. Com isso, a dinâmica de grupo acaba favorecendo quem não foge dos padrões.

A inércia de grupo é um fator em parte responsável por um amigo meu ter casado — e desconfio que isso tenha acontecido com muitos outros. Segundo ele, numa análise retrospectiva: "Estavam lá todos os sinais de que não tinha como dar certo, mas parecia uma trabalheira danada recomeçar com outra pessoa, e todos os conhecidos ao nosso redor estavam ficando noivos, então fomos lá e casamos".

A influência da inércia não é apenas preocupante no trabalho e nos relacionamentos, mas também pode ser ruim para a saúde. Em 1910, a maior especialista norte-americana em toxicologia industrial, Alice Hamilton, foi nomeada para encabeçar uma pesquisa sobre doenças ocupacionais no estado de Illinois. Nos anos seguintes, ela forneceu evidências cabais dos perigos da exposição ao chumbo no ambiente de trabalho, e dos gases de escapamento de automóveis contaminados com chumbo. Todavia, a despeito das evidências, a General Motors e outras montadoras continuaram a produzir veículos movidos a combustíveis com adição de chumbo. Somente na década de 1980 os Estados Unidos enfim baniram esses combustíveis. Ainda hoje o chumbo continua a ser utilizado em outras máquinas, apesar de haver opções não tóxicas a um preço semelhante.[4]

A inércia nos mantém fazendo coisas que não nos levam ao que queremos. Ela opera em nosso subconsciente por muito tempo sem ser detectada, até que chega um momento em que seus efeitos já são muito difíceis de debelar. Mais adiante discutirei outros exemplos do padrão da inércia em ação e como combatê-lo. Por ora, tenha em mente o seguinte: se você se depara engolindo em seco e tendo de morder a língua em situações de grupo; se você ou sua equipe resistem às mudanças ou continuam a fazer alguma coisa de determinada maneira só porque é assim que vocês sempre fizeram no passado — fique atento e alerta! O padrão da inércia provavelmente está a todo vapor.

1.6. O padrão para a eficácia

> *O homem é livre para fazer o que quer,*
> *mas não para querer o que quer.*
> Arthur Schopenhauer

Embora não possamos eliminar nossos padrões, podemos reprogramá-los. Se quisermos melhorar nosso comportamento, realizar mais objetivos e vivenciar maior alegria e sentido na vida, precisamos aprender a administrar nossos padrões.

A boa notícia é que as mesmas tendências biológicas que nos fazem reagir sem raciocinar podem ser reprogramadas a partir de forças do bem.

Pense em seus padrões de pensamento, sentimento e ação como algoritmos que você foi programado para executar de forma inconsciente, em resposta a informações de outras pessoas ou do ambiente. Não racionalizamos o ato de mexer o joelho quando o médico o atinge com um martelo ortopédico. O joelho se mexe por reflexo. A mesma coisa acontece com nossos pensamentos e nossas ações. O mundo nos fornece algum tipo de estímulo, e em seguida executamos um algoritmo que processa essa informação de entrada e produz de modo automático uma informação de saída.

Muitos dos algoritmos que você executa foram programados em você, implantados pela evolução, cultura, por rituais, seus pais e sua comunidade.

Alguns deles nos ajudam a nos aproximar do que desejamos; outros nos afastam ainda mais.

De maneira inconsciente, você adota os hábitos das pessoas com quem convive, e essas pessoas tornam mais fácil ou mais difícil para você a tarefa de progredir em direção ao que deseja alcançar. Quanto mais tempo você passa com as pessoas, maior a probabilidade de começar a pensar e agir como elas.

Mais cedo ou mais tarde, quase todo mundo perde a batalha contra a força de vontade; é apenas questão de tempo. Penso nos meus pais. Quando ingressaram nas Forças Armadas, nenhum dos dois fumava, mas não demorou muito para que seguissem o exemplo de seus colegas fumantes. A princípio eles resistiram, mas, à medida que os dias se transformaram em semanas, a massacrante rotina de constantemente ter de dizer "não" os deixou exauridos. Décadas depois, parar de fumar provou ser quase impossível, porque todo mundo ao redor deles fumava. A mesma força que os estimulou a começar a fumar agora os impedia de parar. Eles só conseguiram abandonar o tabagismo quando mudaram de ambiente. Tiveram que encontrar novos amigos com outro comportamento-padrão.

É exatamente o que acontece quando estamos cultivando ou rompendo hábitos. Com frequência, o que pode parecer disciplina envolve um ambiente cuidadosamente criado para estimular certos comportamentos. E, volta e meia, o que talvez pareçam ser escolhas ruins são apenas exemplos de alguém tentando fazer o melhor possível para usar a força de vontade e colidindo contra seus padrões. Em geral, as pessoas com os melhores padrões são aquelas com o melhor ambiente. Às vezes isso faz parte de uma estratégia deliberada, às vezes é pura sorte. De qualquer forma, é mais fácil se alinhar com o comportamento certo quando todo mundo já está alinhado.

Não se melhoram os padrões por meio da força de vontade, mas pela criação de um ambiente em que o comportamento desejado se torna o comportamento-padrão.

Participar de grupos cujos comportamentos-padrão são o comportamento almejado é uma maneira eficaz de criar um ambiente favorável. Se você quer ler mais, participe de um clube do livro. Se tem interesse em correr, junte-se a um clube de corrida. Se quer se exercitar mais, contrate um treinador. O ambiente que escolhemos, e não apenas nossa força de vontade, ajudará a nos empurrar na direção das melhores escolhas.

Falar é fácil, eu sei, o difícil é fazer. Reprogramar um computador é uma questão de reescrever linhas de código, ao passo que reprogramar a si mesmo é um processo mais longo e complexo. É esse processo que descrevo nos capítulos seguintes.

PARTE 2

FORTALECER-SE

Criticar os outros é mais fácil do que conhecer a si mesmo.

BRUCE LEE

Combater os inimigos do pensamento eficaz requer mais do que força de vontade.

Nossos padrões se alimentam de tendências biológicas profundamente arraigadas: predisposições de autopreservação, propensão a reconhecer e manter hierarquias sociais e inclinação a nos defender — a nós mesmos e ao nosso território. Não dá para reconhecer essas tendências e, resolutos, apagá-las da existência. Pelo contrário, a sensação de que basta a força de vontade para eliminar essas forças é um dos truques de que elas se servem para nos manter sob controle.

Para evitar que os padrões impeçam o exercício do discernimento, devemos tirar proveito de forças biológicas igualmente poderosas, ou seja, precisamos nos valer das mesmas forças que os padrões empregariam para nos arruinar e revertê-las a nosso favor. A principal delas é a inércia.

A inércia é uma faca de dois gumes. Já vimos que ela tende a manter tudo como está. Se a situação estiver abaixo do ideal ou disfuncional, a inércia trabalhará contra nós. Mas se você for capaz de pensar, sentir e agir de maneira consistente e constante a fim de fomentar seus principais objetivos — se você, em outras palavras, se preparar para *se fortalecer* —, então a inércia vai destravar todo o seu potencial, atuando como uma força praticamente impossível de ser contida.

Estabelecer rituais é a chave para criar uma inércia positiva. Os rituais levam a mente a se concentrar em alguma coisa descolada do momento presente. Podem ser coisas simples como fazer uma pausa rápida antes de responder ao argumento divergente de um colega. Um de meus antigos mentores costumava dizer: "Quando alguém menosprezar você numa reunião, respire fundo antes de falar, e observe com que frequência você acaba mudando o que estava prestes a dizer".

Embora nem sempre se manifestem abertamente, os rituais estão à vista de todos, em qualquer lugar em que o temperamento seja decisivo para o desempenho. Quando for assistir a uma partida de basquete ou de tênis, observe como os jogadores sempre quicam a bola o mesmo número de vezes antes de arremessar um lance livre ou sacar. Não importa se a jogada anterior foi excelente ou péssima. Os rituais forçam a mente a se concentrar na jogada seguinte, não na mais recente.

A força é o poder de pressionar o botão de pausa em seus padrões e exercitar o discernimento. Não importa o que esteja acontecendo no mundo ou que as coisas possam parecer injustas. Não importa se você se sente envergonhado, ameaçado ou furioso. Quem consegue recuar um segundo, centrar-se, ajustar o foco e sair do momento terá um desempenho melhor do que quem não é capaz de fazer isso.

Em seu clássico poema "Se" — "Se és capaz de manter a tua calma quando/ Todo o mundo ao teu redor já a perdeu e te culpa;/ De crer em ti quando estão todos duvidando" —,* Kipling apresentou um belo argumento a favor da força pessoal.

---

* Aqui, na clássica tradução de Guilherme de Almeida. (N. T.)

Fortalecer-se implica domesticar os cavalos selvagens de nossa natureza — adestrando-os e lhes pondo os arreios necessários para melhorar nossa vida. Trata-se de transformar as ventanias contrárias da biologia em ventos favoráveis que nos conduzam num céu de brigadeiro em direção aos nossos objetivos mais desejados.

Aqui estão os quatro pontos fortes essenciais de que você precisará:

Autorresponsabilidade: responsabilizar-se pelo desenvolvimento de suas habilidades, manejar suas incapacidades e usar a razão para reger suas ações.

Autoconhecimento: conhecer seus pontos fortes e suas fraquezas — o que você é capaz de fazer e o que não é.

Autocontrole: dominar seus medos, desejos e emoções.

Autoconfiança: confiar em suas habilidades e em seu valor para os outros.

Vou definir cada ponto e discutir como eles neutralizam seus padrões antes de explicar como você pode construí-los e assumir o comando de sua vida.

2.1. Autorresponsabilidade

Eu sou o senhor do meu destino,
eu sou o capitão da minha alma.
W. E. Henley, "Invictus"

Autorresponsabilidade significa assumir a responsabilidade por suas habilidades, suas incapacidades e suas ações. Se você não for capaz de fazer isso, talvez nunca progrida.

Pode ser que na sua vida não haja ninguém que exija explicações de seus atos, mas isso não importa. Você pode se tornar responsável por seus próprios atos. Talvez as pessoas não esperem grandes coisas de você, mas você pode esperar mais de si mesmo. Ninguém precisa nos recompensar ou punir por isso.

Recompensas externas são desejáveis, claro, mas são opcionais; você não precisa delas para fazer o seu melhor. Seus juízos honestos sobre si mesmo são mais importantes do que os de qualquer pessoa. E quando você errar feio e estragar tudo, deve ser forte o suficiente para se olhar no espelho e dizer: "A culpa foi minha. Eu preciso fazer melhor". Talvez você nunca tenha pedido para estar no comando de sua vida — e da maior parte dos resultados que você alcança, bem mais do que você pode imaginar —, mas é o que temos: você está no controle.

Pessoas desprovidas de autorresponsabilidade tendem a funcionar no automático, que é exatamente o oposto de comandar a própria vida. Essas pessoas vivem sucumbindo à pressão externa: buscam recompensas, evitam punições e vivem se comparando aos outros. São seguidores, não líderes. Não assumem a responsabilidade por seus erros, ao contrário: sempre atribuem a culpa a alguém, às circunstâncias ou ao azar — elas nunca têm culpa de nada que lhes acontece.

Bem, eu tenho uma notícia para você. É tudo culpa sua.

Há sempre alguma coisa que você pode fazer aqui e agora para melhorar sua posição amanhã. Pode ser que você não consiga resolver o problema, mas sua próxima ação tornará a situação melhor ou pior. Sempre há uma ação, por minúscula que seja, que você pode controlar e que o ajuda a progredir.

DESCULPAS, DESCULPAS

> *Reclamar não é uma estratégia. Temos que lidar com o mundo tal como ele é, não como gostaríamos que fosse.*
> Jeff Bezos[1]

Certo domingo, ainda no início da minha vida profissional, cheguei de manhã ao trabalho e encontrei um colega que tinha chegado antes de mim. Vínhamos trabalhando num software decisivo para uma futura operação secreta. Assim que sentei, ele se aproximou: "Aquele código em que você estava trabalhando deveria estar pronto há dois dias. A operação é hoje à noite, e ainda temos que testar. Você pôs tudo em risco. As pessoas confiam em nós".

No mundo pós-Onze de Setembro, todos trabalhávamos sem parar e sob muita pressão. Ninguém dormia mais do que cinco ou seis horas. Nossa saúde não era lá essas coisas, já que a cada meia hora ingeríamos doses e doses de café e energético.

Estávamos trabalhando em softwares complexos e imprescindíveis para a missão nos níveis mais baixos do sistema operacional — coisas difíceis, mesmo nas melhores circunstâncias. Não existia manual de instruções, nem dava para pesquisar no Google como fazer essas coisas.

Nosso trabalho era pioneiro e abria novos caminhos. A pressão do tempo não ajudava nem um pouco. Estávamos fazendo tudo o que podíamos, mas nunca parecia o suficiente. E depois de anos suando a camisa sessenta horas por semana sob pressão constante, nossos relacionamentos pessoais e profissionais estavam abalados e começavam a desmoronar.

Minha resposta me pareceu completamente natural: "Mas é que... eu tive de ir a um punhado de reuniões e acabei me dedicando a outro projeto que o diretor disse ser de prioridade máxima. E eu... planejei trabalhar nisso na sexta de manhã, mas o ônibus atolou na neve e eu demorei duas horas para chegar".

Achei que tivesse segurado a onda e mantive a compostura, porém meu diálogo interno teve uma pegada ainda mais defensiva. Foi mais ou menos assim: "Cara! Me dá um desconto, pega leve. Hoje é domingo. Há anos eu não tiro férias. Eu passo muito mais tempo com você do que com a minha namorada. Estou fazendo o melhor que posso, e nada do que eu faço parece ser suficiente".

"Então você está me dizendo que não foi culpa sua?", ele rebateu num tom inocente, preparando uma armadilha que eu não percebi.

"Olha, surgiram muitas coisas que eu não consegui controlar", respondi. "Não se preocupe. Vou fazer isso ainda hoje."

"Não é culpa sua porra nenhuma! Pare de dar desculpas." Ele virou as costas e começou a se afastar. "Faça o que precisa ser feito, ou vamos ter que cancelar a operação por sua causa", disse, sem olhar para trás.

De súbito eu me senti energizado, e não com a energia positiva de ir com tudo para cima de um objetivo. Os padrões assumiram o controle. Era a energia da defesa do ego. Salvaguardava meu território, protegia meu senso de identidade.

Não existe maior fonte de energia renovável no mundo do que a mobilização de um indivíduo para defender sua imagem. Embora não tenha me ameaçado fisicamente, meu colega pôs sob suspeita a imagem que eu tinha de mim como um trabalhador aplicado que dava o sangue e se empenhava para fazer as coisas. E quando alguém ameaça nossa autoimagem, paramos de pensar e começamos a reagir.

Comecei a fazer uma lista de tudo que eu havia feito naquela semana — quantas horas havia trabalhado, em quantos projetos tinha me envolvido, quantas pessoas e operações ajudei. À medida que esboçava esses pontos, ia ficando cada vez mais emputecido. A inércia de minhas emoções negativas se transformou num poderoso circuito de destruição, e não me dei conta disso. Estava reagindo, em vez de raciocinar. Minha capacidade de arranjar desculpas parecia ilimitada: "Quem é esse cara pra me dizer que a culpa é minha?! Ele não está na minha pele!".

Encaminhei um e-mail para ele com a lista. Encheu uma página. A resposta dele chegou em instantes:

Eu não dou a mínima. Você tem uma responsabilidade com a equipe e a missão, que é a de fazer as coisas que você tem de fazer. Se não dá conta do recado, aprenda com isso e dê um jeito de encontrar a solução para a próxima vez. Eu não quero trabalhar com você.
P.S.: Não culpe o ônibus por seu atraso. Compre um carro.

Que merda! Que sacanagem é essa?! Minha resposta extrapolou a esfera mental e se tornou física. Minha frequência cardíaca acelerou e meus olhos se estreitaram quando perdi o controle de meus sentimentos e pensamentos. Aquele curto e-mail me tirou dos eixos por algumas horas.

Toda a energia que gastamos para nos defender vem à custa daquilo que de fato tornaria a situação melhor: seguir em frente e fazer o que precisa ser feito. É uma escolha que nem percebemos que estamos fazendo. Se naquele instante alguém me desse um tapinha no ombro e dissesse: "Você está prestes a gastar três horas de energia nessa parada aí, tem certeza de que quer fazer isso?", eu teria respondido "não".

Embora aquele e-mail não tenha sido agradável nem justo, foi generoso e mudou minha vida. Claro, meu colega poderia ter sido mais gentil.[*] Mas isso não significava que ele estava errado.

As pessoas a quem pedimos opiniões e conselhos podem ser generosas, mas muitas vezes nada agradáveis ou simpáticas. A pessoa generosa lhe dirá coisas que uma pessoa legal não dirá. Quem é generoso lhe dirá que você está com salsinha nos dentes. A pessoa legal não dirá, porque é desconfortável. Quem é generoso nos dirá o que nos atrapalha, mesmo quando isso for desconfortável. A pessoa legal evita as opiniões e avaliações críticas, porque teme ferir nossos sentimentos. Não à toa acabamos por achar que outras pessoas vão se interessar por nossas desculpas.[**]

---

[*] Ele se tornaria meu melhor amigo.
[**] Sarah Jones Simmer me ensinou a diferença entre generoso e legal no episódio 135 do podcast *The Knowledge Project*.

Minha equipe não se comoveu com o atraso do ônibus nem com as minhas desculpas. O sucesso da operação era mais importante. E em geral tudo se resume a resultados.

Ninguém se importa tanto com suas desculpas quanto você. Na verdade, ninguém se importa com suas desculpas, *exceto* você.

NINGUÉM DÁ A MÍNIMA. A CULPA É SUA

Quando as pessoas fazem algo cujo resultado ruim arranha a autoimagem delas, elas tendem a preservar seu ego culpando os outros ou as circunstâncias. Os psicólogos têm até um termo para essa tendência: *viés da autoconveniência*, o hábito de avaliar as coisas de maneira a proteger ou melhorar nossa autoimagem. Declarações como "Foi uma ótima ideia, mas mal executada", "Fizemos o melhor que pudemos" e "Para começo de conversa, nunca deveríamos ter chegado a essa situação" são, muitas vezes, manifestações desse viés.*

O negócio é o seguinte: isso pode ser verdade. Talvez de fato a ideia não era ideia, mas a execução foi ruim. Talvez você realmente tenha feito o melhor que pôde. Talvez, para começo de conversa, você nunca devesse se encontrar numa determinada situação. Pena que isso não importa. Ninguém está nem aí. Nada disso muda o resultado ou resolve os problemas que persistem.

NÃO É SUA CULPA? MAS AINDA É SUA RESPONSABILIDADE

Só porque aconteceu algo que estava fora de seu controle, isso não significa que não seja sua responsabilidade lidar com o ocorrido da melhor maneira possível.

Nosso desejo de nos proteger nos impede de seguir em frente. É tentador o impulso que a pessoa tem de absolver a si mesma, jogar as mãos para o alto e alegar que não tem controle sobre a situação em que se encontra. E, é claro, às vezes isso é verdade. Há circunstâncias que exercem um impacto negativo. As pessoas sofrem infortúnios o tempo todo devido a motivos fora de seu

---

* O viés da autoconveniência é também autopreservador. O eu que estamos preservando é nosso próprio senso de individualidade — nossa identidade.

controle: são atingidas por balas perdidas, acometidas de doenças, atropeladas por um motorista embriagado.

Reclamar em nada ajuda para mudar a situação. Pensar que não foi sua culpa em nada melhora as coisas. Cabe a você lidar com as consequências.

Foque sempre no movimento seguinte, aquele que vai aproximar ou afastar você do lugar aonde você quer chegar.

Se você joga pôquer, aprende isso intuitivamente. O que determina a mão que você recebe é a sorte, só isso. Sentir pena de si mesmo, reclamar das cartas que recebeu ou culpar os outros jogadores pelo modo como jogaram suas respectivas mãos serve apenas para distrair você e desviar sua atenção daquilo que você pode controlar. Sua responsabilidade é jogar sua mão da melhor maneira possível.

Você pode canalizar sua energia em coisas que controla ou em coisas que não controla. Toda a energia que você põe naquilo que não controla sai do quinhão de energia que você poderia concentrar nas coisas que é capaz de controlar.

Embora ninguém em sã consciência escolha circunstâncias difíceis, a adversidade oferece oportunidades. O revés permite que nos coloquemos à prova e constatemos como ele nos transformou. Não se trata de uma comparação com outras pessoas: trata-se de avaliar o nosso eu de hoje em contraste com o nosso antigo eu. Estamos melhores do que éramos ontem? Quando as circunstâncias são fáceis, é difícil distinguir as pessoas comuns das extraordinárias, ou enxergar o extraordinário dentro de nós mesmos. Como definiu o escravo romano Publílio Siro em um adágio: "Quando o mar está calmo, qualquer um pode ser timoneiro".*

O caminho para ser excepcional começa quando você decide assumir a responsabilidade por suas ações, não importa qual seja a situação. As pessoas excepcionais sabem que não podem mudar as cartas que receberam e não perdem tempo desejando melhor sorte. Em vez disso, elas se concentram em como vão jogar as cartas que têm em mãos a fim de obter o melhor resultado possível. Elas não se escondem atrás dos outros. As melhores encaram o desafio — seja ele qual for. Elas escolhem viver de acordo com sua melhor autoimagem em vez de se sujeitarem a seus padrões.

---

* *The Moral Sayings of Publilius Syrus*, 358. Dei o nome dele à minha empresa de investimentos, Syrus Partners [Parceiros de Siro] (syruspartners.com).

Um dos erros mais comuns que podemos cometer é negociar o modo como o mundo deveria funcionar, em vez de aceitar como ele de fato funciona. Toda vez que você ou seus colegas fazem reclamações do tipo "Isso não está certo", ou "Isso não é justo", ou "Não deveria ser assim", você está tentando barganhar, em vez de aceitar. Você só quer que o mundo funcione de uma maneira que ele não funciona.

Não aceitar que o mundo tem seus próprios mecanismos de funcionamento é desperdiçar tempo e energia na tentativa de provar o quanto você está certo. Quando os resultados desejados não se concretizam, é fácil culpar as circunstâncias ou os outros. Eu chamo isso de "lado errado do certo". Você está focado no ego, não no resultado.

As soluções aparecem quando você para de barganhar e começa a aceitar a realidade da situação. Isso porque focar o movimento seguinte, em vez de o modo como você chegou até ali, abre muitas possibilidades. Quando você põe o sucesso acima do ego, obtém resultados mais satisfatórios.

A MANEIRA COMO VOCÊ RESPONDE PODE SEMPRE MELHORAR OU PIORAR AS COISAS

Você não pode controlar tudo, mas pode controlar sua reação, o que torna as circunstâncias melhores ou piores. Cada resposta tem um impacto no futuro, levando você a um passo mais próximo ou mais distante dos resultados que almeja e da pessoa que deseja ser.

Uma pergunta eficaz a se fazer antes de agir é: "Essa ação tornará o futuro mais fácil ou mais difícil?".* Essa pergunta surpreendentemente simples ajuda a mudar sua perspectiva sobre a situação e evita piorar as coisas. Meu avô (e muitos outros) costumava dizer: "Se você perceber que está dentro de um buraco, a primeira coisa que precisa fazer é parar de cavar".

Um dia, eu tinha vinte e poucos anos, fui conversar com o meu mentor na sala dele. Eu havia perdido uma promoção — a primeira para a qual concorri e não consegui ganhar — e estava reclamando da injustiça da situação.

---

* Eu uso uma versão dessa pergunta com meus filhos: "Esse seu comportamento está levando você pra mais perto do que você quer, ou pra mais longe?". É incrivelmente eficaz.

"Viu o que me aconteceu?", eu me lembro de ter dito. "Alguém está tentando me dar um recado?" Quando comecei a falar mal do responsável pela decisão, meu mentor me interrompeu.

"Você está se recusando a aceitar uma coisa que já aconteceu", ele disse. "E isso é loucura."

"Loucura?", respondi.

"Sim. Já aconteceu. Não dá pra brigar contra isso." "Ouça", ele continuou, "é realmente uma merda. Você é mais do que qualificado, mas não conseguiu a promoção e há uma razão para isso. Pare de culpar os outros e vai cuidar da sua vida."

A ficha caiu e por fim entendi o argumento dele. Ele estava certo. O mundo não *acontecia* apenas para mim. O mundo não tinha nada contra mim nem queria me prejudicar. Eu precisava olhar para dentro de mim, avaliar honestamente qual havia sido a minha contribuição para aquele resultado e repensar minha maneira de fazer as coisas.

Quando saí da sala dele, deduzi com clareza que se eu não conseguisse aprender a autorresponsabilidade, não iria muito longe.

RECLAMAR NÃO É SOLUÇÃO

Encarar a realidade é difícil. É muito mais fácil culpar aquilo sobre o qual não temos controle do que buscar nossas contribuições para o revés.

Muitas vezes, para proteger nossas convicções, lutamos contra a resposta que o mundo nos dá. Em vez de mudarmos, queremos que o mundo mude. E se não temos o poder de mudar o mundo, fazemos a única coisa que julgamos que podemos fazer: reclamar.

Reclamar não é produtivo. É enganoso, serve apenas para levar você a pensar que o mundo deveria funcionar de uma maneira que não funciona. Distanciar-se da realidade torna mais difícil resolver os problemas que você enfrenta. No entanto, sempre há alguma coisa que você pode fazer hoje para tornar o futuro mais fácil, e o momento em que você para de reclamar é o momento em que começa a encontrar essa coisa.

VOCÊ NÃO É UMA VÍTIMA

A história mais importante de todas é aquela que você conta para si mesmo. Embora contar a si mesmo uma história positiva não seja garantia de um bom resultado, contar a si mesmo uma história negativa é certeza de um resultado ruim.

Cada um de nós é o herói da história que conta sobre si mesmo. Assumir a responsabilidade quando as coisas dão errado não combina com o papel de herói que atribuímos a nós mesmos. Então, quando se trata de explicar por que as coisas deram errado, procuramos alguém em quem botar a culpa.

Embora apontar o dedo quando não obtemos os resultados que queremos possa nos satisfazer no momento, não nos assegura discernimento e não nos torna pessoas melhores. Pelo contrário, é uma reação defensiva instigada pelo padrão do ego — reação que nos mantém aninhados nos braços da fraqueza e da fragilidade.

Quando você sempre bota a culpa nas circunstâncias, no ambiente ou em outras pessoas, está dizendo que você não teria como afetar o resultado. Mas não foi isso que de fato aconteceu. A verdade é que na vida fazemos escolhas repetidas que se tornam hábitos, esses hábitos determinam nossos caminhos e esses caminhos determinam nossos resultados. Ao minimizarmos com explicações e justificativas esses resultados indesejados, nós nos eximimos de qualquer responsabilidade.

Existe uma palavra para definir as pessoas que sempre respondem aos problemas culpando os outros ou responsabilizando as circunstâncias: *vítimas*. Lógico que muitas vezes elas não são vítimas: eles apenas julgam que são, e essa noção atrapalha o bom senso. Vítimas crônicas se sentem desamparadas, impotentes e muitas vezes desesperançadas. Nada é culpa delas, jamais; é sempre alguém ou alguma outra coisa que atrapalha. Ninguém começa a vida querendo ser uma vítima crônica, mas o lento acúmulo de respostas em que elas tiram o corpo fora torna difícil ver que é nisso que elas estão se transformando. Mais cedo ou mais tarde, fica claro que elas são assim.

No processo de se tornar uma vítima crônica, há momentos em que as pessoas se dão conta de que estão mentindo para si mesmas. Percebem que a história que estão contando a si mesmas não é bem a verdade. Sabem que são responsáveis, mas encarar a realidade e assumir responsabilidades não é fácil. É desconfortável. Assim, é bem mais cômodo culpar os outros, as circunstâncias ou a sorte.

Ironicamente, as pessoas que mais se preocupam com as vítimas crônicas muitas vezes estimulam, de forma involuntária, esse jogo de culpa. Quando as coisas não saem do nosso jeito, é natural desabafar com familiares ou amigos. Eles são amorosos e solidários e têm as melhores intenções. Adorariam corroborar nossa interpretação da situação e nos oferecer alívio. Mas, quando fazem isso, nada muda. Nossa visão — incorreta — do mundo permanece intacta. Eles não nos incentivam a reavaliar nossos padrões de pensamento, sentimento e ação. E se mais tarde formos postos em circunstâncias semelhantes, é bem provável que vamos responder da mesma maneira e obter os mesmos resultados decepcionantes.

Por outro lado, tente lembrar de um amigo ou amiga que alguma vez já lhe disse: "Você fez uma baita cagada e estragou tudo. Como posso te ajudar a consertar essa besteira?". Ou: "Posso dizer o que eu acho que está impedindo você de obter os resultados que deseja?". Se você tem um amigo ou amiga assim, ligue imediatamente para ele ou ela e agradeça. A presença dessas pessoas em sua vida é um presente raro. Valorize-as!

Pode ser que seu pai ou sua mãe tenham feito isso por você. Certo dia, eu tinha treze anos, estava com um grupo de amigos depois das aulas. Do nada eles começaram a provocar um de nossos colegas de classe, e eu fiquei assistindo. Os professores intervieram antes que as coisas saíssem do controle, e a situação logo se resolveu. Não percebi, porém, que meu pai havia estacionado ali perto, e estava só observando. Quando entrei no carro, ele me perguntou o que tinha acontecido.

"Nada", respondi. Meu pai me encarou com o mesmo olhar que hoje em dia eu lanço aos meus próprios filhos. "A gente estava só pegando no pé do cara, enchendo o saco dele, só isso", expliquei.

"Por quê?", perguntou ele.

"Todo mundo estava fazendo isso. Não foi nada sério. Relaxa."

Ele parou o carro no meio da rua e me fuzilou com aquele olhar novamente.

"Você escolheu estar lá e escolheu não dar um basta", ele disse. "Você não pode fazer coisas só porque todo mundo está fazendo e achar que tudo bem. Você é responsável por suas escolhas. Você é uma pessoa melhor do que isso."

Depois disso ele não me dirigiu a palavra até o dia seguinte.

A lição foi importante: as coisas que escolhemos não fazer costumam ser tão importantes quanto aquelas que escolhemos fazer. O verdadeiro teste do caráter de uma pessoa é até que ponto ela está disposta a não se conformar e se rebelar para fazer a coisa certa.

Demorou um pouco para eu perceber que na verdade meu pai estava mais desapontado comigo por não ter impedido os outros do que por estar lá no meio deles.[2] Ele não queria que eu me tornasse uma pessoa passiva — alguém sem opinião própria cujo comportamento é determinado pelas pessoas e pelos acontecimentos ao redor. Ele não queria que eu me tornasse uma vítima crônica das circunstâncias.

Nenhuma pessoa de sucesso quer trabalhar com uma vítima crônica. As únicas pessoas que querem trabalhar com vítimas são outras vítimas.

Se você prestar atenção às vítimas crônicas, perceberá como elas são frágeis — como suas atitudes e sentimentos dependem daquilo que não controlam. Quando as coisas acontecem do jeito que elas querem, as vítimas crônicas ficam felizes; quando as coisas não acontecem a contento, elas se tornam defensivas, têm atitudes passivo-agressivas e, vez por outra, *agressivo*-agressivas. Se o cônjuge está de mau humor, as vítimas crônicas também ficam mal-humoradas. Se pegam trânsito pesado no caminho, levam ao local de trabalho sua raiva e frustração. Se um projeto que elas lideram não está indo bem, elas botam a culpa em alguém da equipe.

A autorresponsabilidade é a força de perceber que, embora você não controle tudo, você controla sua reação a tudo. É uma mentalidade que permite que você *aja* e não apenas *reaja* a seja lá o que a vida jogar no seu caminho. A autorresponsabilidade transforma obstáculos em oportunidades de aprendizagem e crescimento. Significa perceber que a maneira como você reage às adversidades é mais importante para a sua felicidade do que a adversidade em si. E significa entender que muitas vezes o melhor caminho é aceitar as coisas e seguir em frente.

2.2. Autoconhecimento

Conhece-te a ti mesmo.
Inscrição no templo a Apolo em Delfos

Autoconhecimento é conhecer suas próprias forças e fraquezas. Saber o que você pode ou não fazer; ter consciência de suas capacidades e limitações, de seus pontos fortes e vulnerabilidades, do que está sob seu controle e do que não está. Estar ciente do que você sabe e do que não sabe. E também reconhecer que você tem pontos cegos cognitivos — que há coisas que você não sabe, e você não sabe que não sabe —, o que o ex-secretário de Defesa Donald Rumsfeld chamou de "desconhecidos desconhecidos".

Se quiser entender melhor seu nível de autoconhecimento, pergunte-se quantas vezes por dia você diz "eu não sei". Se você nunca diz "eu não sei", provavelmente está descartando coisas que poderiam ser incríveis ou então está minimizando com explicações e justificativas os resultados em vez de entendê-los.

Entender o que você sabe e o que não sabe é a chave para jogar os jogos que você pode ganhar.

Recentemente testemunhei uma bela demonstração de autoconhecimento. Num jantar, entre os vários convidados estava um amigo muito bem-sucedido, que fez fortuna no mercado imobiliário. Entre um prato e outro, um investidor experiente lhe falou de uma empresa de capital aberto que ele pretendia comprar e "deslistar" da bolsa. A ideia era uma das mais convincentes que ouvi em anos.

Depois de ouvir sobre o negócio, meu amigo permaneceu em silêncio por um segundo, tomou um gole de água e disse: "Não estou interessado em investir". A mesa inteira se calou, imaginando se havíamos negligenciado algum detalhe. Até que alguém quebrou o silêncio e perguntou a ele o motivo de sua falta de interesse.

"Não sei nada sobre a área", ele disse. "Gosto de me ater ao que conheço."

Saímos do restaurante e a conversa continuou. Ele admitiu que o negócio parecia ótimo, ele confiava na pessoa e achava que os investidores ganhariam muito dinheiro (e ganharam mesmo). Aí ele me disse: "A chave para um investimento bem-sucedido é saber o que você sabe e se agarrar a isso".

Meu amigo conhecia bem o setor imobiliário e sabia que, se jogasse na área e fosse paciente, seria impossível não obter sucesso.

NÃO É O TAMANHO DO SEU CONHECIMENTO, MAS A MANEIRA COMO VOCÊ O USA

Ter ciência do que se sabe está entre os conhecimentos mais práticos que se pode ter. O quanto você sabe não importa tanto quanto ter uma noção acerca dos limites do seu conhecimento.

Certa noite, num jantar, Charlie Munger desenvolveu o mesmo argumento do meu amigo investidor do ramo imobiliário. Ele disse: "Quando você participa de jogos nos quais outras pessoas têm aptidão e você não, é líquido e certo que você vai perder. É preciso descobrir qual é seu limite e se ater a ele".

Não basta saber *onde* está o seu limite: você também precisa saber *quando* está atuando fora dele. Se você não sabe de que lado da linha está, ou mesmo se existe uma linha, está fora de seus limites.

O autoconhecimento, porém, não se limita a habilidades profissionais ou aptidões técnicas. Trata-se também de saber quando você está vulnerável aos seus padrões — quais as situações em que as circunstâncias pensam por você. Talvez você seja propenso a ser excessivamente emotivo — suscetível à tristeza, raiva ou pensamentos autodestrutivos invasivos. Talvez tenha um temperamento explosivo quando está cansado ou se torne um ogro quando está com fome. Talvez seja extremamente sensível à pressão social e à ameaça de desprezo social.

Para neutralizar seus padrões, é essencial conhecer seus pontos fortes e fracos, suas habilidades e seus limites. Se você não conhecer suas vulnerabilidades, seus padrões tirarão proveito delas a fim de obter o controle.

2.3. Autocontrole

> *[...] Mostrem-me quem não é*
> *Escravo da paixão, que vou guardá-lo*
> *Fundo no peito, no cerne, bem no centro.*
> William Shakespeare, *Hamlet*

O autocontrole é a capacidade de dominar seus medos, desejos e outras emoções.

As emoções são uma parte inescapável da vida humana. Mamíferos como nós evoluíram para responder rapidamente a ameaças e oportunidades ambientais imediatas — medo em resposta a um indício de perigo, alegria em resposta a uma experiência de vínculo social, tristeza em resposta a uma perda. Não podemos eliminar essas reações fisiológicas ou as condições que as desencadeiam, mas podemos administrar como respondemos a elas.

Algumas pessoas são como cortiça flutuando nas ondas de um mar de emoções. Suas ações são escravas de suas emoções: raiva, alegria, tristeza, medo — qualquer emoção que seja deflagrada no momento. Outras, no entanto, decidem assumir o comando da própria vida. Elas agarram o leme, decidem para onde querem ir e manobram o navio nessa rota desejada, apesar do sacolejar das ondas. Ainda passam por altos e baixos, como todo mundo, só que não permitem que os vagalhões de emoção determinem a direção de sua vida. Em vez disso, giram o leme conforme a necessidade, recorrendo ao discernimento para não perder o rumo.

O autocontrole diz respeito a criar um espaço mental para a razão, em vez de apenas seguir cegamente os instintos. Trata-se de ser capaz de visualizar e administrar suas emoções como se fossem objetos inanimados — coisas que não têm o poder de determinar o que você faz ou deixa de fazer, a menos que você permita. É impor distância entre você e suas emoções e constatar que você tem o poder de determinar a maneira como reage a elas. Você pode reagir quando elas o instigarem ou, em vez disso, pensar com clareza e ponderar se vale a pena seguir nessa direção.

O padrão da emoção tenta abolir qualquer distância entre você e suas emoções, desencadeando uma reação que não passa por qualquer deliberação. A intenção é vencer no momento presente, mesmo que isso signifique sabotar o futuro. No entanto, o autocontrole permite que você mantenha as emoções sob controle.

Se você já testemunhou uma criança pequena tendo um ataque de birra, viu o que o padrão da emoção pode fazer com alguém que não aprendeu o autocontrole. Agora, o que assusta é que alguns adultos são apenas um pouco melhores do que uma criança no quesito "chiliques" — eles carecem de autocontrole e com frequência se deixam levar pelas emoções.

Alcançar o sucesso exige, em larga medida, ter autocontrole para fazer o que precisa ser feito, independentemente de você sentir vontade de fazê-lo no momento. No longo prazo, a intensidade emocional é muito menos importante do que a constância disciplinada. A inspiração e a empolgação podem fazer a pessoa seguir adiante, mas a persistência e a rotina são os fatores que a mantêm em ação até que ela atinja os objetivos. Qualquer um é capaz de conservar o interesse e o entusiasmo por alguns minutos, mas quanto maior o tempo de duração de um projeto, menos pessoas conseguem segurar a onda. Seja como for, as pessoas mais bem-sucedidas têm autocontrole para continuar. Nem sempre são as pessoas mais interessantes e animadas do mundo, mas elas existem.

2.4. Autoconfiança

Autoconfiança é confiar em suas habilidades e no valor que você tem para os outros.

Você precisa de autoconfiança para pensar com autonomia e permanecer firme mesmo diante da pressão social, do ego, da inércia ou da emoção. Precisa entender que nem todos os resultados são imediatos, e se concentrar em fazer o que for necessário para, mais cedo ou mais tarde, conquistá-los por merecimento.

As crianças desenvolvem autoconfiança quando aprendem habilidades simples, como abrir e fechar um zíper, amarrar os sapatos ou andar de bicicleta. Mais tarde, quando chegam à vida adulta, essa autoconfiança evolui e as impulsiona a desenvolver habilidades mais complexas — projetar softwares, pintar murais ou dar força a um amigo deprimido, por exemplo.

A autoconfiança fortalece a resiliência depois de resultados negativos ou expectativas frustradas, e reforça a adaptabilidade diante das circunstâncias, que mudam continuamente. Você sabe quais são suas habilidades e como elas agregam valor, quer outras pessoas as reconheçam e as valorizem ou não. Se você forjou um senso de autoconfiança saudável, essa força interior o acompanhará e o ajudará a superar quaisquer desafios e dificuldades que despontarem ao longo do caminho.

CONFIANÇA VS. EGO

A autoconfiança é o que nos capacita a tomar decisões difíceis e desenvolver o autoconhecimento. Se o ego tenta impedir que você reconheça quaisquer limitações que possa ter, a autoconfiança lhe dá força para admitir essas limitações. É assim que se aprende a humildade.

De maneira geral, confiança sem humildade equivale a excesso de confiança — é uma fraqueza, não um ponto forte. As pessoas confiantes têm força para admitir fraquezas e vulnerabilidades, para reconhecer que outros podem ser melhores que elas em alguma coisa e para pedir ajuda quando precisam.

Nada mais humano do que ter dúvidas se estamos à altura de determinada tarefa. Vez por outra, até mesmo as pessoas mais capazes são assoladas por dúvidas. Mas quem tem autoconfiança nunca cede a sentimentos de desespero ou falta de valor. Isso é apenas outra armadilha do ego. Em vez disso, as pessoas confiantes se concentram em concluir a tarefa que lhes cabe, mesmo que isso envolva contar com a ajuda de outras pessoas. Cada tarefa bem-sucedida serve apenas para intensificar em nós a convicção de que temos capacidade para cumprir uma tarefa, e é assim que se adquire confiança.

A CONFIANÇA VEM TAMBÉM DE COMO VOCÊ FALA CONSIGO MESMO

Todo dia, morrem mais sonhos por falta de confiança do que por falta de competência. Porém, embora a confiança costume ser um subproduto de nossas realizações e conquistas, ela também resulta de como você fala consigo mesmo.

Pode ser que aquela vozinha que existe dentro da sua cabeça sussurre uma porção de dúvidas, mas ela deve lembrá-lo também das muitas dificuldades e desafios que você superou no passado, e de que você perseverou. Seja você quem for, você deu a essa vozinha muitos momentos positivos dignos de menção. Você aprendeu a andar, apesar dos milhares de tombos. Talvez tenha fracassado em algum teste ou prova, mas depois entendeu o que estava errado e na segunda tentativa acertou em cheio e foi aprovado com louvor. Talvez tenha sido demitido, mas seguiu em frente e acabou num cargo muito melhor. Talvez seu relacionamento tenha terminado ou seu negócio tenha naufragado ou você tenha ficado com medo na primeira vez que tentou esquiar — seja lá o que for, você se superou, foi além e, consequentemente, ficou mais forte.

É importante que conversemos com nós mesmos sobre as adversidades que enfrentamos, porque é com as dificuldades do passado que adquirimos a confiança para enfrentar os contratempos futuros.

Quando levei meu filho caçula para saltar na água do alto de um penhasco, enfrentamos um sério dilema. Depois de chegar ao topo e olhar para o abismo de oito metros de altura, ele ficou com medo e quis descer. Mas isso não era possível, a descida era muito mais perigosa do que o salto — um erro mínimo e ele despencaria sobre as pedras. Quanto mais ele olhava para baixo, mais nervoso ficava. Eu tinha que fazer alguma coisa para ajudá-lo a sair daquele impasse.

A primeira coisa que fizemos foi nos concentrar em nossa respiração. A respiração é uma ferramenta poderosa que ajuda a acalmar a mente. Começamos a inspirar o ar em ritmo normal, e logo depois a inalar de novo com respirações curtas. Da mesma forma que respiramos naturalmente quando estamos numa crise de soluços, e os resultados são em igual medida reconfortantes. Somente depois de relaxar nossos corpos físicos é que poderíamos mudar nosso diálogo interior.

Perguntei a meu filho de que maneira ele estava falando consigo naquele momento — e a conversa não era nada boa. Ele estava se martirizando, dizendo a si mesmo que, para começo de conversa, tinha sido uma estupidez aceitar fazer a escalada, que ele deveria ter pensado melhor e que estava apavorado. É assim que todos nós tendemos a falar conosco às vezes — ou pelo menos é assim na minha experiência.

A segunda coisa que fizemos foi mudar a conversa que ele estava tendo dentro de sua cabeça. Sabemos como as palavras que dizemos a outras pessoas afetam o estado de espírito delas, mas raramente pensamos em como as palavras que dizemos a nós mesmos nos afetam. Pedi a ele que enumerasse algumas das coisas que já havia feito na vida e das quais sentia medo antes de se propor a fazê-las. A pergunta mal tinha saído da minha boca quando ele começou a me falar de snowboard e da ocasião em que "por engano" fomos parar numa das pistas mais íngremes e difíceis no topo de uma montanha e sobre a primeira vez que ele praticou wakeboard. A lista continuou. Não faltavam situações que tinham exigido dele um bocado de coragem.

Assim que se deu conta de que em diversas ocasiões ele já havia feito coisas bastante difíceis pela primeira vez, meu filho voltou a se concentrar em sua respiração. Então ele saltou. Segundos depois ele veio à tona e pude ver seu enorme sorriso enquanto subia para a segunda rodada.

Pessoas confiantes não têm medo de encarar a realidade porque sabem que são capazes de lidar com ela. Pessoas confiantes não se importam com o que os outros pensam sobre elas, não têm medo de se destacar e estão dispostas a correr o risco de parecerem idiotas ao tentar algo novo. Elas já sofreram derrotas e se reconstruíram vezes suficientes para saber que são capazes de fazer de novo, se necessário. De maneira decisiva, sabem também que, para sobressair e superar a multidão, de vez em quando precisam fazer as coisas de maneira diferente, e que inevitavelmente terão de lidar com bandos de haters, detratores e pessimistas. Os confiantes se alimentam dos dados da realidade, não da opinião popular.

A voz mais importante a ser ouvida é aquela que faz você se lembrar de todas as coisas que conquistou e realizou no passado. E mesmo que até então você nunca tenha feito determinada coisa, pode dar um jeito de descobrir como fazer.

CONFIANÇA E HONESTIDADE

A autoconfiança é também ter a força para aceitar duras verdades. Todos temos que lidar com o mundo tal como ele é, não como queremos que seja. Quanto mais rápido você parar de negar verdades inconvenientes e começar a responder a realidades difíceis, melhor.

Neste exato momento, todos nós estamos às voltas com alguma coisa que tentamos negar, porque aceitá-la é difícil e queremos evitar a dor. Talvez você esteja num emprego sem futuro, talvez esteja à beira da falência, talvez tenha feito um investimento que, é duro admitir, não deu certo. No entanto, quanto mais rápido você aceitar a realidade, mais rápido poderá lidar com as implicações e, quanto antes fizer isso, mais fácil será lidar com essas implicações. Na maioria das vezes, ter de esperar o momento certo para fazer uma coisa difícil é apenas uma desculpa: uma forma de racionalizar o adiamento do que precisa ser feito já. Não existe momento perfeito.[1] O que existe é apenas o desejo de continuar esperando por ele.

As pessoas autoconfiantes são honestas acerca de suas próprias motivações, ações e resultados. Elas reconhecem quando a voz dentro de sua cabeça pode estar ignorando a realidade. E ouvem também as informações e reações que o mundo lhes dá, em vez de sair por aí à procura de opiniões alheias.

Graças à internet, é mais fácil encontrar pessoas que concordam conosco, independentemente daquilo em que acreditamos. Você quer negar o Holocausto? Existe um grupo para isso. Acha que as vacinas causam autismo? Há grupos para isso também. Caramba, *ainda* temos uma sociedade de terraplanistas, com membros espalhados por todo o globo terrestre.

É rápido e fácil se rodear de pessoas que compartilham os mesmos delírios. Mas nem por isso eles são verdadeiros. A realidade não é um concurso de popularidade. Cercar-se de pessoas que dizem que você está certo não significa que você esteja. E depois que você mergulha nas águas mornas da aceitação do grupo, é difícil sair. O padrão social ataca novamente!

Os grupos de pessoas de que nos cercamos nos estimulam a pensar que o problema está no mundo e não em nós. Temos a plena convicção de que estamos certos e todos os outros estão errados, negando a realidade à custa da energia e do foco de que precisamos para nos adaptar e melhorar. Fazemos isso porque é mais confortável do que aceitar a realidade — contudo, é somente depois de aceitar a realidade que podemos tentar mudá-la. E, no fundo, continuamos a conjecturar sobre qual será o motivo pelo qual não estamos obtendo os resultados desejados. Nós nos perguntamos: por que algumas pessoas obtêm resultados melhores do que nós, e o que elas estão fazendo de diferente?

Certo dia eu estava passeando com o CEO de uma grande empresa de capital aberto, e começamos a conversar sobre que estratégia ele utilizava na hora de contratar pessoas para cargos importantes.

"Se você pudesse escolher uma característica capaz de prever o desempenho de alguém, qual seria?", eu perguntei.

"É a coisa mais fácil", ele disse. "Meu critério é verificar até que ponto a pessoa está disposta a mudar de ideia sobre aquilo que acha que sabe."

As pessoas mais valiosas, ele continuou, não eram aquelas com as melhores ideias na largada, mas as que demonstravam maior capacidade de mudar rapidamente de ideia. Pessoas focadas mais no resultado do que no ego. Por outro lado, ele disse, as pessoas mais propensas ao fracasso eram aquelas obcecadas com os mínimos detalhes que corroboravam seu ponto de vista.

"Elas estão mais focadas em provar que estão certas do que em estarem certas", ele disse.

Como já mencionei ao falar da autorresponsabilidade, isso é o que eu chamo de *lado errado do certo*. É o que acontece quando pessoas inteligentes confundem o melhor resultado com *o melhor resultado para elas* em termos de ganhos pessoais.[2]

Para estar certo, você deve estar disposto a mudar de ideia, caso contrário vai estar errado muitas vezes. As pessoas que costumam frequentar o lado errado do certo são aquelas incapazes de dar um close e depois afastar a imagem sem perder o foco, de modo a enxergar o problema de vários ângulos. Elas ficam presas em uma única perspectiva: a delas. Quando você não consegue ver um problema a partir de vários pontos de vista, você tem pontos cegos. E os pontos cegos nos põem em enrascadas.

Admitir que se está errado não é sinal de fraqueza, é sinal de força. Admitir que alguém tem uma explicação melhor do que a sua mostra que você é maleável. Enfrentar a realidade exige coragem. É preciso coragem para reavaliar suas ideias ou repensar algo que você achava que sabia. É preciso coragem para dizer a si mesmo que alguma coisa não está funcionando. É preciso coragem para aceitar comentários que ferem sua autoimagem.

O desafio de enfrentar a realidade é, em última análise, o desafio de enfrentar a nós mesmos. Devemos reconhecer o que não podemos controlar, e concentrar nossos esforços para lidar com aquilo que podemos. Enfrentar a realidade exige reconhecer nossos erros e fracassos, aprender com eles e seguir em frente.

O LADO ERRADO DO CERTO

Certa vez, em Nova York, depois de eu ter dado uma palestra sobre como tomar decisões eficazes, uma mulher na plateia veio falar comigo. O evento se estendeu além do horário previsto, eu de fato precisava ir para o aeroporto e lhe disse, pedindo mil desculpas. Ela então ofereceu seu motorista para me levar ao aeroporto, contanto que ela pudesse pedir minha opinião ao longo do caminho.*

---

* Só mesmo um canadense crédulo para entrar num carro com uma completa desconhecida em Nova York.

Assim que entramos no carro, ela começou a me relatar um problema muito difícil com o qual estava lidando. Ela era uma das duas candidatas a se tornar a próxima CEO de sua empresa e tinha a impressão de que o problema com o qual ela estava às voltas era decisivo no sentido de consolidar ou arruinar suas chances de conseguir o cargo. Ela esmiuçou os detalhes e me explicou qual era a sua proposta de solução para o dilema. Embora sua ideia parecesse capaz de resolver o problema, era um tanto complicada, com uma execução que envolvia inúmeros riscos. Mas havia uma alternativa — uma solução mais simples, de menor custo e menos arriscada. Era, em termos objetivos, uma solução melhor. Mas havia um problema: era a solução proposta pela concorrente.

Enquanto me detalhava seu raciocínio, ela gastou um bocado de tempo e esforço na defensiva, tentando provar que sua solução era melhor. A única coisa que ela conseguiu deixar claro foi que sabia que sua própria solução não era *a melhor*. Ela estava do lado errado do certo. E não queria admitir.

Muitas pessoas se sentem assim: estão convencidas de que, se não estiverem certas, serão imprestáveis. Eu mesmo costumava ter essa percepção. Em vez de deixar a candidata descobrir seu erro da maneira mais difícil, compartilhei com ela algumas das duríssimas e caras lições que aprendi sobre essa mentalidade e sobre estar do lado errado do certo.

Contei que, durante muito tempo, pensava que se a minha ideia não fosse a melhor ideia de todas, eu não seria nada. Ninguém me veria como uma pessoa de valor, ninguém me consideraria perspicaz, minha contribuição seria nula. Encobri minha identidade na obsessão de estar certo.

Foi só quando comecei a administrar um negócio que percebi o tamanho do meu equívoco. Quando tudo está sobre seus ombros e o custo de estar errado é alto, eu disse, você tende a se concentrar no que está certo em vez de em quem está certo. Quanto mais eu desistia de querer estar certo, melhores os resultados obtidos. Eu não me importava em receber o crédito; eu me preocupava em obter os resultados.

"Se você fosse dona de 100% da empresa e não pudesse vendê-la por cem anos", perguntei a ela, "qual das soluções você preferiria?"

Ela permaneceu em silêncio por um longo tempo antes de responder.

Por fim, ela disse: "Eu já sei o que preciso fazer. Obrigada".

Alguns meses depois, meu telefone tocou. Era ela.[*]

---

[*] A capacidade das pessoas de obter o número do meu celular ainda me deixa perplexo.

"Você não vai acreditar!", ela anunciou. "Eu consegui o cargo de CEO graças em parte à sua ajuda. Foi osso, mas acabei apoiando a solução da concorrente, e foi isso que acabou fazendo a balança pender a meu favor. Quando os membros do conselho viram que eu era capaz de deixar meu ego de lado e fazer o que era melhor para a empresa — mesmo que isso significasse apoiar alguém que competia comigo pelo mesmo cargo —, eles souberam que eu era a pessoa certa."

A autoconfiança é a força que nos permite mirar no que é certo, e não em quem está certo. É a força para encarar a realidade. É a força para admitir erros e mudar de ideia. A autoconfiança é a condição necessária para estar do lado certo.

Resultado acima do ego.

2.5. Força em ação

Autorresponsabilidade, autoconhecimento, autocontrole e autoconfiança são essenciais para o bom senso. Abaixo, alguns exemplos de como eles funcionam juntos.

EXEMPLO 1: IR CONTRA A NORMA

A maioria das pessoas que trabalha para uma agência governamental de inteligência acaba ficando lá por toda a vida profissional. Por que não? Ótimos salários, uma aposentadoria indexada à inflação e uma organização comprometida com uma missão, com pessoas incrivelmente inteligentes e dedicadas.

Quando contei a um colega que ia pedir demissão, ele me encarou, surpreso. E me alertou sobre todos os riscos, explicou que eu perderia minha pensão de ouro e meus benefícios. Ele se concentrou no que eu estava perdendo, não no que estava ganhando: a liberdade do meu tempo, sobretudo.

Deixar esse emprego ilustra os quatro pontos fortes em ação. Eu tinha a autoconfiança de que seria capaz de encontrar um jeito de enfrentar o amanhã sem precisar saber de todos os detalhes previamente; o autoconhecimento de saber que eu valorizava o tempo em detrimento do dinheiro; o autocontrole para acordar no dia seguinte sem titubear, e a autorresponsabilidade para estabelecer um padrão de desempenho mais alto do que nunca.

Sem o autoconhecimento, eu jamais saberia o que me faz feliz. Sem autoconfiança, eu nunca teria deixado o emprego. Sem autorresponsabilidade e autocontrole, eu provavelmente saberia em que trabalhar, mas teria preenchido meus dias com tarefas fáceis apenas para me manter ocupado, em vez de me dedicar às atividades que me faziam crescer.

EXEMPLO 2: RESISTIR AO PADRÃO SOCIAL

Suponha que você saiba por experiência própria que é suscetível à pressão social. Em várias ocasiões, por exemplo, você foi persuadido a comprar coisas que não queria ou, sucumbindo à insistência de colegas, concordou em aceitar empregos com os quais não tinha a menor afinidade. Você não confia em si mesmo para crescer usando apenas sua força de vontade.

A fim de se proteger da influência do padrão social, você decide implementar uma proteção e estabelece uma regra para si mesmo: nunca diga "sim" a algo importante sem antes pensar nisso durante um dia inteiro.

Pôr em prática essa salvaguarda não é lá muito divertido. Fazer alguém esperar pode ser desconfortável no momento, mas os resultados a longo prazo valem a pena. Por mais simples que pareçam, regras automáticas para situações comuns dão resultados. No próximo capítulo, investigaremos as regras automáticas.

A implementação desse plano ilustra todos os quatro pontos fortes que mencionei. Conhecer sua vulnerabilidade à pressão social e os limites de sua capacidade de resistir a ela exige autoconhecimento. Decidir fazer alguma coisa a respeito dessa vulnerabilidade para assegurar melhores resultados envolve autoconfiança. Seguir a regra que você definiu para si mesmo requer autorresponsabilidade. E superar o desconforto de curto prazo em momentos comuns para obter ganhos de longo prazo demonstra autocontrole.*

Todas essas quatro forças são necessárias para resistir à influência do padrão social. Assim que as puser para trabalhar juntas, você ficará surpreso com o que será capaz de realizar. Agora vamos dar uma olhada em como fortalecer esses pontos fortes.

---

* As regras criam rituais baseados na inércia — assim, essa regra usa para o bem o próprio aspecto da natureza humana que nos azucrina.

2.6. Definir os padrões

Se você conviver bastante com outras pessoas [...] é inevitável que acabe por tornar-se parecido com elas [...]. Ponha um pedaço de carvão apagado ao lado de outro ainda em brasa, e das duas uma: ou o pedaço inerte sufocará o incandescente até extingui-lo, ou o pedaço aceso reavivará o outro [...]. Lembre-se de que, se você conviver com uma pessoa coberta de sujeira, será difícil não se sujar um pouco.
Epicteto, *Discursos*

O primeiro passo para fortalecer qualquer um de seus pontos fortes é elevar os padrões que você toma como parâmetro, uma questão prática de olhar ao redor e observar as pessoas e as práticas que permeiam seu ambiente cotidiano.

Somos influenciados por nosso ambiente — tanto nosso ambiente físico quanto as pessoas ao nosso redor. Poucas coisas na vida são mais importantes do que evitar as pessoas erradas. É tentador pensar que somos fortes o suficiente para escapar de adotar o pior dos outros, mas normalmente não é assim que funciona.

De maneira inconsciente, nós nos tornamos aquilo de que estamos próximos. Se você trabalha para uma pessoa babaca, mais cedo ou mais tarde você se tornará uma pessoa babaca. Se seus colegas são egoístas, mais cedo ou mais tarde você se torna egoísta. Se você convive com um indivíduo maldoso, aos poucos se tornará cruel. Pouco a pouco, você adota os pensamentos e sentimentos, as atitudes e os padrões das pessoas ao seu redor. As mudanças são muito graduais para serem percebidas, até que se tornam grandes demais para serem resolvidas com dois palitos.

Tornar-se semelhante às pessoas ao seu redor significa que, com o tempo, você passará a adotar os padrões delas. Se você convive apenas com pessoas medianas, acabará tendo padrões medianos. Mas os padrões medianos não o levarão aonde você deseja. Padrões se convertem em hábitos, e hábitos se tornam resultados. Poucas pessoas percebem que, quase sempre, quem alcança resultados excepcionais são as pessoas com padrões acima da média.

As pessoas mais bem-sucedidas têm os mais altos padrões, não apenas para os outros, mas para si mesmas. Por exemplo: certa vez fui enviado a trabalho até um local remoto, e me lembro de que durante uma reunião levantei para explicar como funcionava algum elemento do protocolo de determinada operação. Depois de alguns instantes, outra pessoa, um homem renomado e reconhecido por todos como o *maior* especialista naquela área, me interrompeu e me pediu que eu parasse de falar, já que pelo visto eu não tinha a menor noção do que estava falando. Em seguida ele se pôs de pé e esmiuçou a questão de uma forma mais detalhada do que eu pensava ser possível. Depois da reunião, fui ao escritório dele para conversar. Ele me explicou que, embora não soubesse como as coisas funcionavam no lugar de onde eu vinha, o padrão de lá era que ninguém abre a boca para falar a menos que saiba do que está falando.

Os campeões não criam os padrões de excelência. Os padrões de excelência criam campeões.[*]

Padrões elevados são uma constante entre os melhores desempenhos. Se observarmos qualquer atleta ou equipe esportiva que atua em um nível além do que se pode explicar por sorte ou talento, encontraremos um comprometimento com padrões elevados. Em um período de vinte anos, o New England Patriots e seu treinador Bill Belichick venceram mais partidas do que qualquer outro time na história da NFL, a liga nacional de futebol americano dos Estados Unidos. Não apenas isso, mas também conquistaram essa marca com um

---

[*] Isso foi inspirado pela seguinte citação do treinador de futebol americano Bill Walsh: "Os campeões se comportam como campeões antes de serem campeões. Eles têm um padrão de desempenho vencedor antes mesmo de serem vencedores".

teto salarial projetado para propiciar condições iguais para todas as equipes e tornar impossíveis a existência de dinastias imbatíveis como a deles. Certo dia, quando o cornerback Darrelle Revis, um astro da liga e o melhor jogador em sua posição, chegou alguns minutos atrasado para um treino, Belichick o mandou voltar para casa imediatamente.[1] Não que o treinador tenha dado muita importância ao atraso em si, mas foi firme em sua atitude. Revis receberia o mesmo tratamento dos outros jogadores. Belichick não se importava com as mordomias dos craques de outros times. Agora Revis era um atleta do New England Patriots e teria que estar à altura dos elevadíssimos padrões de sua equipe.

Os melhores professores esperam mais de seus alunos e de si mesmos. E, na maioria das vezes, os alunos fazem o que é necessário para demonstrar que são capazes de atender a essas expectativas. Os melhores líderes esperam mais das pessoas; eles as mantêm atuando nos mesmos padrões que eles consideram ideais — padrões mais altos do que a maioria das pessoas sequer saberia serem possíveis.

PESSOAS ESPERTAS COM PADRÕES BAIXOS

Para um líder, a diferença entre resultados medianos e excepcionais muitas vezes se resume a se conseguem obter mais desempenho de pessoas espertas, porém preguiçosas. Certa vez, dei por mim trabalhando com um desses sujeitos. Eu tinha acabado de ser promovido, e ele me enviou por e-mail um rascunho de texto pedindo minha "orientação e opiniões". O rascunho era medonho e cheio de falhas óbvias. Não era seu melhor trabalho. Eu sabia disso. E ele sabia disso.

Se você trabalha numa grande empresa, tenho certeza de que já aconteceu algo semelhante com você. Alguém esboça um relatório ou projeto pela metade, com o maior desleixo do mundo, um documento coalhado de péssimas ideias, envia e espera que outros o corrijam. Essa tática tira proveito de um de nossos padrões: adoramos corrigir as pessoas. Se alguém faz algo errado, é quase inevitável lhes dizer como fazer da maneira certa. Aí fazemos o trabalho e essa pessoa recebe todo o crédito, em uma fração do tempo que ela teria levado para fazer o trabalho por conta própria. É uma jogada esperta. Mas preguiçosa.

Não queria passar o resto da noite (ou da minha vida profissional) corrigindo a porcaria de trabalho que esse cara fazia. Precisava pensar numa maneira de mudar o comportamento dele. Mas como?

Então lembrei de uma história que li sobre Henry Kissinger. Um funcionário redigiu um memorando e o deixou sobre a escrivaninha de Kissinger para ele ler. Algum tempo depois, Kissinger o chamou e perguntou se era o melhor trabalho que ele era capaz de fazer. O funcionário disse que não e reescreveu todo o memorando. No dia seguinte, o funcionário voltou a encontrar Kissinger e lhe perguntou o que ele tinha achado. Mais uma vez Kissinger perguntou se era o melhor que ele podia fazer. O funcionário pegou o memorando e o reescreveu. Na manhã seguinte, a mesma cena se desenrolou, só que dessa vez o pobre funcionário afirmou que sim, que era de fato o melhor memorando que ele julgava ser capaz de fazer. Kissinger respondeu: "Tudo bem, agora eu vou ler".

Decidi adotar o sistema de Kissinger. Respondi ao e-mail com "Este é melhor trabalho que você consegue fazer?".

O sujeito respondeu que não, pediu alguns dias para esclarecer suas ideias e retornou com uma versão que ele julgava drasticamente melhor. Sem abrir o documento, disparei a mesma mensagem.

Ele respondeu: "Sim, é o melhor que eu posso fazer".

Eu li essa nova versão, e estava excelente. Agora que eu sabia do que ele era capaz e ele sabia que eu sabia, eu lhe disse que esperava isso dele todas as vezes. O padrão ficou claro. Ele nunca me desapontou.

POR QUE TEMOS PADRÕES BAIXOS

Na maioria das vezes, quando aceitamos fazer um trabalho abaixo do nosso padrão, é porque na realidade não nos importamos com essa tarefa. Dizemos a nós mesmos que está bom o suficiente, ou que é o melhor que podemos fazer diante das nossas limitações de tempo. Mas a verdade é que, pelo menos nessa tarefa específica, não estamos comprometidos com a excelência.

Quando aceitamos de outras pessoas um trabalho abaixo do padrão, é pelo mesmo motivo: não estamos totalmente empenhados de corpo e alma, não estamos a fim. Quem está comprometido com a excelência não permite que ninguém em sua equipe entregue um trabalho meia-boca, feito às pressas, sem cuidado, displicente. Você estabelece o padrão, decide que será um elevado, e espera que qualquer pessoa que trabalhe com você se dedique com afinco para atingir o parâmetro estipulado, ou superá-lo. Qualquer coisa menos que isso é inaceitável.

Quando Zhang Ruimin assumiu o cargo de CEO da Qingdao Refrigerator Plant, a precursora da fabricante de eletrodomésticos Haier, a empresa estava à beira do colapso. Para transmitir uma mensagem clara a seus novos funcionários, Ruimin os reuniu no pátio da fábrica, onde eles testemunharam a destruição de 76 geladeiras que tinham saído da linha de montagem abaixo do padrão — os refrigeradores foram despedaçados a golpes de marreta. Até o fim de sua gestão, Ruimin exibiu uma marreta dentro de uma caixa de vidro na sala de reuniões, símbolo do elevado padrão que esperava dos funcionários da empresa.[2]

EXCELÊNCIA EXIGE EXCELÊNCIA

Quem é mestre em seu ofício não quer realizar seu trabalho no piloto automático e pronto, para cumprir tabela e seguir em frente. Ele é dedicado ao que faz e continua se empenhando sempre. O trabalho no nível de mestre requer padrões quase obsessivos, portanto os mestres nos mostram quais devem ser nossos padrões. Um mestre da comunicação escrita não aceitaria um e-mail enfadonho e incoerente. Um mestre em programação não aceitaria um código mal-ajambrado. Nem um nem outro aceitariam explicações pouco claras ou incompreensíveis.

Nunca seremos excepcionais em nada a menos que elevemos nossos padrões, tanto os nossos quanto os de tudo o mais, até onde for possível. Para a maioria de nós, isso pode dar a impressão de que se trata de uma trabalheira danada. Tendemos a ser complacentes. Preferimos a lei do menor esforço, navegando ao sabor da inércia. E tudo bem. Apenas tenha em mente que se você fizer o que todo mundo faz, pode esperar os mesmos resultados que todo mundo obtém. Se quiser resultados diferentes, precisa elevar o padrão a um patamar bem alto.

Trabalhar em primeira mão com um mestre é a melhor educação; é a maneira mais segura de elevar o nível. A excelência dos mestres exige a nossa excelência. Mas a maioria de nós não tem a sorte de vivenciar essa oportunidade. Ainda assim, nem tudo está perdido. Se você não tiver a chance de trabalhar diretamente com um mestre, ainda assim poderá cercar-se de pessoas com padrões mais elevados lendo sobre elas e sobre o trabalho que realizam.

2.7. Modelos + prática

Existem dois componentes para fortalecer seus pontos fortes e elevar seu patamar:

(a) Escolha os modelos certos — aqueles que elevam seus padrões. Podem ser pessoas com quem você trabalha, pessoas que você admira ou até mesmo gente que já viveu há muito tempo, não importa. O que importa é que esses exemplos fazem com que você se torne melhor em determinada área.
(b) Imite seus modelos como exercício. Permita-se refletir sobre o que eles fariam em sua posição e aja de acordo com isso.

Vamos refletir sobre esses componentes, um de cada vez.
Na seção anterior, discutimos um ponto sobre o qual a maioria das pessoas nunca pensa: se você não selecionar com rigor quem faz parte da sua vida, acabará convivendo com gente que está ao redor por acaso e não por escolha. Esse grupo inclui seus pais, sua família, seus amigos, seus colegas de trabalho. Claro que seus amigos do ensino médio podem ser excelentes exemplos de caráter e perspicácia, porém o mais provável é que sejam medianos. Claro que seus pais podem estar entre os empresários mais inteligentes do mundo, mas o mais provável é que não sejam. Não é que você deva excluir essas pessoas de sua vida: controlar seu ambiente significa acrescentar intencionalmente à mistura algumas pessoas exemplares.

SEUS MODELOS

Mostre-me seus modelos e eu lhe mostrarei seu futuro.

Quando comecei a trabalhar numa agência governamental de inteligência, o modelo em que eu me inspirava era meu colega Matt. Ele era um dos melhores do mundo para entender o funcionamento de sistemas operacionais e as várias maneiras de usá-los a seu favor. O que mais me impressionava nele eram seus padrões inacreditavelmente elevados. Tal qual Michael Jordan, Matt combinava talento natural com uma ética de trabalho de primeira classe. E ele exigia perfeição. (É de surpreender que fosse um dos melhores do mundo?)

Ninguém podia dizer nada perto dele a menos que de fato soubesse do que estava falando, caso contrário seria corrigido. Matt elevava o nível para toda a equipe. Trabalhava mais do que qualquer um e apresentava soluções elegantes para problemas complexos. Matt era um exemplo: alguém que forjou uma maneira modelar de ser, alguém a ser imitado. Ele nos mostrava o que era possível.

Tive sorte. O acaso poderia ter me designado um chefe mediano, mas pôs Matt no meu caminho. Acontece que você não deve confiar na sorte nem depender dela. Você pode escolher pessoas exemplares e modelos a serem seguidos, em vez de esperar que por acaso acabe trabalhando com uma delas.

Ao escolher as pessoas exemplares certas — pessoas com padrões mais altos do que os seus —, você pode transcender os padrões que herdou de pais, amigos e conhecidos. Seus modelos mostram quais devem ser seus padrões. O banqueiro e investidor Peter Kaufman me disse certa vez: "Nenhuma técnica contribuiu mais para o meu sucesso na vida do que estudar e adotar os bons modelos dos outros".

Essa sabedoria já existe há muito tempo. Nas *Cartas a Lucílio*, Sêneca exorta seu discípulo a escolher um modelo que lhe forneça um padrão de vida:

> Que a nossa alma, portanto, tenha um modelo a quem venere e cuja autoridade torne mais nobre mesmo o seu mais íntimo recesso. [...] Feliz o homem capaz de ter por alguém tanto respeito que a simples lembrança do modelo basta para lhe dar ordem e harmonia espiritual! Quem for capaz de ter por alguém um tal respeito, em breve inspirará por seu turno respeito idêntico. Escolhe, por exemplo, Catão; se este te parecer demasiado rígido, escolhe Lélio, que é homem de es-

pírito mais maleável. Escolhe alguém cuja vida, cujas palavras, cujo rosto, enfim, espelho da própria alma, sejam do teu agrado. Contempla-o sempre, ou como teu vigilante, ou como teu modelo. Temos necessidade, repito, de alguém por cujo carácter procuremos afinar o nosso: riscos tortos só se corrigem com a régua![1]

As pessoas que escolhemos como modelos possuem os princípios, a determinação e os padrões gerais de pensamento, sentimento e ação que queremos adotar. O exemplo dos modelos serve como um referencial para navegarmos no mundo. Torna-se a nossa estrela-guia.

A maioria das pessoas não queria adotar os padrões de Matt porque eram parâmetros muito rigorosos. No entanto, para quem estivesse disposto a trabalhar, Matt era um atalho para a excelência, só não via quem não queria. As pessoas na extremidade direita da curva de sino (os fora de série positivos) podem nos ensinar coisas que levaríamos uma vida inteira para aprender. Eles fizeram o trabalho difícil e pesado. Eles já pagaram pelas aulas, então você não precisa pagar. Aprender com os padrões de Matt e tentar viver de acordo com eles me ajudou a ser competente muito mais rápido do que de qualquer outra forma.

Olhe ao seu redor, procure os melhores modelos que puder em meio às pessoas com os atributos que você deseja cultivar — aquelas cujo comportamento-padrão é o comportamento que você deseja, aquelas que o inspiram mudar de patamar e fazem você querer ser uma versão melhor de si mesmo.

Seus modelos nem sequer precisam estar vivos. Podem ser pessoas que já morreram, ou também personagens fictícios. Podemos aprender com Atticus Finch e Warren Buffett, ao lado de Gengis Khan e Batman. Você decide.

SEU CONSELHO DE ADMINISTRAÇÃO PARTICULAR

Reúna suas pessoas exemplares em seu "conselho de administração pessoal", conceito que se origina do escritor Jim Collins:

No início dos anos 1980, fiz de Bill [Lazier] o presidente honorário do meu conselho de administração pessoal. E quando escolhi os diretores [...], o critério que utilizei não foi o sucesso. Eles foram escolhidos por seus valores e caráter [...]. Eles são o tipo de pessoa que eu não gostaria de decepcionar.[2]

As pessoas exemplares de seu conselho de administração particular podem ser uma mistura de grandes realizações e caráter elevado. O único requisito é que tenham alguma habilidade, atitude ou disposição que você deseja cultivar. Não precisam ser pessoas perfeitas. Todo mundo tem defeitos, e seu conselho de administração particular não será diferente. Mas todo mundo é melhor do que nós em alguma coisa. Nosso trabalho é descobrir qual é essa coisa e aprender com ela, ignorando o resto.

Um dos maiores erros que as pessoas cometem é não querer aprender com alguém que tem algum defeito de caráter ou uma visão de mundo que não se alinha com a delas. Sêneca capturou o enfoque certo ao dizer em *Sobre a tranquilidade da alma*: "Nunca terei vergonha de citar um mau autor se a fala for boa". Ou, como disse Catão, o Velho: "Toma cuidado para não te recusares irrefletidamente a aprender com os outros".[3] Não jogue fora a maçã só por causa de uma manchinha.

Seu conselho de administração particular não é estático. As pessoas vêm e vão. Você está sempre selecionando os membros com rigor. Voltando ao filme *O poderoso chefão*, às vezes você quer o consigliere de tempos de paz e às vezes você quer o consigliere de tempos de guerra. Às vezes você já aprendeu tudo o que podia com alguém e agora deseja substituí-lo por outra pessoa. Cada pessoa tende a levar você para a próxima.

Os mestres têm um padrão diferente — em geral belo e elegante. E quando você põe mestres em seu conselho de diretores, eleva o nível para si mesmo. O que antes parecia bom o suficiente já não parece mais suficientemente bom.

Uma de minhas pessoas exemplares é Charlie Munger, o bilionário parceiro de negócios de Warren Buffett. Ele elevou meu padrão no que diz respeito a ter uma opinião formada. Certa noite, durante um jantar, comentou: "Eu nunca me permito opinar sobre qualquer coisa a menos que conheça o argumento do interlocutor melhor do que ele próprio".

Isso, sim, é elevar o nível! Muitas pessoas têm opiniões, mas pouquíssimas fazem o trabalho necessário para defendê-las. Fazer esse trabalho significa ter a capacidade de argumentar contra si mesmo melhor do que seus oponentes reais. Isso força você a contestar suas convicções porque você tem que saber defender os dois lados. Só quando você se dedica a trabalhar com afinco é que vai entender um argumento. Você entende as razões a favor e contra, e adquire a confiança para endossar um argumento.[4]

Não existe melhor forma de aprendizagem do que trabalhar diretamente com seus heróis. O benefício de trabalhar com alguém é que isso permite uma interação natural — um toma lá dá cá que está mais para um relacionamento de coaching ou mentoria do que a mera imitação. Um relacionamento pessoal permite também que você peça ajuda, busque apoio quando você precisar. Mas nem sempre é possível trabalhar frente a frente com alguém que você admira. Ainda assim, isso não significa que você tenha que aceitar todas as pessoas ao seu redor.

O celular em seu bolso dá a você acesso às pessoas mais inteligentes que já existiram, vivas ou mortas. Mesmo que não tenha contato direto com elas, muitas vezes você pode ouvi-las falar em suas próprias palavras — sem filtros nem interferências! Pense nisso por um segundo. Pela primeira vez na história você tem a oportunidade de ouvir seus modelos explicarem as coisas à maneira deles, sem que ninguém se intrometa.*

Se o seu herói é Tobi Lütke, fundador da Shopify, uma das empresas de comércio cujo sucesso é indiscutível, você pode encontrar na internet inúmeras entrevistas com ele. Pode sentar aos pés do mestre e aprender enquanto ele compartilha pormenores sobre seu modo de pensar, sua tomada de decisões, sua maneira de dirigir a empresa. O mesmo vale para Peter D. Kaufman, Warren Buffett, Jeff Bezos, Tom Brady, Simone Biles, Serena Williams ou Katie Ledecky.

Você pode escolher entre os grandes nomes da história: Richard Feynman, George Washington, Charles de Gaulle, Winston Churchill, Coco Chanel, Charlie Munger, Marie Curie, Marco Aurélio. Todos estão prontos para aceitar seu convite para integrar seu conselho de administração particular. Tudo o que você precisa fazer é coletar o melhor deles e juntar tudo em sua mente. Como disse Montaigne: "Colhi um ramalhete de flores de outros homens, e nada é meu exceto o cordão que as prende".[5]

Se você tiver um conselho de administração particular, nunca estará sozinho, porque sempre poderá contar com esses diretores. Você pode imaginar que eles estão te observando enquanto você toma decisões e realiza poderosas

---

* Hoje em dia, nas grandes casas editoriais, até mesmo os livros são filtrados pelos editores. Suponho que seja possível argumentar que, outrora, as pessoas podiam publicar um livro diretamente e sem filtro, mas acho que a questão está bem clara.

jogadas de mestre. E já que você imagina que eles estão assistindo a suas ações, seu próprio comportamento certamente refletirá essa nova plateia. Essas pessoas ajudarão a definir os padrões de acordo com os quais você se esforçará para viver, e lhe fornecerão uma régua com a qual se medir. Você não será um fracasso se ficar aquém das expectativas — se não escrever um livro best-seller, ou se não se tornar um bilionário nem fizer musculação todos os dias. Você não está competindo com suas pessoas exemplares. A única pessoa com quem você está competindo é com a pessoa que você era ontem. A vitória está em ser um pouco melhor hoje.

SEU REPOSITÓRIO DE BOM COMPORTAMENTO

Escolher as pessoas exemplares certas ajuda a criar um repositório de "bom comportamento". Ao ler o que elas escreveram, ao conversar com elas, ao aprender com as experiências delas, e aprendendo com suas próprias experiências, você começa a construir um banco de dados de situações e respostas. Esse banco de dados será uma das coisas mais importantes que você fará, porque ajuda a criar um espaço mental para a lucidez em sua vida. Em vez de reagir e copiar as ações das pessoas ao redor, você pensa: "Vamos ver o que as pessoas fora de série fariam".

Quando você se vê diante de uma situação nova, tem à disposição um catálogo das respostas que as pessoas na extremidade direita da curva de sino deram em situações semelhantes. Sua resposta básica se desloca de boa para ótima — da reação para a razão.

A despeito de seus instintos, seu conselho de administração particular pode te direcionar para o rumo certo.

Se contarmos com um conselho de administração pessoal integrado por pessoas de caráter exemplar, ao fim e ao cabo desejaremos ser a versão máxima de nós mesmos. Teremos confiança para tomar uma posição moral e agir com autonomia quando a maré social descambar para o lado errado. Não precisaremos seguir, passivos, os fluxos e refluxos das circunstâncias. Nosso conselho de administração pessoal nos dá coragem e percepção para evitar o ir e vir, e nadar na direção que é a melhor.

Um derradeiro comentário sobre pessoas exemplares: assim como outras pessoas atuam no seu conselho de administração pessoal, você atua nos conselhos de administração pessoal de outros indivíduos. Quem nos lembra desse ponto é o ator Denzel Washington: "Nunca dá para saber quem você acabará afetando. Você nunca sabe como ou quando terá um impacto em alguém, ou o quanto seu exemplo pode ser importante para outra pessoa".[6]

Pode ser o funcionário novato no escritório. Talvez sejam seus filhos. Talvez seu primo. Não importa. O que importa é que há alguém observando você e tomando seu comportamento como estrela-guia. Tudo o que você faz tem o poder de mudar a vida de outra pessoa para melhor. Como disse Sêneca: "Feliz o homem que, não apenas pela sua presença, mas até pela sua imagem, torna os outros melhores!".[7]

PRATIQUE, PRATIQUE, PRATIQUE

> *Com as virtudes dá-se exatamente o oposto: adquirimo-las pelo exercício [...]. Com efeito, as coisas que temos de aprender antes de poder fazê-las, aprendemo-las fazendo; por exemplo, os homens tornam-se arquitetos construindo e tocadores de lira tangendo esse instrumento. Da mesma forma, tornamo-nos justos praticando atos justos, e assim com a temperança, a bravura etc.*
> Aristóteles, Ética a Nicômaco, livro II, capítulo 1

Não basta escolher pessoas exemplares e montar um conselho de administração pessoal. Você também tem de seguir o exemplo desses modelos — não apenas uma ou duas vezes, mas repetidamente. Só então poderá internalizar os padrões que eles personificam e se tornar o tipo de pessoa que deseja ser.

Imitar os modelos de sua predileção envolve criar um espaço mental para exercitar a razão e avaliar seus pensamentos, sentimentos e possíveis decisões e escolhas. Fazer isso redireciona os padrões de comportamento do passado de modo que se alinhem mais de perto com os padrões de suas pessoas exemplares.

Uma maneira de criar um espaço mental para a lucidez é se perguntar o que suas pessoas exemplares fariam se estivessem na mesma posição que você. É o próximo passo natural. Depois de imaginar que elas estão te observando, você toma suas decisões. Se, por exemplo, você tiver que tomar uma decisão referente a um investimento, pergunte a si mesmo: "O que Warren Buffett faria?". Da mesma forma, pergunte a si mesmo: "De que maneira eu apresentaria essa ideia ao meu conselho de administração pessoal? Com o quê meus diretores se importariam? O que eles descartariam por julgarem irrelevantes?".

Se você imaginar que seus modelos estão te observando, tenderá a fazer o que sabe que elas gostariam que você fizesse, e evitará o que sabe que atrapalharia.

É importante se dedicar a esses exercícios de reflexão. Você tem que continuar fazendo isso até adquirir um novo padrão de pensamentos, sentimentos e ações. Continue praticando até que o padrão se torne uma segunda natureza: um elemento de quem você é, em vez de apenas quem você quer ser.

Uma estratégia é praticar em uma caixa de areia. Como você deve ter imaginado, a caixa de areia é metafórica — uma situação controlada em que é possível fazer testes e experimentações e na qual os equívocos são relativamente irrelevantes e fáceis de reverter. Uma caixa de areia permite que você cometa erros e aprenda com eles ao mesmo tempo que restringe os custos deles. Praticar em uma caixa de areia aumenta a probabilidade de sucesso quando as apostas são maiores e os resultados mais importantes e menos reversíveis.

Uma das razões pelas quais em geral você começa gerenciando apenas uma pessoa ou uma equipe pequena, em vez de toda uma empresa, é que assim é possível conter as falhas. Começar com uma função de gerenciamento de pequena escala é um exemplo de caixa de areia. Quando você administra uma empresa inteira, os erros custam mais caro e são mais difíceis de conter.

Nada substitui a experiência com a coisa real, mas as caixas de areia podem eliminar os aspectos negativos dos erros que você inevitavelmente comete ao praticar. Na agência governamental de inteligência onde trabalhei, antes de cada operação sempre praticávamos e ensaiávamos em um ambiente no qual era seguro falhar. Nesses treinos, tratávamos a simulação como se fosse a própria operação efetiva; fazíamos tudo que planejávamos fazer durante a operação e tentávamos prever todas as coisas que poderiam acontecer e como responder a elas. Se algo não saísse conforme o planejado, fazíamos adaptações. E vez por outra falhávamos. Errar na caixa de areia, no entanto, nos propiciava uma oportunidade de aprendizagem com poucas consequências relevantes no mundo real, ao passo que falhar em uma operação real poderia custar a vida das pessoas.

PARTE 3

GERENCIAR AS FRAQUEZAS

A vida fica mais fácil quando você não culpa os outros e se concentra naquilo que pode controlar.

JAMES CLEAR

Se quiser assumir o comando de sua vida, você deve controlar as coisas que pode controlar. Por outro lado, precisa gerenciar as coisas para você incontroláveis — nossas vulnerabilidades ou fraquezas.

Pense de novo na analogia do computador. Você tem o poder de modificar sua programação, pelo menos até certo ponto. Em alguns casos, pode reescrever seus algoritmos, reprogramando a forma como você responde a, digamos, emoções, pressões sociais ou ameaças ao seu ego. Reescrever esses algoritmos é uma excelente maneira de se fortalecer.

Mas vez por outra existem algoritmos perniciosos que você não consegue alterar. Você não pode modificar seus instintos biológicos, as tendências inatas que resistem a qualquer tentativa de alteração. No entanto, sua incapacidade de mudá-los não significa que você não possa gerenciá-los. Fazer isso é apenas uma questão de programar novos procedimentos em sua vida que ajudem a mitigar ou conter os efeitos nocivos. Incorporar esses procedimentos é uma forma de gerenciar a fraqueza.

3.1. Conhecer suas fraquezas

Todos nós temos fraquezas, muitas das quais são inerentes à nossa biologia. Sentimos fome, sede, cansaço, privação de sono, emoções, angústia ou estresse, por exemplo. Todas essas condições podem nos levar a reagir em vez de pensar de forma eficaz, e nos cegar para os momentos decisivos da vida.

Cada um de nós também tem uma perspectiva limitada das coisas: há um limite para o que somos capazes de ver e saber. Além disso, temos tendências a formar juízos e opiniões mesmo sem conhecimento de causa. Vimos que nossos instintos de autopreservação, participação em grupos, hierarquia e territorialidade podem desencadear julgamentos ruins que prejudicam não só a nós mesmos como às pessoas ao nosso redor.

Algumas de nossas fraquezas não estão embutidas em nossa biologia, mas são adquiridas por meio do hábito e permanecem conosco devido à força da inércia.

É fácil adquirir hábitos ruins quando há um atraso entre a ação e a consequência. Se você comer uma barra de chocolate ou faltar ao treino de musculação hoje, não sofrerá uma súbita transformação de pessoa saudável para não saudável. Se trabalhar até tarde e perder o jantar em casa algumas noites, isso não causará estragos irremediáveis ao seu relacionamento familiar. Se hoje você passar o dia inteiro nas redes sociais em vez de trabalhar, não será demitido. No entanto, essas escolhas podem acabar se tornando hábitos que, acumulados, podem resultar em desastres.

A fórmula do fracasso é a repetição constante de pequenos erros. Só porque os resultados não são sentidos de imediato, não significa que as consequências não virão. Você é inteligente o suficiente para saber quais são os resultados potenciais, mas não percebe necessariamente quando eles virão. Repetir boas escolhas faz com que o tempo seja seu amigo, porém as más escolhas o tornam seu inimigo.*

Exemplos de fraquezas inerentes	Exemplos de fraquezas adquiridas
Fome	Agir por impulso emocional
Sede	Fazer menos do que você é capaz
Cansaço	Recusar-se a começar algo por medo
Privação de sono	Ver apenas seu próprio ponto de vista
Emoção	Se apoiar em seu talento sem se esforçar
Distração	
Estresse	
Limitações de perspectiva	
Vieses cognitivos	

Quaisquer que sejam nossas fraquezas, e quaisquer que sejam as origens delas, se não conseguirmos administrá-las, os padrões assumirão o comando de nossa vida num piscar de olhos. Além do mais, na maior parte das vezes nós nem sequer sabemos quando isso acontece.

AS DUAS MANEIRAS DE GERENCIAR A FRAQUEZA

Existem duas maneiras de gerenciar suas fraquezas. A primeira é fortalecer seus pontos fortes, um auxílio a suplantar os pontos fracos que você adquiriu. A segunda é implementar salvaguardas que irão ajudá-lo a controlar as fra-

---

* O empreendedor, escritor e palestrante Jim Rohn afirmou: "Uma definição de fracasso é cometer alguns erros de julgamento repetidamente todos os dias". E um resumo do excelente livro de James Clear *Hábitos atômicos: Um método fácil e comprovado de criar bons hábitos e se livrar dos maus* (Trad. de Wendy Campos. Rio de Janeiro: AltaLife, 2019) é que os bons hábitos tornam o tempo seu amigo e os maus o tornam seu inimigo.

quezas que resistem a ser dominadas por meio exclusivo da força de vontade. E mais: as salvaguardas nos ajudam a administrar as fraquezas impossíveis de superar — por exemplo, aquelas que se devem às nossas limitações biológicas.

Como gerenciar fraquezas inatas	Como gerenciar fraquezas adquiridas
Salvaguardas	Força + salvaguardas

Vimos na parte 2 como a força de vontade pode superar as fraquezas adquiridas. Por exemplo, ao desenvolver o autocontrole, você se fortalece e se capacita a superar o comportamento movido a emoção, evitando os arrependimentos que ele produz. Desenvolver a autoconfiança nos fortalece e nos permite vencer a inércia e tomar decisões difíceis. Ela nos habilita a não sucumbir à pressão social, nos torna capazes de ir contra a multidão. Também nos dá poderes para dominar o ego, reconhecer nossas limitações e iniciar o caminho para fazer melhor e sermos melhores.

PONTOS CEGOS

Algumas de nossas fraquezas são as limitações daquilo que podemos conhecer, nossos *pontos cegos*. Todos estamos familiarizados com pontos cegos perceptivos — nossa incapacidade de enxergar com precisão além de certa distância e em ambientes sem luz suficiente. Temos também *pontos surdos*: não somos capazes de ouvir sons abaixo de certo volume ou acima de determinada frequência.

O que vale para a percepção vale para a cognição — nossa faculdade de pensar e julgar. As capacidades cognitivas que herdamos da seleção natural não foram concebidas para alcançar precisão máxima, mas apenas para aumentar nossas chances de sobrevivência e reprodução. Com efeito, algumas dessas capacidades não foram concebidas visando qualquer tipo de precisão. Elas existem para nos instigar a evitar ameaças sérias à sobrevivência e ao potencial reprodutivo.

Pense como um coelho foge mesmo que você não represente uma ameaça concreta à vida dele. Os coelhos têm essa tendência porque, do ponto de vista evolutivo, sabem que é melhor prevenir do que remediar. O custo de sobrevivência de um falso negativo é muito mais alto do que o custo de um falso positivo. Muitos vieses cognitivos funcionam segundo o mesmo mecanismo. Originalmente foram projetados para nos influenciar em direção a comportamentos que favorecessem e estimulassem a sobrevivência e a reprodução, e para nos afastar daqueles que pudessem pô-las em risco.

Por exemplo: para nossos ancestrais pré-históricos, tanto aderir a um grupo quanto agir rapidamente com base em informações limitadas eram comportamentos que tinham valor de sobrevivência. Mas ambas as tendências podem desencadear erros de julgamento e, por conseguinte, nos render pontos cegos adicionais.

TER CONSCIÊNCIA SOBRE OS PONTOS CEGOS NÃO É SUFICIENTE

Não basta conhecer nossos vieses e outros pontos cegos. Temos que tomar medidas para gerenciá-los, caso contrário os padrões assumirão o controle.

Alguns pontos cegos decorrem da nossa perspectiva. Ninguém é capaz de saber tudo de determinada situação a partir de todos os ângulos. Pense nos jogadores de pôquer. Se um deles soubesse quais as cartas que os demais receberam, não cometeria erro nenhum. Na realidade, os jogadores podem ver apenas suas cartas e apenas as cartas que são distribuídas para a mesa com a face voltada para cima. Por estarem cegos para as outras mãos, eles acabam cometendo erros.

Quando se trata de outras pessoas, podemos apenas tentar adivinhar por que fazem o que fazem no pôquer ou em qualquer outra situação, mas nosso maior ponto cego tende a ser o conhecimento de nossas próprias fraquezas. Há uma citação famosa do ganhador do Nobel de física Richard Feynman: "O primeiro princípio é que você não deve enganar a si mesmo — e você é a pessoa mais fácil de enganar".[1]

São três as principais razões por que não conseguimos ver nossas fraquezas.

Em primeiro lugar, essas falhas podem ser difíceis de detectar porque fazem parte da maneira como estamos acostumados a pensar, sentir e agir. O comportamento defeituoso se torna entranhado por meio de um longo processo de formação de hábitos. Essas imperfeições fazem parte de quem somos, mesmo que não estejam de acordo com quem queremos ser.

Em segundo lugar, enxergar nossos próprios defeitos fere nosso ego — sobretudo quando esses defeitos são comportamentos profundamente arraigados. Eles são diferentes de deficiências como, digamos, falta de habilidade técnica, porque parecem um julgamento sobre o tipo de pessoa que pensamos ser. Somos territorialistas acerca de como nos vemos, e tendemos a repudiar informações que lancem dúvidas sobre nossa autoimagem.

Em terceiro lugar, temos uma perspectiva limitada. É muito difícil entender um sistema do qual fazemos parte. Assim como você olha para o seu eu de dezesseis anos e se questiona, admirado, o que diabos você estava pensando, o seu eu futuro olhará para o seu eu atual e pensará o mesmo. Seu eu presente é cego para a perspectiva de seu eu futuro.

Por causa da perspectiva e da natureza humana, temos dificuldade para enxergar nossos defeitos, enquanto os dos outros saltam aos nossos olhos. Somos especialistas em localizar os pontos fortes e fracos de nossos colegas e amigos. É duro aceitar, no entanto, que outros possam nos ver com a mesma clareza. Quando o mundo nos fornece opiniões e impressões acerca de nossas próprias fraquezas, temos uma oportunidade rara para melhorar e nos aproximar do tipo de pessoa que queremos ser. Utilize com sabedoria essas oportunidades!

PONTOS CEGOS NO *USS BENFOLD*

A história do contratorpedeiro *USS Benfold* é um bom exemplo de como reconhecer e superar pontos cegos.[2]

O *Benfold* entrou em operação em 1996 para servir na Frota do Pacífico e estava equipado com um dos arsenais de mísseis e tecnologia mais avançados da marinha de guerra na época. De tão sofisticado, seu sistema de radar era capaz de rastrear um pássaro a oitenta quilômetros. Sua missão era estar sempre preparado para entrar em ação. E no entanto ele era um dos navios de guerra de pior desempenho em toda a história da Marinha dos Estados Unidos.

Seus comandantes, embora detentores de carreiras militares brilhantes, não conseguiam melhorar de jeito nenhum a atuação do contratorpedeiro. Em grande medida, a performance de um navio depende da tripulação, não da tecnologia.

Para um líder, não há nada mais importante do que tirar o máximo proveito de seu pessoal. Muitas vezes isso se resume a eliminar obstáculos que limitam o potencial da equipe. Nem toda a tecnologia de ponta será capaz de tornar alguém melhor se as pessoas que a utilizam não se empenharem ao máximo.

O destino do *USS Benfold* mudou no dia em que Michael Abrashoff foi nomeado comandante. Ele tinha trinta e poucos anos e aquele era seu primeiro comando marítimo. Na ocasião, disse que o "navio disfuncional tinha uma tripulação taciturna, que se ressentia de estar a bordo e mal podia esperar para ser dispensada". Ainda assim, em menos de vinte meses ele o transformou num dos navios de melhor desempenho da Marinha americana. E fez isso dentro das restrições de uma hierarquia sufocante.

Mas como?

O incrível mesmo é o que ele *não fez*. Ele não demitiu nem rebaixou ninguém. Ele não alterou a hierarquia. Ele não modificou nenhuma tecnologia. A única mudança real ocorreu dentro dele mesmo. Ele começou a identificar seus possíveis pontos cegos e a olhar o mundo da perspectiva da tripulação.

Logo depois de assumir o posto, Abrashoff compareceu a um dos tradicionais almoços que a tripulação e os oficiais realizavam nas tardes de domingo, e notou uma longa fila de marinheiros esperando para se servir enquanto os oficiais cortavam a fila. Não apenas isso: depois de fazer seu prato, os oficiais iam para um convés privativo, onde comiam em separado. Imagine que você é marinheiro em um navio e seu superior vem e fura a fila bem na sua frente. Que mensagem isso envia? Essa atitude de seus superiores faz você querer dar tudo de si no trabalho? Te estimula a sugerir novas ideias para ajudar o navio?

"Os oficiais não eram más pessoas", Abrashoff conta, "eles só não sabiam agir de outro modo. Porque sempre tinha sido assim." Em vez de se dirigir aos oficiais e lhes dizer o que fazer (típica abordagem ao estilo comando e controle que raramente funciona a longo prazo), Abrashoff foi para o fim da fila.

Um oficial se aproximou dele e disse: "Não, senhor, pode ir direto para o início da fila". Abrashoff deu de ombros e disse que não achava isso certo. Esperou sua vez, pegou sua comida e sentou com os marinheiros. No fim de semana seguinte, todos esperaram na fila e comeram juntos. Nenhuma ordem foi proferida.

Desde o início, Abrashoff sabia que ninguém pode ordenar às pessoas que melhorem. Mesmo que isso pareça funcionar, os resultados são de curto prazo e as consequências são enormes. Não importa se você é o comandante de um navio de guerra ou o gerente de uma fábrica: não é por meio de comando e controle que você vai tirar proveito da desenvoltura, da inteligência e das habilidades das pessoas.

"Mostre-me uma empresa na qual os funcionários assumem as rédeas, e eu lhe mostrarei uma que supera os concorrentes", diz Abrashoff. "Os capitães precisam ver o navio da perspectiva do pessoal de bordo. Precisam criar condições mais fáceis e gratificantes para os membros da tripulação expressarem a si mesmos e suas ideias."[3]

Existe uma lacuna em nosso pensamento que vem da convicção de que a maneira como vemos o mundo é a maneira como o mundo funciona. É só quando mudamos nossa perspectiva — quando olhamos para a situação através dos olhos de outras pessoas — que percebemos nossa falha de compreensão. Começamos a reconhecer nossos pontos cegos e a ver o que estamos deixando passar em brancas nuvens.

3.2. Proteger-se com salvaguardas

São muitas as vulnerabilidades biológicas que podem impedir a lucidez: privação de sono, fome, fadiga, emoção, angústia, estresse causado pela pressa, estar num ambiente desconhecido. E os exemplos continuam... É inevitável que de tempos em tempos nos vejamos acossados por essas condições. Mas, quando tivermos que lidar com elas, podemos implementar salvaguardas para nos proteger de nossos padrões.

As salvaguardas são ferramentas para nos proteger de nós mesmos — de fraquezas que não temos forças para superar.

Eis um exemplo simples: suponha que você queira começar uma dieta mais saudável. Você torna essa tarefa exponencialmente mais difícil se viver num ambiente adverso — se, digamos, sua despensa e geladeira estiverem abarrotadas de comida rica em calorias e de baixo valor nutritivo. Eliminar de sua casa todo tipo de junk food é uma salvaguarda, porque protege você contra o impulso de abrir um pacote de salgadinho quando estiver com fome ou entediado. Claro que você sempre pode ir até o supermercado, mas isso dá muito trabalho: é preciso pensar, planejar e agir. Ao considerar o tempo que fazer tudo isso vai te tomar, pode ser que você pense melhor e acabe optando por comer outra coisa.

Eliminar de casa todo tipo de porcaria disfarçada de alimento é uma estratégia de proteção: aumentar o "atrito" necessário para ceder a algo contrário a seus objetivos de longo prazo. Dentre as muitas estratégias de proteção, precaver-se, criar regras, elaborar listas de verificação, mudar o sistema de referências e tornar visível o invisível estão entre as minhas preferidas. Vamos falar de cada uma.

ESTRATÉGIA DE SALVAGUARDA 1: PREVENÇÃO

O primeiro tipo de salvaguarda é se precaver contra os problemas, e evitar decisões em condições desfavoráveis é crucial. O estresse, por exemplo, é um dos fatores que mais contribuem para a tomada de decisões ruins. Alguns estudos mostraram que ele causa um curto-circuito no processo de deliberação — ele solapa a avaliação de alternativas, fundamental para uma tomada de decisões eficaz.[1]

Os Alcoólicos Anônimos têm uma salvaguarda útil, à qual chamam HALT [pare] — acrônimo em língua inglesa que significa *hungry* (fome), *angry* (raiva), *lonely* (solidão) e *tired* (cansaço). Quando a pessoa sentir vontade de beber, ela deve se perguntar se está experimentando alguma dessas sensações e, em caso afirmativo, cabe a ela lidar com o problema real — fome, raiva, solidão ou cansaço — em vez de recorrer a um drinque.

Podemos nos valer dos princípios do HALT como uma salvaguarda para a tomada de decisões em geral. Quando você precisar decidir alguma coisa importante, pergunte-se: "Estou com fome? Estou com raiva ou muito sensível? Estou me sentindo solitário ou de alguma forma estressado por estar num ambiente desconhecido ou pressionado por um prazo apertado? Estou cansado, sem dormir ou fisicamente exausto?". Se a resposta a qualquer uma dessas perguntas for "sim", evite tomar a decisão, se possível, caso contrário seus padrões assumirão o controle.

ESTRATÉGIA DE SALVAGUARDA 2: REGRAS AUTOMÁTICAS PARA O SUCESSO

Escolhas reativas são respostas automáticas a um estímulo, a maioria das quais está abaixo do nível da consciência: não nos damos conta delas. Às vezes, somos capazes de desacelerar o suficiente para passar por cima de nossas respostas arraigadas, anulando-as, mas isso requer um baita esforço consciente. Felizmente, existe uma maneira mais fácil: criar comportamentos que nos ajudam a alcançar nossos objetivos. Pense nesses comportamentos como regras automáticas para o sucesso.

Não há nada que nos obrigue a aceitar os comportamentos e regras que nossa criação e as circunstâncias da vida gravaram em nós. Cabe a nós decidir eliminá-los e substituí-los por outros melhores.

Em conversa com o prêmio Nobel Daniel Kahneman, o padrinho dos vieses cognitivos e dos erros de pensamento, ele me revelou uma maneira inesperada de melhorar nossa capacidade de julgamento correto e equilibrado: substituir decisões por regras.[2] As regras nos ajudam a automatizar nosso comportamento de modo a nos pôr numa posição propícia para alcançar o sucesso e realizar nossos objetivos.

Quando tomamos decisões, muitas vezes pensamos nos objetivos a que nos determinamos e trabalhamos de trás para a frente a fim de identificar os meios de alcançá-los. Se você quer entrar em forma, começa a frequentar a academia de musculação e a se alimentar de forma saudável. Se quer economizar, pode esconder de si mesmo parte de seu contracheque. Usamos nossa força de vontade para atingir esses objetivos. Uma vez atingidos, em geral retomamos o comportamento-padrão. Mais cedo ou mais tarde, percebemos que estamos de volta ao ponto em que não queríamos estar, e aí reiniciamos todo o processo.

Esse enfoque é falho. Envolve um constante processo de tomada de decisões e esforço reiterado. Escolher objetivos é necessário, mas não é o bastante para realizá-los. Você também precisa ir ao encalço deles de forma constante, o que implica continuar a fazer escolhas diariamente em busca de suas metas. Todo santo dia você tem que escolher suar a camisa no treino ou pular a sobremesa. À medida que essas escolhas se acumulam, torna-se mais difícil — e não mais fácil — tomar decisões consistentes que o aproximem de seus objetivos em vez de afastá-lo deles.

Fazer todas essas escolhas requer muito esforço. Quando cedemos a algo que não queríamos fazer, damos a nós mesmos desculpas convenientes: "Meu dia foi longo e cansativo" ou "Esqueci minha roupa de treino" ou "Tenho muitos preparativos a fazer para a reunião de amanhã". Por fim, torna-se mais fácil apelar para essas desculpas do que fazer as escolhas que nos levam aos nossos objetivos.

Quando se trata da saúde, assim como de muitos outros aspectos da vida, o ambiente determina o comportamento. O ambiente facilita o caminho.* É mais fácil fazer escolhas alimentares saudáveis se os únicos alimentos disponíveis forem bons para nós. Também é mais fácil manter um padrão consistente de escolhas se você estiver no ambiente operacional com o qual está familiarizado. Quando você está num ambiente desconhecido, é mais difícil manter seus padrões de comportamento habituais, e é por isso que muita gente, quando viaja, deixa de fazer exercícios físicos ou de se alimentar de forma saudável.

Seu ambiente não se limita apenas a seu ambiente físico, inclui também as pessoas. Às vezes é difícil dizer "não" a alguém. Somos programados de forma tal que desejamos merecer o apreço alheio, e temos medo de que dizer "não" a uma pessoa fará com que ela goste menos de nós. Dizer "não" a alguém repetidas vezes pode ser ainda mais difícil. Podemos recusar quando um amigo nos oferece uma bebida açucarada depois de uma sessão de treinos na academia, mas se ele fizer isso três dias seguidos, acabamos cedendo. É humano.

Também somos programados para nos ajustarmos ao comportamento dos outros. Quantas vezes você, em alguma ocasião social, acabou tomando uma bebida alcoólica quando na verdade queria apenas água? Seus amigos pediram primeiro — uma taça de vinho, digamos — e você de alguma forma se sentiu culpado por não embarcar na deles. Então você pede vinho e desiste daquilo que desejava.

Por que não ignorar completamente as escolhas individuais e criar um comportamento automático — uma regra — que não exija tomada de decisões no momento e que não sofra resistência dos outros? Por que não estabelecer, por exemplo, a regra de pedir uma bebida social apenas quando você sentir vontade, e nunca para se afinar ao que o grupo está fazendo?

Da mesma forma, suponha que seu objetivo seja beber menos refrigerante.** Em vez de decidir caso a caso — algo que exige muito esforço e está sujeito a erros —, estipule uma regra: "Só bebo refrigerante na hora do almoço às sextas-feiras"; ou talvez: "Nunca bebo refrigerante". Ter uma regra significa não precisar decidir a cada refeição. O caminho de execução é curto e menos propenso a deslizes.

---

* Ideia tirada do livro *The Path of Least Resistance*, de Robert Fritz. Nele, o autor fala de como a estrutura determina o comportamento.
** É o caso da minha amiga Annie Duke, que me deu esse exemplo.

Normalmente as pessoas não discutem as regras pessoais das outras, sabe-se lá por quê. Elas as aceitam como características de quem a outra pessoa é. Questionamos as decisões mas respeitamos as regras.

Kahneman me disse que sua regra favorita era jamais dizer "sim" a um pedido feito por telefone. Ele sabe que todos queremos ser amados, então num primeiro momento ele sempre se inclina a dizer "sim", mas depois de lotar sua agenda com compromissos que não o deixaram nem um pouco feliz, ele decidiu que agora, quando lhe pedem coisas por telefone, ele não responde logo de cara, mas alega algo mais ou menos como: "Primeiro vou pensar e depois ligo de volta". Isso não apenas lhe dá tempo para pensar sem a pressão social imediata, como permite que muitos pedidos desapareçam, porque as pessoas desistem de dar seguimento ao convite. Ele raramente entra em contato para dizer "sim".*

Depois de falar com Kahneman, fiquei pensando nas regras que eu poderia criar para que meu desejo no momento não superasse meu verdadeiro desejo.

Imaginei uma equipe de filmagem me seguindo para documentar minha vida de pessoa bem-sucedida.** Independentemente de eu ser um sucesso ou não, como eu agiria para mostrar que fiz por merecer o sucesso? O que eu gostaria que os outros vissem? Que tipo de coisa eu gostaria que ninguém visse porque me sinto constrangido ou envergonhado?

Quando realizo esse experimento, quase sempre me surpreendo. Todos sabemos de algo que poderíamos fazer para melhorar nossas chances de sucesso. E sabemos de algo que, se não fizéssemos, aumentariam essas chances.

Não ser capaz de controlar tudo que eu preciso fazer não significa que não dou conta de controlar *quando* faço as coisas. A versão de mim que eu gostaria que a equipe de filmagem visse se concentraria nas coisas mais importantes.

A partir dessa sacada, resolvi separar uma parte do dia para trabalhar nas coisas em que de fato quero trabalhar. Eu imaginava a equipe de filmagem me observando preparar o café da manhã para as crianças e depois sair de casa para o trabalho. Embora a equipe esperasse registrar reuniões e telefonemas de um mundaréu de gente atrás de mim, as gravações não seriam permitidas

---

* Outra regra eficaz que eu já vi é: se você não está disposto a alterar algo na sua agenda nos dois dias seguintes para atender a determinado pedido, diga "não".

** Eu sei que não criei esse experimento mental, mas não sei ao certo a quem devo dar o crédito.

até o meio-dia, o que me possibilitaria passar o tempo concentrado em coisas que de fato importavam. É daí que vem minha regra de nunca fazer reuniões antes do almoço.*

A vida inteira as pessoas nos ensinam a seguir regras, mas ninguém nunca nos contou como criar regras que nos ajudem a conseguir o que queremos. Acho difícil ir à academia três dias por semana, então minha regra é ir todo dia. Não sinto vontade de treinar todos os dias. Na verdade, há dias em que eu odeio fazer isso. Também sei que é mais fácil seguir minha regra do que quebrá-la. Quando se trata de musculação, ir todo santo dia é mais fácil do que ir apenas alguns dias.

Criar regras pessoais é uma técnica poderosa para nos proteger de nossas fraquezas e limitações. Às vezes, essas regras têm benefícios surpreendentes.

ESTRATÉGIA DE SALVAGUARDA 3: CRIAR ATRITO

Outra estratégia de salvaguarda é aumentar o esforço para fazer coisas que são contrárias aos nossos objetivos. Eu costumava verificar meu e-mail o tempo todo, sempre que tinha um segundo livre. Antes de sair da cama, na caminhada até o trabalho, na fila do supermercado, volta e meia eu estava conferindo o celular.

É bem fácil dizer a mim mesmo que não sou o único, que todo mundo faz isso. A dose de dopamina atrelada a uma notícia ou novidade impede que muitos de nós trabalhemos em nossas prioridades. O problema não era só que eu estava gastando tempo demais com e-mails, mas é que os e-mails recém-chegados poderiam roubar meu tempo das coisas de fato importantes. O mais assustador é que muitas vezes eu *queria* que eles me afastassem daquilo que eu deveria estar fazendo.

Cito um caso do início da minha vida profissional, quando eu precisava concluir um importante relatório. Eu começava a trabalhar e, em vez de escrever o tal relatório, que era sem dúvida o que de fato importava, ia verificar meus e-mails. Se na caixa de entrada houvesse alguma mensagem a exigir um

---

* Eu adoraria saber quais são as suas regras automáticas. Envie um e-mail para shane@fs.blog com o assunto "regra automática" e me conte.

mínimo de atenção, eu dizia a mim mesmo que precisava lidar com aquilo primeiro antes de me debruçar sobre o relatório. E, é claro, assim que terminava de responder a esse e-mail, chegava mais um que precisava de atenção imediata. Com a maior facilidade do mundo eu me convencia de que tinha de cuidar de qualquer outra coisa antes de fazer o que eu precisava fazer. Perto do final do expediente, já exausto, enfim me sentava para escrever o relatório. E no dia seguinte começava tudo de novo.

Quando dou um passo para trás e penso por um segundo a respeito disso, concluo que eu estava dando o meu pior para uma das coisas mais importantes que eu queria fazer. Os e-mails, que mesmo nos melhores dias me enchem de pavor, estavam sequestrando a minha porção mais vigorosa e criativa. Muitos de nós também fazemos isso com nosso parceiro/nossa parceira. No momento em que chegam ao fim todas as coisas que precisamos fazer no decorrer de um dia longo de trabalho, estamos exaustos. E esse é o tempo que damos ao nosso cônjuge!

Se fosse possível descrever a receita para o desastre acumulado, seria dar o melhor de nós ao que não interessa e o pior às coisas fundamentais.

O caminho para quem quer se livrar dos maus hábitos é transformar o comportamento desejado em comportamento-padrão. Para dar conta de concluir o tal relatório, prometi aos colegas que, até o momento em que eu enfim conseguisse enviar o documento, pagaria o almoço para todos que me flagrassem com a caixa de e-mails aberta antes das onze da manhã. O meu eu competitivo e pouco disposto a distribuir almoços de graça criou atrito suficiente para mudar um vício.

E assim eu trabalhava livre de distrações durante toda a manhã. À tarde, respondia e-mails, atendia a ligações e participava de reuniões. Era incrível a quantidade de coisas que eu conseguia fazer.

É fácil subestimar o papel que a tranquilidade desempenha na tomada de decisões. Como o comportamento trilha o caminho de menor resistência, uma estratégia surpreendentemente bem-sucedida é adicionar atrito às situações em que você se vê fazendo o que não quer fazer.

ESTRATÉGIA DE SALVAGUARDA 4: PÔR GRADES DE PROTEÇÃO

Outra estratégia de proteção é formular procedimentos operacionais para si, porque você sabe por experiência quando seus padrões tendem a aniquilar sua tomada de decisões. Os padrões nos impedem de ver o que está acontecendo e responder de maneira alinhada com nossa melhor autoimagem.

Já discutimos a definição de regras automáticas, a exemplo da resolução de Kahneman de nunca dizer "sim" para as solicitações que recebe por telefone e evitar tomar decisões importantes em condições desfavoráveis. No entanto, existem outros procedimentos de proteção eficazes, que também nos obrigam a desacelerar, criando um bolsão de tempo para pensar de forma mais eficaz sobre qualquer situação. Esses procedimentos nos fazem dar um passo atrás e perguntar: "O que estou tentando alcançar?". E: "Isso está me levando para mais perto do meu objetivo ou me afastando dele?". Por mais básicas que pareçam, essas perguntas são muitas vezes esquecidas no calor do momento.

Listas de verificação, por exemplo, as tais checklists, oferecem uma maneira simples de substituir seus padrões. Os pilotos sempre conferem uma checklist antes de voar. Os cirurgiões conferem listas de verificação pré-operatórias toda vez que vão realizar uma intervenção cirúrgica. Pode ser que você, toda vez que vai viajar, faça suas malas a partir de uma lista. Em cada um desses casos, a checklist atua como uma salvaguarda, forçando-nos a desacelerar o que estamos fazendo e voltar ao básico: "O que estou tentando realizar? O que preciso para realizar o que quero?". Perguntas como essas são as grades de proteção que manterão você no caminho do sucesso.*

ESTRATÉGIA DE SALVAGUARDA 5: MUDAR SUA PERSPECTIVA

Cada um de nós vê as coisas apenas de um ponto de vista particular e específico. Ninguém é capaz de ver tudo. Mas isso não significa que não possamos mudar a maneira como vemos as coisas em qualquer situação.

---

* Duas perguntas eficazes que faço aos meus filhos para acalmá-los e fazê-los pensar: (1) você quer jogar água ou gasolina nesta situação?; (2) este comportamento vai te dar o que você quer?

Na física, um quadro de referência é um conjunto ou sistema de coordenadas a partir do qual observamos os eventos. Diferentes observadores ocupam diferentes quadros de referência, e o que é visível a partir de um não é necessariamente visível desde outro. Por exemplo, você ocupa um quadro de referência se estiver sentado num vagão de trem em movimento, ao passo que eu ocupo um outro se estiver parado na estação observando seu trem passar. Dentro do seu quadro de referência, você e o assento do trem em que está sentado estão estacionários. Do meu, porém, você e o assento do trem estão se deslocando rapidamente.

Imagine agora se fosse possível mudar seu quadro de referência. E se, por exemplo, eu transmitisse ao vivo para você a aproximação do seu trem? Aí você seria capaz de ver a si mesmo e sua posição da minha perspectiva, o que lhe daria informações que não eram visíveis em seu quadro de referência. Imagine que seu trem esteja em rota de colisão com um obstáculo nos trilhos à frente que só é visível desde o meu referencial. Dentro do seu campo de visão, tudo pareceria bem. Você não teria como saber que estava avançando em direção ao desastre. Alterar seu quadro de referência e ver as coisas a partir do meu ponto de vista lhe forneceria informações cruciais e permitiria que você tomasse medidas para evitar uma catástrofe.

O que se aplica ao exemplo do trem vale também para muitos outros casos. Embora neste exato momento você possa estar lendo este livro sentado em seu sofá, imóvel, do ponto de vista do Sol você está se movendo a 100 mil quilômetros por hora ao redor dele. Ter uma perspectiva externa permite enxergar mais detalhes. Mudar a perspectiva modifica o que se vê.

Alterar seu quadro de referência é uma poderosa salvaguarda contra pontos cegos. Michael Abrashoff foi capaz de dar uma guinada no desempenho do *USS Benfold* ao modificar seu próprio quadro de referência, como vimos. Em vez de continuar a ver as coisas a partir do quadro de referência já firmemente estabelecido no *Benfold* — parâmetro de acordo com o qual era normal os oficiais tratarem os marinheiros como cidadãos de segunda classe —, Abrashoff olhou para as coisas da perspectiva dos marujos comuns e do princípio básico do tratamento igualitário.

Certa vez, um colega de trabalho (que também era meu amigo) entrou na minha sala com uma novidade: "Descobri o que estou fazendo de errado. Estou tão ocupado tentando provar a todos que estou certo que não sou capaz de ver o mundo do ponto de vista deles".

O problema não era que esse meu colega não fosse inteligente — ele tinha inteligência de sobra —, nem que não trabalhasse duro — ele suava a camisa. O problema era que ele não conseguia se relacionar com outras pessoas porque não fazia um pingo de esforço para perceber as coisas pela óptica delas. Naquele momento, ele percebeu isso e começou a mudar seu comportamento.

A partir daí, sempre que debatia algo com alguém no trabalho, ele começava dando suas impressões sobre como a outra pessoa via as coisas. Em seguida, perguntava: "O que eu não estou conseguindo perceber?".

Fazer essa pergunta é uma jogada inteligente. Implica que ele está aberto à reparação e dá à outra pessoa uma chance de corrigi-lo. Um dos mais arraigados instintos humanos é o de corrigir os outros — ao perguntar, ele torna mais fácil para a outra pessoa interagir com ele. Então, se a outra pessoa aproveita para corrigi-lo, isso revela a meu amigo quais são os fatores mais importantes para seu interlocutor.

Quando a outra pessoa termina de responder à primeira pergunta, ainda assim meu amigo não declara de imediato seus pensamentos, mas emenda outra pergunta: "O que *mais* eu não estou conseguindo perceber?"

Essa estratégia de comunicação interpessoal é um exemplo de salvaguarda calcada na mudança do quadro de referência. Ao fazer as duas perguntas e ouvir as respostas, meu amigo é obrigado a ver as coisas a partir do ponto de vista dos outros. Dedicar tempo a isso o protege contra uma tendência que ele identificou como uma fraqueza.

Alguns meses depois de fazer a mudança, esse meu amigo se tornou um canal de comunicação entre sua equipe e os demais funcionários da empresa. Com o passar do tempo, as pessoas começaram a pedir que ele acompanhasse o chefe às reuniões. Quando no fim das contas seu chefe assumiu uma nova função, todos queriam que meu amigo preenchesse a vaga. Ele nem precisou pedir.

3.3. Como lidar com os erros

Erros são inevitáveis. Até mesmo as pessoas mais experientes e talentosas os cometem, pois nosso sucesso é afetado por muitos outros fatores além de conhecimento e controle. Isso é verdade sobretudo quando expandimos os horizontes e ultrapassamos os limites do nosso conhecimento ou potencial. Na fronteira do que somos capazes de saber ou fazer, não existe um caminho das pedras a seguir, nem pontos de referência conhecidos, nenhum mapa rodoviário com todas as indicações, muito menos um mapa da mina. Avançamos sem o benefício da retrospectiva de ninguém. Deslizes e passos em falso acontecerão. Parte de assumir o comando de nossa vida é administrar esses erros quando eles acontecem.

Quando as coisas não funcionam como gostaríamos, quase todos culpamos o mundo e não a nós: é o que os psicólogos chamam de *viés da autoconveniência*, a tendência a avaliar as coisas de modo a proteger ou melhorar nossa autoimagem (já mencionado quando falei da autorresponsabilidade). Se as pessoas obtêm algum êxito, elas tendem a atribuí-lo à sua habilidade ou seu esforço: "Sou muito inteligente", "Trabalhei muito", "Conhecia todos os ângulos". Quando fracassam, o fiasco se deve a fatores externos: "Meu chefe não gosta de mim", "A prova foi injusta" etc.

Em outras palavras: "Cara, estou certo. Coroa, eu não estou errado".

Se você obtêve alguns resultados indesejados, o mundo está lhe dizendo uma coisa, senão duas: (a) você teve azar; (b) suas ideias estavam erradas.

Se você teve azar, tentar de novo com o mesmo enfoque deve levar a outro resultado. Contudo, se você sempre fracassa na tentativa de obter os resultados desejados, o mundo está lhe dizendo para atualizar sua compreensão das coisas.

Muitos não querem ouvir que suas ideias são equivocadas. Em vez de ter consciência do engano, preferem caminhar feito zumbis, em parte porque admitir o erro significa um duro golpe em sua autoimagem: a prova de que não são tão inteligentes ou instruídos quanto acreditavam. É o padrão do ego em ação.

Se quiser saber se sua maneira de pensar está errada, precisa dar visibilidade a seu raciocínio. Tornar visível o que antes era invisível nos oferece a oportunidade de constatar o que sabíamos e o que pensávamos no momento em que tomamos uma decisão. Confiar na memória não funciona, pois o ego distorce as informações para nos fazer parecer melhores do que de fato éramos.

Mas quando você percebe que é hora de atualizar suas ideias, mudar o que você acredita acerca do mundo exige um bocado de trabalho. Portanto, as pessoas tendem a ignorar o que o mundo está tentando lhes dizer e continuam a fazer o que sempre fizeram, obtendo os mesmos resultados. É o padrão da inércia em ação.

OS ERROS NOS APRESENTAM UMA ESCOLHA

Assim como acontece em diversos aspectos da vida, existem maneiras melhores e piores de lidar com os erros. O mundo não para só porque você errou. A vida continua, e você precisa continuar, não pode jogar as mãos para o alto e ir embora. Há outras decisões a tomar, outras coisas a realizar e, com sorte, e se tudo correr bem, você não incorrerá no mesmo erro no futuro.

Todo mundo erra porque todo mundo tem limitações. Até mesmo você. Tentar evitar a responsabilidade por suas decisões, suas ações ou os resultados delas, porém, equivale a fingir que você não tem limitações. Uma coisa que diferencia as pessoas excepcionais das demais é o modo como elas lidam com os erros, se aprendem ou não com eles, se a partir deles passam a fazer melhor.

Os erros nos proporcionam uma escolha: atualizar nossas ideias ou ignorar os insucessos e continuar acreditando no que sempre acreditamos. Muita gente escolhe esta última opção.

O maior erro não costuma ser o inicial: é tentar encobri-lo e evitar a responsabilidade por ele. O primeiro é caro; o segundo, uma fortuna.

Meus filhos aprenderam isso, foi chato. Um dia, cheguei em casa e encontrei um caco de vidro no chão. Perguntei o que havia acontecido, e eles disseram que não tinham ideia. Quando abri o cesto de lixo e retirei um papel que parecia ter sido cuidadosamente disposto por cima de tudo, encontrei os restos de um vaso quebrado. Dei aos meninos uma última oportunidade de mudar a versão da história. Com toda a confiança de que os pré-adolescentes são capazes, eles se mantiveram firmes. Quando vieram as consequências, não foi por quebrar o vaso, foi por mentir.

Encobrir erros acarreta três problemas: a pessoa que ignora seus erros é incapaz de aprender; escondê-los se torna um hábito; acobertá-los só piora uma situação já ruim.

Admitir o erro e fazer uma correção de rumo é uma economia de tempo que nos capacita a evitar erros futuros. Mas os erros também nos propiciam raras oportunidades de nos aproximarmos do tipo de pessoa que desejamos ser, caso decidamos levar a sério as lições. Vamos usar essas oportunidades com sabedoria, sem desperdiçá-las!

Os quatro passos para lidar com os erros de forma mais eficaz são os seguintes: (1) aceitar a responsabilidade, (2) aprender com o erro, (3) comprometer-se a fazer melhor e (4) reparar o dano da melhor maneira possível.

PASSO 1: ACEITAR A RESPONSABILIDADE

Se você assumiu o comando de sua vida, precisa reconhecer como sua qualquer contribuição que tenha dado para causar o erro, e deve se responsabilizar por tudo que acontecer depois. Mesmo que o erro não seja inteiramente seu, ainda é seu problema, e você ainda precisa lidar com ele.

Quando acontecem erros, o padrão da emoção dá o melhor de si para usurpar o controle da situação. Se você permitir, ele assumirá as rédeas. Isso é o oposto de exercer o comando e a responsabilidade, deixando a direção de sua vida nas mãos de uma impulsiva ação emocional. É essencial manter suas emoções sob controle. Se você não trabalhou para se fortalecer, não há muito o que fazer. Por isso é importante praticar continuamente.

PASSO 2: APRENDER COM O ERRO

Reserve algum tempo para refletir sobre sua contribuição para o erro, investigando os pensamentos, sentimentos e as ações que o levaram até a situação em que se encontra. Se não tiver tempo para refletir no momento, deixe a análise para mais tarde, mas não a evite. Afinal, se você não identificar as causas do problema, não terá como resolvê-las. E se você não conseguir corrigi-las, não terá condições de fazer melhor no futuro, condenado a repetir o mesmo erro indefinidamente.

Se você chegar a essa etapa e ainda se pegar culpando outras pessoas ou dizendo coisas como "Isto não é justo!" ou "Por que isso aconteceu comigo?", quer dizer que você não aceitou a responsabilidade pelo erro. Volte para o passo 1.

PASSO 3: COMPROMETER-SE A FAZER MELHOR

Formule um plano para fazer melhor no futuro. Pode ser uma questão de fortalecer algum quesito, como maior responsabilidade ou autoconfiança. Ou pode ser o caso de instalar uma salvaguarda, a exemplo do que meu amigo e colega de trabalho fez quando percebeu que não conseguia ver as coisas do ponto de vista dos outros. Seja como for, você precisa elaborar um plano para fazer melhor no futuro, e é imperativo segui-lo à risca até o fim. Só então você será capaz de mudar e evitar a repetição dos mesmos erros do passado.

PASSO 4: REPARAR O DANO DA MELHOR MANEIRA POSSÍVEL

Na maioria das vezes, é possível reparar o dano causado por um erro. Quanto mais longo e duradouro for o seu relacionamento com uma pessoa, e quanto mais constante for o seu comportamento, mais fácil será consertar as coisas. No entanto, não significa que isso vá acontecer de um momento para o outro. Assim como uma ferida demora algum tempo para cicatrizar, a cura de um relacionamento também leva um tempo. Não basta aceitar o impacto do seu comportamento e pedir desculpas sinceras. É necessário demonstrar a constante disposição de fazer melhor daqui para a frente. O mínimo desvio reverte rapidamente qualquer reparo.

Nem todos os erros são iguais. Alguns têm consequências irreversíveis. O xis da questão aqui é não deixar uma situação ruim se tornar uma situação pior.

Um amigo meu é gerente geral de uma importante equipe esportiva. Um dia, conversando sobre erros, ele me falou de um mentor seu que havia feito uma "contratação ruim" motivada por impulso, não pela razão. Uma vez assinada a papelada, ele não tinha como desfazer o negócio. Antes mesmo de o jogador contratado vestir o uniforme e se preparar para a primeira partida, seu mentor já sabia que havia cometido um baita erro. Sua voz interior, o sabotador interno que todos nós temos, disse-lhe que ele era um impostor e agora o mundo inteiro saberia disso. A voz o chamou de idiota. Esse fiapo de voz destruiu anos de excepcional gerenciamento de atletas, corroendo a confiança do mentor e paralisando-o a ponto de torná-lo incapaz de tomar decisões efetivas sob condições de incerteza. Não demorou muito para perder o emprego.

Se você não aceitar os erros, eles se transformarão em âncoras. Aceitá-los inclui aprender com eles e depois se desvencilhar deles. Não podemos mudar o passado, mas podemos tentar anular os efeitos que o passado teve no futuro.

A história mais potente do mundo é aquela que você conta para si mesmo. Essa voz interior tem o poder de impulsioná-lo para a frente ou afundá-lo no atoleiro do passado. Escolha com sabedoria.

PARTE 4

DECISÕES — O PENSAMENTO EFICAZ EM AÇÃO

Se você optar por não decidir, ainda assim fez uma escolha.

NEIL PEART

Depois de reprogramar seus padrões a fim de criar um espaço mental para pensar com clareza, você precisa dominar a habilidade de tomar decisões.

Decisões são diferentes de escolhas. Se, de forma despreocupada e leviana, você seleciona uma alternativa entre uma gama delas, você faz uma escolha. Se não pensou, fez uma escolha inconsciente. Mas nada disso equivale a tomar uma decisão. Uma decisão é uma escolha que envolve pensamento consciente.

Decisão = julgamento de que determinada opção é a melhor

Muitas vezes, o que uma análise retrospectiva nos mostra ser um mau julgamento, no momento nem sequer foi registrado como uma decisão. Quando os padrões conspiram, reagimos sem pensar. E essa reação nem conta como uma decisão. Se percebemos a oportunidade de fazer uma escolha consciente, a questão é: como tomar a melhor decisão possível?

A decisão em si deve representar o resultado do processo de tomada de decisões. Esse processo consiste em avaliar as opções com o intuito de selecionar a melhor e é constituído de quatro etapas: definir o problema, analisar possíveis soluções, avaliar as opções e, por fim, fazer o julgamento e levar a efeito a melhor opção. Ao longo deste capítulo, discuto em detalhes cada um desses componentes.

O processo de tomada de decisões

Decisão = julgamento de que determinada opção é a melhor

Se você não puser em prática esse processo, sua escolha não contará necessariamente como uma decisão.

Crianças pequenas tendem a fazer escolhas sem nenhum tipo de avaliação. Às vezes também os adultos. Talvez seja porque precisamos fazer escolhas com tanta pressa que não temos tempo para avaliar as opções. Ou talvez porque deixamos o hábito escolher por nós, a inércia de escolhas passadas nos conduzindo no momento presente sem que analisemos nossas opções. Ou talvez apenas porque, sem perceber, deixamos nossas emoções fazerem escolhas — a raiva, o medo ou o desejo momentâneo antecipando a avaliação e nos levando a agir sem raciocinar.

Nenhum desses exemplos conta como decisão. Isso não significa que não somos responsáveis por eles! Significa que não estamos raciocinando. Não estamos pensando de maneira consciente, mas reagindo e entregando os pontos ao abrirmos mão do nosso momento decisivo para cedê-lo a nossos padrões. É nesses momentos que muitas vezes fazemos algo contrário do que julgaríamos ser a melhor opção se em vez de reagir raciocinássemos. Quando reagimos sem raciocinar, causamos problemas e encontramos poucas soluções. Se ao menos pudéssemos ter a visão retrospectiva de nossos eus futuros para nossas previsões de hoje!

Nem toda decisão ruim é tomada às pressas, nem toda boa decisão é tomada devagar. Não é tão simples assim.

As pessoas costumam confundir o processo de escolha com determinação e o processo de tomada de decisões com enrolação ou conversa-fiada. Parte do que torna difícil desacelerar e raciocinar a respeito de um problema é que, para o observador externo, isso pode parecer inação. Mas a inação é uma escolha.

Se houver pouca coisa em jogo, a inação prejudica mais do que a rapidez. Às vezes é melhor fazer uma escolha num piscar de olhos em vez de perder tempo deliberando. Por que desperdiçar tempo na avaliação de uma coisa insignificante, cujos efeitos são facilmente revertidos? Por exemplo, se na academia de musculação há duas estações de agachamento idênticas e ambas estão disponíveis, não faz diferença qual delas eu escolho. Se demoro a decidir, ambas serão ocupadas por outras pessoas. Então, basta escolher qualquer uma.

Quando as apostas são mais altas, porém, a velocidade pode ser prejudicial. Se uma ação pode ter um impacto considerável na sua vida ou no seu negócio e os efeitos dela são irreversíveis, você tem de decidir e não apenas escolher. A magnitude das perdas potenciais faz da tomada de decisões um valioso investimento do seu tempo. Nesses casos, avalie as opções e decida. Não basta escolher.

As seções a seguir descrevem algumas ferramentas para raciocinar melhor no momento de tomar decisões. Elas não resolverão todos os problemas, pois não existe uma ferramenta que seja *a certa* para todo tipo de trabalho — elas têm seus usos e limitações. Sua caixa de ferramentas precisa ter vários apetrechos, caso contrário você acabará resolvendo os problemas errados: "Se sua única ferramenta for um martelo, todos os problemas começam a parecer pregos", diz o ditado.

Saber como utilizar essas ferramentas depende de manter seus padrões sob controle para que você *seja capaz* de raciocinar, senão apenas reagirá com um de seus padrões. Ainda que durante um período você consiga obter os resultados desejados, é apenas questão de tempo até ser atropelado pela falta de raciocínio. Somente depois que você dominar os padrões é que as ferramentas que descrevo se tornam úteis.

Se não frear o ímpeto dos padrões — se você é uma pessoa facilmente influenciada pela emoção, se não consegue se adaptar às mudanças, se valoriza mais estar certo do que fazer o que é melhor —, então nem mesmo todas as ferramentas do mundo poderão ajudá-lo. Você será esmagado pelos padrões, que atrapalharão seu processo de tomada de decisões e assumirão o controle de sua vida.

4.1. Definir o problema

O primeiro princípio da tomada de decisões é o de que a pessoa que decide precisa *definir* o problema.* Se não é você quem toma a decisão, você pode *sugerir* o que precisa ser resolvido, mas não defini-lo. Somente a pessoa responsável pelo resultado pode fazer isso. O tomador de decisões pode obter informações, ideias, sugestões e comentários junto a qualquer pessoa — chefes, patrões, subordinados, colegas, especialistas etc. É dele a responsabilidade de chegar à raiz do problema — separar fato de opinião e determinar o que realmente está acontecendo.

A definição do problema começa com a identificação de duas coisas: (1) o que você deseja alcançar e (2) quais obstáculos atravancam o caminho e o impedem de alcançá-lo.

Muitas vezes as pessoas acabam resolvendo o problema errado.

Talvez você se identifique com esse cenário, que eu já vi milhares de vezes ao longo dos anos. Um tomador de decisões monta uma equipe diversificada para resolver um problema grave e urgente. Há dez pessoas na sala, e todas opinam sobre o que está acontecendo — cada uma de uma perspectiva diferente. Em

---

* Aprendi isso em primeira mão em reuniões da equipe de trabalho. Somente o responsável pela operação poderia definir o objetivo, as metas e os problemas. Todos os outros tinham permissão para sugerir coisas, mas uma única pessoa tinha que assumir a decisão, e essa pessoa estava encarregada da operação. Isso foi ratificado muitas vezes por Adam Robinson, Peter Kaufman e Randall Stutman.

questão de minutos alguém anuncia qual é o problema; a sala fica em silêncio por um microssegundo... e então todos começam a discutir possíveis soluções.

Frequentemente, a primeira descrição plausível da situação define o problema que a equipe tentará resolver.* Assim que o grupo apresenta uma solução, o tomador de decisões se sente bem. Em seguida, essa pessoa destina recursos para a implementação da ideia e espera que o problema seja resolvido. Mas não é. Porque o primeiro olhar que analisa um problema raramente revela o verdadeiro problema, o qual, portanto, não é resolvido.

O que está acontecendo aqui?

O padrão social nos incita a aceitar a primeira definição com a qual as pessoas concordam e seguir em frente. Quando alguém declara qual é o problema, a equipe aciona o modo "solução" sem levar em conta se o problema foi definido corretamente. É o que acontece quando alguém reúne um monte de pessoas inteligentes do tipo A** e lhes instrui a resolver alguma coisa. Na maioria das vezes, elas acabam deixando passar despercebido o verdadeiro problema e atacam apenas um sintoma. Reagem sem raciocinar.

Muitos de nós aprendemos que resolver problemas gira em torno da maneira como agregamos valor. Na escola, os professores nos dão problemas para resolver, e no trabalho os nossos chefes fazem a mesma coisa. Durante toda a vida somos ensinados a resolver problemas.

Mas quando se trata de definir problemas, temos menos experiência. Muitas vezes as coisas são incertas. São raras as ocasiões em que dispomos de todas as informações. Às vezes são conflitantes as ideias sobre qual é o problema, e igualmente divergentes as propostas para resolvê-lo; por conseguinte, surge um bocado de atrito interpessoal. Ficamos muito menos à vontade para definir problemas do que para resolvê-los, e o padrão social se vale desse desconforto. Ele nos estimula a reagir em vez de raciocinar, a fim de provar que estamos agregando valor. Apenas resolva um problema — *qualquer problema!*

Resultado: empresas e indivíduos perdem um tempo absurdo resolvendo os problemas errados. É muito mais fácil tratar os sintomas do que encontrar

---

* Testemunhei isso por anos antes de Randall Stutman me dizer o que estava acontecendo.
** Segundo o eneagrama de personalidade, pessoas de personalidade tipo A apresentam características como comportamento rígido, ambição, impaciência, irritabilidade, perfeccionismo, eficiência, foco em atingir metas, competitividade, desejo de domínio, reconhecimento e autoafirmação. (N. T.)

a doença subjacente, apagar incêndios em vez de preveni-los, ou simplesmente empurrar com a barriga e jogar as coisas para o futuro. Com esse enfoque, porém, os incêndios nunca se extinguem, eles voltam a arder repetidamente. E quando você joga algo para o futuro, não se esqueça de que mais cedo ou mais tarde o futuro chega.

Estamos mais ocupados do que nunca no trabalho, mas na maioria das vezes estamos ocupados apagando incêndios — causados por uma decisão inicial ruim que tomamos anos antes, e que logo de cara deveria ter sido evitada.

E como nos vemos às voltas com tantos incêndios e tantas demandas, tendemos a nos concentrar em apagar as chamas. No entanto, como sabe qualquer campista experiente, apagar as chamas não apaga o fogo. Uma vez que gastamos todo o nosso tempo correndo de um lado para o outro e debelando as chamas, não nos sobra tempo para pensar nos problemas de hoje, que podem acender os gravetos que resultarão nos incêndios de amanhã.

Os melhores tomadores de decisões sabem que a maneira como definimos um problema molda a perspectiva de todos e determina as soluções. A etapa mais decisiva em qualquer processo decisório, que proporciona uma inestimável clareza de visão, é identificar com precisão o problema. Como é impossível resolver um problema que não entendemos, defini-lo é uma chance de obter muitas informações relevantes. É conversando com especialistas, buscando opiniões de outras pessoas, ouvindo suas diferentes perspectivas e separando o que é concreto do que não é, que o tomador de decisões pode entender o verdadeiro problema.

Quando de fato entendemos um problema, a solução parece óbvia. Mais adiante falaremos dos sinais que revelam quando as pessoas estão resolvendo um problema que elas não entendem por completo.

Dois princípios que seguem o exemplo dos melhores tomadores de decisões:

> **O PRINCÍPIO DA DEFINIÇÃO:** Assuma a responsabilidade pela definição do problema. Não deixe que alguém o defina para você. Faça o trabalho necessário para entender qual é o problema. Não use jargões para descrever ou explicar o problema.

> **O PRINCÍPIO DA CAUSA-RAIZ:** Identifique a causa principal do problema. Não se contente em simplesmente tratar seus sintomas.

Certa vez assumi a chefia de um departamento cujo software travava o tempo todo. A solução do problema exigia a reinicialização física do servidor. (A desvantagem de trabalhar numa instalação ultrassecreta é a falta de conectividade com o mundo exterior.)

Quase todo fim de semana, alguém da minha equipe era convocado para botar a mão na massa e resolver o problema. Era tiro e queda: rapidinho a pessoa punha o sistema em ordem e funcionando. A interrupção era pequena, o impacto mínimo. Problema resolvido. Será?

No final do mês, eu recebia o comprovante de pagamento das horas extras. As visitas de fim de semana estavam custando uma pequena fortuna. Estávamos tratando o sintoma sem resolver o problema. Resolver para valer o problema concreto exigia algumas semanas de trabalho, em vez de alguns minutos no fim de semana. Ninguém queria resolver o verdadeiro problema porque era trabalhoso. Então continuávamos apenas apagando as chamas e deixando o incêndio reacender.

Uma ferramenta útil para identificar a causa-raiz de um problema é se perguntar: "Para começo de conversa, o que teria de ser verdade para que este problema não existisse?". Vejamos outro exemplo do uso dessa ferramenta.

A Sociedade Estadunidense para a Prevenção da Crueldade contra Animais (ASPCA, na sigla em inglês) é um dos maiores grupos dedicados ao bem-estar de animais nos Estados Unidos. Estima-se que todo ano mais de 3 milhões de cães dão entrada em abrigos e são postos para adoção. Cerca de 1,4 milhão deles encontram um lar, mas há um déficit anual de mais de 1 milhão de cães não adotados no país.

É finito o número de pessoas dispostas a adotar um animal de estimação, e cada família adotiva só consegue dar conta de um ou alguns poucos animais, então a pergunta que a maioria dos abrigos enfrenta é: "Como podemos fazer com que mais pessoas decidam adotar animais?". Mas responder a essa pergunta não leva a nenhum progresso na direção de uma solução de longo prazo.

Um dos abrigos adotou um método diferente. Em Los Angeles, a fundadora do Downtown Dog Rescue, Lori Weise, fez uma pergunta diferente: "O que tem de ser verdade para que menos cães sejam oferecidos para adoção?".[1] Weise vasculhou os dados e descobriu que 30% dos cães que vão parar em abrigos foram entregues pelo dono — animais de estimação abandonados voluntariamente por seus tutores. Ela descobriu que muitas vezes os carinhosos tutores entregavam o cachorro porque não tinham dinheiro para alimentá-lo e achavam que outra pessoa teria condições de cuidar melhor do animal. Com esse discernimento, uma solução melhor e mais permanente se tornou evidente.

Weise iniciou um novo programa: sempre que chegavam para entregar um animal de estimação, alguém da equipe perguntava se eles não preferiam ficar com o cachorro. Em caso de resposta afirmativa, a equipe acionava sua rede para ajudar a resolver o problema — fosse apenas uma questão de aplicar a vacina antirrábica de dez dólares ou garantir a longo prazo o fornecimento de ração. Weise e equipe descobriram que na verdade era mais barato ajudar uma família a alimentar e manter seu animal de estimação do que alojá-lo no abrigo. Mais importante, o programa permitiu que 75% das famílias que chegavam ao abrigo com a intenção de abrir mão de seu animal de estimação decidissem ficar com eles.

Identificar a causa-raiz de um problema se aplica também aos negócios. Uma empresa pode até pensar que seu problema é não estar atraindo clientes novos, então ela direciona recursos para fechar mais vendas com novos compradores em potencial. Mas e se conseguir novas vendas não for a raiz do problema? E se houver um problema com, digamos, o produto em si? A causa-raiz de qualquer problema como esse é a satisfação do cliente, e isso não é necessariamente a mesma coisa que fisgar novos consumidores. Também é necessário manter satisfeitos os clientes já conquistados. A maneira como você define um problema muda aquilo que você vê.

Nossos padrões estão sempre presentes e, apesar de nossos esforços para seguir o Princípio da Definição e o Princípio da Causa-Raiz, ainda é possível se desviar do caminho.

COMO SALVAGUARDAR A ETAPA DA DEFINIÇÃO DO PROBLEMA

Existem duas maneiras de proteger essa etapa do processo de decisão contra nossos padrões: criar uma parede corta-fogo e usar o tempo a seu favor.

> **SALVAGUARDA:** *Construa uma parede corta-fogo de solução de problemas.* No processo de tomada de decisões, separe a fase de definição do problema da fase de solução do problema.

Um mentor me ensinou que a melhor maneira de evitar encontrar a solução perfeita para o problema errado, quando o tempo permitir, é fazer duas reuniões separadas: uma para definir o problema e outra para apresentar a solução.

Os recursos mais preciosos em qualquer empresa são o tempo e a capacidade de raciocínio de seus melhores funcionários. Solicitar duas reuniões separadas a fim de encontrar a solução para um problema que parecia óbvio para todos não é uma empreitada fácil. Mas vale a pena. Durante anos usei essa salvaguarda, e já a vi ser empregada repetidas vezes por pessoas que sempre tomam boas decisões. Assim que começam a implementá-la, elas constatam que realizar uma única reunião para dar conta de ambas as tarefas serve apenas para torná-las vulneráveis ao padrão social — de duas uma: ou suas equipes vão dedicar apenas um ou dois momentos para definir o problema e tentarão resolvê-lo no restante da reunião, ou todos começarão a sugerir soluções, cada um com sua versão do problema. De qualquer forma, a reunião não será tão produtiva quanto deveria.

Quando você perde tempo procurando entender o problema, acaba constatando que tem uma sala repleta de pessoas com ideias e percepções que você não tem. Uma maneira de encurtar as reuniões e evitar a repetição de informações que todos já sabem é perguntar: "O que vocês sabem sobre esse problema que as outras pessoas na sala não sabem?".

Essa pergunta faz com que as pessoas pensem. Eles param de encher linguiça com ideias que todo mundo já está careca de saber e começam a explicar o que pensam.

Você não apenas aprende com as outras pessoas — e elas umas com as outras —, mas também passa a entender o problema em um nível mais profundo, porque começa a ver (e, espera-se, a valorizar) diferentes perspectivas. Mais tarde, quando todos se reencontram na segunda reunião, muitas vezes as soluções se tornam cristalinas para todos. E como todos entendem o problema, cada pessoa sabe como agir no setor que lhe cabe de forma a resolvê-lo para todos, não apenas para si. Uma citação apócrifa frequentemente atribuída ao filósofo Ludwig Wittgenstein sintetiza essa ideia: "Entender é saber o que fazer".*

---

* Várias pessoas atribuíram essa citação a Wittgenstein, mas uma pesquisa em seus textos publicados e escritos inéditos junto ao banco de dados InteLex não revela sua procedência em nenhum lugar. Talvez a citação mais próxima seja da seção 199 de suas *Investigações filosóficas*: "Compreender uma sentença significa compreender uma linguagem. Compreender uma linguagem significa dominar uma técnica".

Em ambientes operacionais, as pessoas trabalham com rapidez. Se você inserir uma dose grande demais de processo nas decisões, perderá as janelas de oportunidade, que têm prazo de validade e expiram. Mas os ambientes de ritmo acelerado são uma festa para os padrões. Você precisa desacelerar — mas não muito — e usar uma combinação de discernimento, princípios e salvaguardas para se assegurar de que está pensando de forma eficaz e vai obter a melhor resposta possível. Se investigar e fazer perguntas mais aprofundadas retarda o processo, o "atraso" será compensado pela drástica melhora de suas chances de resolver o problema certo.

Criar um espaço mental entre a definição de um problema e sua solução funciona também em nível pessoal. Dê a si tempo para esclarecer qual é o problema antes de começar a resolvê-lo. Na maioria das vezes, descobrirá que sua primeira tentativa de definir o problema fundamental raramente é a mais precisa.

> **DICA:** Lembre-se de que escrever por extenso o problema torna visível o invisível. Tome nota daquilo que você julga ser o problema e no dia seguinte examine o que escreveu. Se tiver usado jargões, então você não entendeu totalmente. E se você não entende algo, é melhor não tomar uma decisão a respeito.

Passemos à segunda maneira de salvaguardar essa etapa do processo de tomada de decisões.

> **SALVAGUARDA:** *Use o teste do tempo*. Um jeito de saber se você está só tratando o sintoma, sem atacar a causa-raiz de um problema, é se perguntar se sua solução resistirá ao teste do tempo. Ela resolverá permanentemente o problema ou o problema regressará no futuro? Se estiver mais para esta última opção, é provável que você esteja apenas tratando um sintoma.

Suponha que o abrigo Downtown Dog Rescue em Los Angeles tenha tentado resolver seu problema de superlotação realizando uma campanha de adoção de cães na primavera. Talvez a campanha conseguisse reduzir o número de cães alojados no abrigo na época, mas apenas temporariamente. Passados alguns meses, as instalações estariam superlotadas de novo.

Soluções de curto prazo podem fazer sentido no momento, mas nunca triunfam a longo prazo. Você tem a sensação de que está avançando quando a bem da verdade está apenas andando em círculos. As pessoas são atraídas por elas porque encontrá-las sinaliza para os outros que elas estão fazendo alguma coisa. É o padrão social em ação. A solução de curto prazo engana, faz as pessoas confundirem ação com progresso, a voz mais estridente com a voz certa, e confiança com competência. Mais cedo ou mais tarde, o tempo revela que elas não passam de pedaços de esparadrapo que encobrem problemas mais profundos. Não se deixe enganar!

Você pode empregar sua energia em soluções de curto prazo ou soluções de longo prazo, mas não em ambas. Qualquer energia canalizada para as primeiras esgota a energia que poderia ser aplicada na busca das segundas.[2] Às vezes, soluções de curto prazo são necessárias para pavimentar soluções de longo prazo. Apenas tome providências para não ficar apagando no presente chamas que reacenderão no futuro. Quando o mesmo problema volta repetidas vezes, as pessoas acabam por ficar exaustas e desanimadas, porque parece que nunca conseguem fazer um progresso concreto. Apague de vez o fogo hoje para que assim ele não possa chamuscar você amanhã.

Esses princípios, salvaguardas e dicas evitarão que você seja uma vítima dos caprichos do padrão social.

4.2. Analisar cuidadosamente possíveis soluções

Uma vez definido o problema, é hora de pensar em possíveis soluções — como superar os obstáculos para conseguir o que você deseja. Uma estratégia para encontrar soluções possíveis é imaginar diferentes futuros possíveis — diferentes configurações que o mundo poderia ter.

Um dos erros mais comuns nessa fase é evitar as realidades brutais.

No livro *Empresas feitas para vencer*, Jim Collins fala de uma entrevista com o almirante James Stockdale, que durante a Guerra do Vietnã era o oficial de mais alta patente no campo de prisioneiros de guerra Hỏa Lò (sarcasticamente apelidado de "o Hotel Hilton de Hanói"). Torturado mais de vinte vezes em seus oito anos de cativeiro, ele foi mantido no cárcere sem qualquer direito humano, sem data para ser libertado e sem qualquer certeza se sobreviveria para rever a família.

Quando Collins perguntou a Stockdale sobre os prisioneiros que não conseguiram sobreviver às agruras, o almirante destacou os otimistas. "Ah, os otimistas eram aqueles que diziam: 'No Natal estaremos fora daqui'. E o Natal chegava e o Natal passava. Aí eles diziam: 'Na Páscoa seremos libertados'. E a Páscoa chegava e a Páscoa passava. E depois vinha o Dia de Ação de Graças, e depois o Natal novamente. E eles morreram com o coração despedaçado."

Depois de uma longa pausa, ele se virou para Collins: "Esta é uma lição muito importante. É preciso manter uma fé inabalável no fato de que você pode e vai vencer no final, a despeito das dificuldades — e, ao mesmo tempo, ter a disciplina necessária para enfrentar os fatos mais brutais de sua atual realidade, sejam eles quais forem".[1]

Collins chamou de "Paradoxo de Stockdale" essa combinação da necessária confiança de que vamos vencer no final com a disciplina necessária para enfrentar os fatos brutais da realidade nua e crua. Ele afirma que ainda hoje carrega consigo a imagem mental de Stockdale advertindo os otimistas: "Não vamos sair daqui no Natal; encarem esse fato!".

OS PROBLEMAS NÃO DESAPARECEM SOZINHOS

Todos nós enfrentamos problemas difíceis. Os padrões restringem nossa perspectiva. Eles estreitam nossa visão do mundo e nos fazem cair na tentação de ver as coisas como gostaríamos que fossem, não como elas são. É somente lidando com a realidade — a verdade muitas vezes brutal de como o mundo de fato funciona — que podemos alcançar os resultados que almejamos.

A pior coisa que podemos fazer diante de um problema difícil é recorrer ao pensamento mágico — enfiar a cabeça na areia e esperar que ele desapareça sozinho ou que uma solução mirabolante se apresente.

O futuro não é como o tempo: ele não acontece independentemente de nós. Moldamos nosso futuro com as escolhas que fazemos no presente, assim como nossa situação presente foi moldada por escolhas que fizemos no passado.

O lugar onde estamos agora, qualquer que seja, é um reflexo das escolhas e comportamentos que fizemos no passado. Se hoje estamos em um relacionamento feliz, podemos olhar para trás e ver os anos de esforço, comunicação, negociação, sorte e (possivelmente) terapia que nos trouxeram até aqui. Se acordarmos aturdidos e com os olhos lacrimejantes, podemos ver o quanto o excesso de bebida na noite anterior atrapalhou nosso sono. Se hoje estamos administrando um negócio bem-sucedido, podemos ver como uma operação enxuta nos momentos certos — ou talvez ter encarado riscos e dobrado a aposta quando as coisas não eram tão líquidas e certas — contribuiu para nosso sucesso atual.

Se ao menos tivéssemos o benefício da visão retrospectiva das decisões que tomamos hoje — se ao menos pudéssemos ver o presente com o discernimento e a clareza que temos sobre o passado! O filósofo Søren Kierkegaard disse certa vez: "A vida só pode ser entendida se olharmos para trás, mas deve ser vivida olhando-se para a frente".

Felizmente, existe uma maneira de converter a retrospectiva de amanhã na previsão de hoje. É um experimento mental que os psicólogos chamam de *premortem* (ou pré-morte). O conceito não é novo, tem origem na filosofia estoica. Sêneca usou a *premeditatio malorum* ("premeditação dos males") como forma de se preparar para os inevitáveis altos e baixos da vida. A questão não é se preocupar com problemas; é se fortalecer e se preparar para eles.

Os contratempos mais árduos de enfrentar são aqueles para os quais não estamos preparados e os quais não esperamos. É por isso que precisamos nos antecipar a eles antes que aconteçam e agir para evitá-los.

Muitos se julgam maus solucionadores de problemas quando, na verdade, são péssimos antecipadores de problemas. A maioria de nós não quer pensar em mais problemas; já temos um quinhão suficiente. Achamos que antes que coisas ruins aconteçam, receberemos um aviso, teremos tempo para nos preparar, estaremos prontos. Mas não é assim que o mundo funciona.

Coisas ruins acontecem com pessoas boas o tempo todo. Inesperadamente, somos demitidos. Sofremos acidentes de carro. Nosso chefe entra em nossa sala e tem um destempero. Uma pandemia se espalha pelo mundo. Sem avisos. Não há tempo para se preparar.

Realizar um *premortem* pode até não te salvar de todos os desastres, mas você ficará surpreso com o número de desastres que o *premortem* é capaz de evitar. Vejamos como funciona.

O QUE PODE DAR ERRADO?

Imaginar o que pode dar errado não faz de você um pessimista. Faz de você uma pessoa preparada. Se você não pensar nas coisas que podem dar errado, ficará à mercê das circunstâncias. Medo, raiva, pânico — quando a emoção nos consome, a razão nos abandona. Apenas reagimos.

O antídoto é o seguinte princípio:

> **O PRINCÍPIO DO RESULTADO RUIM:** Não imagine apenas o resultado futuro ideal. Imagine as coisas que podem dar errado e de que maneira você as superará se isso acontecer.

Se, por exemplo, você tiver que fazer uma apresentação para o conselho de diretores de sua empresa na próxima semana, imagine de quantas maneiras tudo pode dar errado: e se a tecnologia falhar? E se não conseguirem encontrar o arquivo com a sua apresentação? E se a plateia não se interessar?

Pense em tudo, não deixe nada de fora. Nada deve surpreendê-lo. Como disse Sêneca: "O nosso espírito deve prever todas as circunstâncias [...] e robustecer o ânimo contra todas as eventualidades".[2]

Quando coisas ruins acontecem, não há aviso de última hora nem intervalo comercial para você se preparar. É preciso lidar com o contratempo enquanto ele acontece. Os melhores tomadores de decisões sabem que coisas ruins acontecem e que eles não estão imunes ao revés. Eles não se limitam a apenas improvisar e reagir. Eles se antecipam, prognosticam e fazem planos de contingência. E por estarem prontos, sua confiança não se quebra. O investidor Josh Wolfe gosta de dizer: "O fracasso resulta da incapacidade de imaginar o fracasso".[3]

Moral da história: as pessoas que pensam sobre o que pode dar errado e determinam as ações que elas podem tomar têm mais chances de sucesso quando as coisas não saem conforme o planejado.

Uma maneira inteligente de avaliar suas opções é usar o seguinte princípio:

PRINCÍPIO DO PENSAMENTO DE SEGUNDO NÍVEL: Pergunte a si mesmo: "E depois?".

Toda vez que você resolve um problema, você faz uma mudança no mundo, que pode ou não estar alinhada com seus objetivos de longo prazo. Por exemplo, se você está com fome e come uma barra de chocolate, resolve o problema imediato, mas essa solução tem consequências: a inevitável hipoglicemia reativa uma ou duas horas depois. Se seu objetivo de longo prazo é ter uma produtiva tarde de trabalho, a barra de chocolate não é a melhor solução para seu problema imediato.

É verdade que comer uma barra de chocolate uma vez não vai estragar sua dieta nem arruinar seu dia. Mas repetir esse erro aparentemente pequeno todo dia ao longo da vida não o levará a uma posição de sucesso. As pequenas escolhas se avolumam. Daí a necessidade do pensamento de segundo nível.

PENSAMENTO DE SEGUNDO NÍVEL

Dentro de todos nós se trava uma competição entre nosso eu atual e nosso eu futuro.* Nosso eu futuro em geral quer que façamos escolhas diferentes das que nosso eu atual deseja fazer. A preocupação do eu de hoje é vencer no momento presente, ao passo que o eu futuro se preocupa em triunfar em termos de sua geração. Cada uma dessas personalidades oferece uma perspectiva diferente sobre os problemas. Nosso eu futuro vê os benefícios ou as consequências do acúmulo de nossas escolhas aparentemente insignificantes.

Podemos dizer que o pensamento de primeiro nível é seu eu atual e o pensamento de segundo nível é seu eu futuro.

O pensamento de primeiro nível se concentra em resolver o problema imediato, com pouca ou nenhuma consideração acerca de quaisquer problemas futuros e potenciais consequências que uma solução acarreta. O pensamento de segundo nível examina o problema do começo ao fim, olha além da solução imediata e pergunta: "E depois?".** A barra de chocolate não parece tão tentadora quando você responde a essa pergunta.

Ninguém consegue resolver um problema de maneira ideal a menos que leve em consideração não apenas se a solução atende a seus objetivos de curto prazo, mas também se atende a seus objetivos de longo prazo. A incapacidade de pensar nas consequências de segunda ordem nos leva, sem sabermos, a tomar decisões ruins. É impossível garantir que o futuro será mais fácil se pensarmos apenas em resolver o problema atual e não dermos a devida atenção aos problemas criados ao longo do processo. Essa ideia fica evidente quando olhamos para o que aconteceu na guerra dos Estados Unidos no Afeganistão.

De acordo com um relatório emitido pelo Inspetor Geral Especial para a Reconstrução do Afeganistão (SIGAR, na sigla em inglês):

> Muitas das instituições e projetos de infraestrutura que os Estados Unidos construíram não eram sustentáveis [...]. A ideia era que cada quilômetro de estrada que os Estados Unidos construíssem e cada funcionário treinado pelo governo

---

* Essa ideia surgiu a partir de uma conversa com meu amigo Chris Sparling.
** A primeira vez que me deparei com essa ideia foi via Garrett Hardin, que faz essa mesma pergunta. Para saber mais, consulte: "Three Filters Needed to Think Through Problems", *Farnam Street* (blog), 14 dez. 2015. Disponível em: <https://fs.blog/garrett-hardin-three-filters/>.

serviriam como um trampolim para a realização de mais melhorias e para permitir que futuramente o esforço de reconstrução se encerrasse. No entanto, o governo dos Estados Unidos muitas vezes falhou em garantir que seus projetos fossem sustentáveis a longo prazo. Bilhões de dólares de reconstrução foram desperdiçados porque os projetos deixaram de ser utilizados ou se tornaram obsoletos. As demandas para a execução de progresso rápido incentivaram as autoridades dos Estados Unidos a identificar e implementar projetos de curto prazo com pouca reflexão quanto à capacidade do governo anfitrião e a sustentabilidade de longo prazo.[4]

Em contraste, eis aqui um exemplo do Princípio do Pensamento de Segundo Nível em ação. A cliente de um amigo meu — vamos chamá-la de Maria — é uma cientista de dados autodidata. Ela teve ascensão meteórica no mundo das startups e se tornou uma executiva razoavelmente bem-sucedida numa empresa de tecnologia, na qual passou cinco anos. Recentemente, seu cargo foi extinto do dia para a noite, quando a empresa faliu.

Os objetivos de Maria são continuar a ganhar um salário de nível executivo (cerca de 180 mil dólares por ano), trabalhando em casa e tendo uma agenda que lhe permita estar presente para sua família. O ideal é trabalhar para uma empresa comprometida com a responsabilidade social. Ela tem 100 mil dólares no banco e quer ter um novo emprego dentro de dois anos, mas pode esperar até quatro. No momento, ela tem duas ofertas de emprego, por menos dinheiro do que deseja, e nenhuma das duas a entusiasma muito. Está pensando em retomar os estudos, voltar para a faculdade e fazer mestrado, na esperança de abrir mais opções de emprego, mas sabe que, enquanto estiver trabalhando em período integral, não será capaz de cumprir com as obrigações acadêmicas e ainda ter tempo para a família.

Vamos agora refletir sobre algumas soluções possíveis. As opções de Maria incluem:

- Voltar para a faculdade e fazer mestrado.
- Aceitar uma das ofertas de emprego de tempo integral, com salário de 90 mil dólares por ano.
- Fazer algum trabalho de consultoria.
- Continuar a procurar outras oportunidades de emprego de tempo integral.

Em seguida, vamos avaliar os resultados imediatos dessas opções:

- *Se Maria voltar a cursar a faculdade*, isso pode significar mais de trinta horas por semana dedicadas a tarefas relacionadas aos estudos. Isso quer dizer menos tempo para o trabalho remunerado ou a família.
- *Se Maria aceitar um dos cargos de tempo integral que lhe foram oferecidos*, ganhará dinheiro e poderá pagar as contas. Será um salário muito menor do que ela deseja, mas talvez ela possa compensar apertando seu orçamento e economizando mais para a aposentadoria.
- *Se Maria fizer trabalho de consultoria*, são muitas as incógnitas. Ela não sabe o tamanho da demanda que existe por seus serviços, ou quanto poderia ganhar atuando como consultora.
- *Se Maria continuar procurando oportunidades de tempo integral*, pode perder as duas ofertas de emprego que já recebeu. Ela precisa dar uma resposta em um período de tempo razoável.

Agora que temos uma noção dos resultados imediatos das opções de Maria, é hora de aplicar o pensamento de segundo nível. Devemos considerar que os resultados desses resultados são a resposta à pergunta: "E depois?".

Vamos aplicar o Princípio do Resultado Ruim à medida que esmiuçamos as opções, tendo em mente não apenas o caso em que tudo corre às mil maravilhas, mas também o caso em que as coisas terminam mal.

Maria volta para a faculdade

- *Se tudo correr às mil maravilhas*: Ela consegue uma bolsa, cria uma ótima rede de contatos, adquire capacitação e abre muitas oportunidades. Nesse caso, o novo problema é transformar as habilidades recém-adquiridas em uma função que ela queira e que a remunere bem.
- *Se as coisas terminarem mal*: Ela não aprende nada que de fato interesse às empresas e, no processo, acaba se endividando. Nesse caso, o novo problema é pagar as contas do mês, além das dívidas, enquanto procura um emprego que parece ainda mais esquivo do que antes.

Agora, podemos ver que Maria precisa reunir mais informações para determinar se voltar para a faculdade é sua melhor opção:

- Se ela tem ou não chances de conseguir uma bolsa.
- Se a faculdade onde ela pretende estudar tem uma boa rede de contatos no setor privado.
- Se as empresas estão contratando pessoal com base nas habilidades que ela desenvolverá, e qual é o salário que estão dispostas a pagar.
- Com as novas habilidades que ela terá adquirido, quanto tempo levará para ganhar 180 mil dólares por ano.

Maria aceita um dos cargos de tempo integral que lhe foram oferecidos:

- *Se tudo correr às mil maravilhas*: Ela ganha menos do que gostaria, mas tem espaço para crescer na empresa. Nesse caso há pelo menos três novos problemas: (1) descobrir como fechar a diferença salarial e se aposentar quando quiser, (2) descobrir como crescer na empresa e (3) encontrar oportunidades fora do trabalho para satisfazer a seu desejo de responsabilidade social.
- *Se as coisas terminarem mal*: Ela aceita outro emprego pelo qual não morre de amores e ganha menos do que gostaria. Nesse caso, o novo problema não é tão novo assim: ela estará mais ou menos na mesma situação em que está agora, mas com alguma renda.

Aqui estão as informações adicionais que Maria precisa reunir para decidir se aceitar um desses cargos de tempo integral é sua melhor opção:

- Suas chances de gostar do emprego.
- Suas chances de subir na empresa.
- A experiência que o emprego lhe dará para que ela possa seguir em frente, se assim quiser.
- A possibilidade de voltar para a faculdade ou fazer trabalho de consultoria enquanto cumpre suas obrigações no emprego.

Maria faz trabalho de consultoria:

- *Se tudo correr às mil maravilhas*: Ela pode abrir seu próprio negócio e ter maior flexibilidade. Nesse caso, o novo problema é descobrir como dimensionar o tamanho do negócio.

- *Se as coisas terminarem mal*: As oportunidades de consultoria são poucas e esparsas, e Maria perde as ofertas de emprego. Nesse caso, o novo problema é descobrir o passo seguinte. Ela estará na mesma posição em que está agora, mas com menos margem de manobra: terá menos tempo para aceitar uma oferta de trabalho.

Agora sabemos quais são as informações adicionais que Maria precisa reunir para avaliar essa opção:

- Se as empresas estão dispostas a pagar por seus conhecimentos e habilidades atuais.
- Quanto estão dispostas a pagar.

O exemplo de Maria ilustra um importante aspecto acerca do pensamento de segundo nível: ele não apenas nos ajuda a evitar problemas futuros, mas também revela informações das quais precisamos para tomar uma decisão melhor — informações que antes não sabíamos que precisávamos. É fácil cruzar os braços e esperar sentado que a informação certa venha encontrar você. Não vai!

COMO SALVAGUARDAR A ETAPA DO CUIDADOSO EXAME DA SOLUÇÃO

No entanto, só porque você pensou em algumas soluções não significa que tenha eliminado seus pontos cegos. O pensamento binário é quando você leva em consideração apenas duas opções para um problema. Quando você examina pela primeira vez a escolha, parece simples: lançamos o produto ou não. Aceitamos o novo emprego ou não. Casamos ou não. É preto no branco: "fazer" ou "não fazer". Não existe meio-termo.

Na maioria das vezes, porém, esse tipo de pensamento é limitador. Algumas decisões podem dar a impressão de que se resumem a uma escolha entre isto ou aquilo, mas muitas vezes há outra opção. Os melhores tomadores de decisões sabem disso e veem o pensamento binário como um sinal de que não entendemos totalmente um problema — de que estamos tentando reduzir as dimensões do problema antes de entendê-lo de cabo a rabo.

Quando começamos a examinar em detalhes um problema, as coisas se tornam mais complicadas antes de conseguirmos entendê-lo bem o suficiente para ver as alternativas.

Os novatos na resolução de problemas tentam reduzir uma decisão a apenas duas opções, porque isso cria a falsa sensação de que chegaram à essência da questão. Na realidade, eles pararam de pensar, só isso. E você nunca quer parar de pensar! A falha dos novatos é que eles deixam de ver as complexidades de um problema que são evidentes para um mestre. Os mestres enxergam a simplicidade escondida na complexidade. Como o historiador e jurista Frederic Maitland supostamente escreveu certa vez: "A simplicidade é o resultado final de um longo e árduo trabalho, não o ponto de partida". Quando você for reduzir o problema a soluções em preto e branco, precisa se assegurar de ser o mestre e não o novato.

Isso nos leva ao princípio seguinte da solução eficaz de problemas:

> **O PRINCÍPIO 3+:** Obrigue-se a analisar cuidadosamente pelo menos três soluções possíveis para um problema. Se você estiver levando em consideração apenas duas, obrigue-se a encontrar pelo menos mais uma.

O enquadramento binário é confortável e passivo em igual medida. Fazer o trabalho para adicionar uma terceira opção obriga você a ser criativo e se aprofundar de verdade no problema. Mesmo que no fim você não escolha a terceira opção, forçar-se a elaborá-la ajuda você a entender melhor o problema. Isso te dá mais oportunidades de alinhar suas decisões com seus objetivos, oferece mais opções no futuro e aumenta as chances de, lá na frente, você ficar mais feliz com sua decisão.

Existem duas salvaguardas contra o pensamento binário. A primeira é:

> **SALVAGUARDA:** *Imagine que uma das opções está fora de questão.* Pegue cada uma das opções que você está considerando e, uma de cada vez, pergunte a si mesmo: "O que eu faria se essa opção não fosse possível?".

Suponha que você esteja pensando no que fazer a respeito de um emprego no qual você não se dá bem com um colega. O pensamento binário lhe diz para ficar ou pedir demissão. Imaginar que uma dessas duas opções está fora de cogitação obriga você a ver o problema de maneira diferente. Imagine que, por algum motivo, não existe absolutamente nenhuma maneira de você largar o emprego: você *tem* de ficar. Agora você é forçado a ver as coisas através de uma nova lente. O que você poderia fazer para tornar mais agradável a tarefa diária de sair de casa para ir trabalhar, apesar do embaraço com seu colega? O que você poderia fazer para permanecer no emprego e ainda chegar mais perto de seus objetivos? O que você poderia fazer para ter mais opções no futuro, para não se sentir impotente? Talvez permanecer no emprego signifique ter uma conversa difícil com seu chefe e seu colega, uma conversa franca que você ainda não teve. Talvez signifique uma transferência para outro departamento. Talvez signifique perguntar a seu chefe se você poderia trabalhar de maneira remota.

Agora tente olhar para essa situação de outra perspectiva. Imagine que, por algum motivo, não há absolutamente nenhuma maneira de você permanecer no emprego: você *tem* de sair. O que você faria? Você ligaria para clientes antigos para saber se precisam de um funcionário? Entraria em contato com sua rede de conhecidos para ver se poderiam te apresentar na empresa onde trabalham? Correria atrás de todas as possibilidades até se encontrar numa posição melhor?

Nem sempre podemos fazer o que queremos quando queremos, por exemplo, sair de um emprego que se tornou difícil de suportar. Mas isso não significa que estamos presos. Sempre podemos fazer alguma coisa para seguir em frente, colocando-nos numa posição melhor a fim de obter mais do que queremos e menos do que não queremos. Se não podemos largar o emprego, podemos pelo menos melhorá-lo. Se não podemos ficar, podemos nos preparar para sair. Reenquadrar o problema nos mostra o passo seguinte.

Lembre-se: limitar-se ao pensamento binário antes de entender um problema em sua totalidade é uma simplificação perigosa que cria pontos cegos. As falsas dualidades impedem que você veja caminhos alternativos e outras informações que poderiam fazer você mudar de ideia. Por outro lado, retirar uma das duas opções claras obriga você a reformular o problema e a se desvencilhar.

Eis a segunda salvaguarda contra o pensamento binário:

> **SALVAGUARDA:** *Crie opções do tipo uma e outra.* Tente encontrar maneiras de combinar o binário. Pense não em termos de escolher X ou Y, mas sim em ter X e Y.

Roger Martin, ex-reitor da Rotman School of Menagement, de Toronto, refere-se a essa técnica como *pensamento integrativo*.[5] Em vez de se engalfinhar com opções binárias aparentemente opostas, combine-as. As opções simplistas do tipo *ou uma ou outra* se tornam opções *uma e outra*. Você pode manter os custos baixos *e* ao mesmo tempo investir em uma melhor experiência do cliente. Você pode permanecer no emprego *e* ao mesmo tempo iniciar uma atividade paralela. Você pode satisfazer às expectativas de seus acionistas *e* ao mesmo tempo proteger o meio ambiente.

F. Scott Fitzgerald disse certa vez: "O teste de uma inteligência de primeira linha é a capacidade de manter duas ideias opostas na mente ao mesmo tempo e ainda manter a capacidade de funcionar. A pessoa deve, por exemplo, ser capaz de ver que determinada coisa é irremediável e, ainda assim, estar determinada a torná-la diferente".

Ao contrário de Fitzgerald, porém, não creio que você precise ter uma inteligência de primeira linha para ser capaz de criar opções do tipo *uma e outra*. A capacidade de soluções combinatórias não está reservada aos superdotados. É uma habilidade que pode ser aprendida e utilizada, mas que não está sendo ensinada. O essencial é aprender a conviver com a desconfortável tensão entre ideias opostas por tempo suficiente para ver que existe uma solução que combina os melhores elementos de ambas. Essa é a definição do pensamento integrativo.

Pode ser desafiador pensar dessa maneira, mas quase sempre é possível. Uma área em que tendemos a ser muito bons no pensamento integrativo é o planejamento de férias. Perguntamos a todos os envolvidos o que eles querem fazer e depois tentamos encontrar um lugar que tenha de tudo e atenda a todas as expectativas. É por isso que os resorts ou cruzeiros oferecem uma longa lista de atividades: quanto maior a variedade, mais atraentes são para grupos com interesses diversos. Os hóspedes desses lugares raramente precisam enfrentar uma escolha difícil entre, digamos, a praia ou a piscina. Eles podem ter as duas opções.

Você pode aplicar o mesmo pensamento a outras áreas de sua vida, incluindo sua vida profissional. A solução para um emprego insatisfatório dificilmente se limita a uma opção no esquema binário "ficar ou ir embora", mesmo que a princípio pareça assim. Você pode *ficar* no emprego *e ao mesmo tempo* começar a acionar sua rede de contatos. Você pode se candidatar a empregos *e ao mesmo tempo* cursar a faculdade à noite para adquirir uma nova habilidade. Você pode iniciar um projeto criativo *e ao mesmo tempo* fazer mais em seu emprego atual para satisfazer a necessidade de dar vazão à sua veia criativa.

Roger Martin sintetizou a questão da seguinte forma: "Os pensadores que avaliam cuidadosamente ideias opostas para construir uma solução nova desfrutam de uma vantagem inerente em relação aos pensadores que são capazes de levar em consideração apenas um modelo de cada vez". Ele tem razão. Os pensadores integrativos não apenas constroem uma vantagem, como tendem a capturar o lado positivo exponencial, porque conseguem se libertar das formas tradicionais de pensamento.

Pense no exemplo de Isadore Sharp, criador da luxuosa rede de hotéis Four Seasons. A primeira propriedade de Sharp foi um hotelzinho de beira de estrada no subúrbio de Toronto. A segunda foi um grande hotel de convenções no coração da cidade. Cada propriedade representava um dos modelos operacionais convencionais da época: ou era um estabelecimento pequeno e focado no serviço personalizado, ou grande e focado no conforto. A indústria hoteleira estava presa a um pensamento binário. Em vez de escolher entre a duas opções, porém, Sharp combinou a intimidade de um hotel pequeno com as comodidades e conveniências de um hotel de grandes dimensões. No processo, ele criou uma nova forma de operar e uma das redes hoteleiras mais bem-sucedidas de todos os tempos.

Nossa vida pessoal também se beneficia do pensamento integrativo uma e outra. Por exemplo, muitas vezes temos a expectativa de que nosso parceiro/nossa parceira satisfaça a 100% de nossas necessidades emocionais. É um bocado de coisa para se pedir a quem quer que seja, e muitos de nós enfrentamos dificuldades de relacionamento quando inevitavelmente surgem as decepções. Porém, em vez de perguntar "Devo ficar ou ir embora?", pergunte: "Existe mais alguém que possa atender a algumas das necessidades emocionais que meu parceiro/minha parceira não pode? Há algum/alguma colega com quem eu possa desabafar no trabalho? Tenho um amigo/uma amiga que compartilha desse meu interesse ou que faria aquele curso comigo?".

Quando pensamos em acrescentar pessoas à nossa vida, começamos a abrir opções do tipo uma e outra para nós mesmos. Portanto, em vez do habitual esquema binário de relacionamento "Devo ficar ou ir embora?", começamos a dizer "Quem mais eu posso incluir na minha vida para me ajudar em tudo aquilo que não abrange o que meu parceiro/minha parceira faz tão bem?".

Não precisamos de uma infinidade de opções adicionais, apenas de algumas que sejam realmente boas. Quando você ouve a si mesmo dizendo "Ou X ou Y", isso significa que você está entrando no caminho estreito entre a cruz e a espada — uma decisão binária. Pôr mãos à obra com afinco e se obrigar a adicionar alternativas confiáveis te permite ver soluções que talvez não tenha cogitado antes.

CUSTOS DE OPORTUNIDADE

Pensar melhor não é preencher seu cérebro com respostas para perguntas que você já viu antes. Não se trata de memorizar o que fazer e quando. Tampouco se trata de deixar que outras pessoas pensem por você. Trata-se de olhar além das coisas que são óbvias e enxergar as coisas que não estão escancaradamente visíveis.

O mundo real está cheio de conflitos de escolha,* alguns dos quais são óbvios e outros ocultos. Custo de oportunidade são os conflitos de escolha ocultos que os tomadores de decisões geralmente têm dificuldade em avaliar. Toda decisão tem pelo menos um deles. Como nem sempre podemos fazer tudo o que queremos, escolher uma coisa em geral significa abrir mão de outra. A capacidade de avaliar conflitos de escolha ocultos é em parte o que separa os grandes tomadores de decisão dos demais. É também um elemento central da liderança.

No dizer de Charlie Munger: "As pessoas inteligentes tomam decisões com base nos custos de oportunidade [...] são suas alternativas que importam. É assim que tomamos todas as nossas decisões".[6]

Melhorar nosso pensamento não é apenas ter as respostas para as perguntas que já encontramos antes. Não se trata de memorizar um conjunto de ações predeterminadas. Não se trata de contar que outras pessoas pensem por nós.

---

* No original, *trade-offs*, conceito bastante utilizado em contexto econômico para descrever uma decisão que consiste em escolher uma opção em detrimento de outra, sobretudo entre opções mutuamente exclusivas. (N. T.)

Trata-se de mergulhar mais fundo, além do nível da superfície, e descobrir o que está escondido da nossa visão.

Muitas pessoas se concentram apenas no que podem ganhar ao escolher uma opção e se esquecem de levar em consideração o que podem perder ao abrir mão de outra. Mas a capacidade de dimensionar esses custos é uma das coisas que separa os grandes tomadores de decisão dos demais.

Um dos meus exemplos favoritos disso é uma história sobre Andrew Carnegie. Quando Carnegie era jovem e relativamente inexperiente em seu emprego como superintendente na Companhia Ferroviária da Pensilvânia, ocorreu um grave acidente de trem que deixou vagões espalhados pelos trilhos e travou todo o sistema férreo. Como o chefe de Carnegie estava ausente, ele teve que decidir de que maneira lidar com o desastre. Esvaziar os vagões salvaria grande parte da carga, mas seria uma operação longa e cara que exigiria a paralisação total do tráfego ferroviário durante vários dias. Carnegie percebeu que a obstrução de toda a malha ferroviária por dias a fio não valia o custo da carga e dos vagões. Ele despachou um ousado memorando, assinado em nome do chefe: "Queimem os vagões!". Quando o chefe de Carnegie soube dessa decisão, instantaneamente fez dela o método rotineiro de lidar com emergências semelhantes no futuro.[7]

Ponderar sobre os custos de oportunidade é uma das ferramentas mais eficazes que você pode usar nos negócios e na vida. A maneira ideal de analisar cuidadosamente suas opções é levar em consideração todos os fatores relevantes. Você não pode fazer isso sem avaliar os custos de oportunidade.

No que diz respeito aos custos de oportunidade, existem dois princípios. O primeiro é:

> **O PRINCÍPIO DO CUSTO DE OPORTUNIDADE:** Leve em consideração de quais oportunidades você está abrindo mão quando escolhe uma opção em detrimento de outra.

O segundo princípio está intimamente relacionado ao primeiro:

> **O PRINCÍPIO DAS 3 LENTES:** Veja os custos de oportunidade através destas três lentes: (1) Em comparação com o quê? (2) E depois? (3) À custa de quê?*

---

* Cheguei a essa formulação combinando as ideias de Warren Buffett, Charlie Munger e Peter Kaufman.

Para a maioria de nós, a primeira lente é a consagrada porque os custos são diretos e visíveis. Por exemplo, pense na compra de um carro. Se você é como a maior parte das pessoas, pode rapidamente reduzir a decisão a algumas poucas opções: "O Tesla tem um visual superlegal e será econômico em termos de combustível, mas será que é bom para pegar a estrada? Um BMW é lindo e tem mais espaço no porta-malas, mas um veículo movido a gasolina não é antiquado? Devo escolher o carro que custa 42 mil dólares ou o que custa 37 mil dólares?". Quando comparamos os dois modelos, nós nos concentramos no que os 5 mil dólares adicionais nos proporcionam em termos de recursos, e esquecemos de ver a escolha através das outras duas lentes.

Quando vemos a escolha através da segunda lente, levamos em conta os custos adicionais que surgirão depois de selecionarmos uma opção — por exemplo, a necessidade de recarga do Tesla, a previsão dos custos operacionais anuais, a durabilidade do veículo e o número de viagens longas que faremos anualmente. Quando vemos a escolha através da terceira lente, levamos em consideração as outras coisas que poderíamos fazer com os 5 mil dólares. Vamos desistir das férias em família? E quanto aos dividendos que poderíamos obter se investíssemos esse montante? E a economia que faríamos se pagássemos a hipoteca da casa? Que tal um fundo de emergência para o caso de perdermos o emprego? Olhar através das três lentes nos ajuda a tomar uma decisão melhor.

O dinheiro não é o único custo de oportunidade a ser levado em consideração. É apenas o mais direto e visível e, por isso, as pessoas tendem a se concentrar nele. Elas se convencem de que aquilo que é fácil de ver é a única coisa que importa. Porém, em muitos casos, o valor real de pensar em todos os aspectos dos custos de oportunidade é entender os custos ocultos indiretos.

O fator tempo não é tão fácil de ver quanto o dinheiro, mas é tão importante quanto. Imagine que sua família está crescendo e chegou a hora de trocar de endereço. Mudar-se para um condomínio nos bairros residenciais afastados do centro da cidade proporcionará a você uma casa mais espaçosa, com um quintal maior para as crianças, e será mais barato do que comprar um sobrado menor no centro com um quintal do tamanho de um selo postal. Nessa situação, muitas pessoas pensam no montante de dinheiro que economizarão indo para um condomínio e ficam deslumbradas com o pensamento feliz de cruzar pela primeira vez a soleira de sua nova casa. Mas esse modo de pensar vê a situação apenas através da primeira lente. Não revela os custos menos óbvios de viver num condomínio. Quando aplicamos as outras duas lentes, começamos a ver com mais clareza esses custos.

Vamos aplicar a segunda lente. Suponha que você compre aquela casa numa área residencial afastada do centro da cidade. Pergunte a si mesmo: "E depois?". Como suas circunstâncias mudarão se você escolher essa opção? Em primeiro lugar, o tempo de trajeto diário entre sua casa e o local de trabalho talvez passe de meia hora previsível em cada sentido para uma hora e meia imprevisível.

Agora aplique a terceira lente. Pergunte a si mesmo: "À custa de quê?". O que você terá de deixar de fazer por estar gastando duas ou três horas extras em deslocamento todo santo dia? Você vai passar menos tempo com seus filhos e seu parceiro/sua parceira? O que você perderá por não estar com eles? Você conseguirá aproveitar o trajeto diário entre sua casa e o local de trabalho para aprender um novo idioma ou ouvir algum clássico da literatura, ou terá que lidar com a frustração e o estresse de dirigir? Ao longo do tempo, qual das opções é melhor para sua saúde mental e física?

> **DICA:** Se você está tendo problemas para calcular os custos de oportunidade, às vezes é útil definir um preço para eles. Por exemplo, determinar um preço para essas duas a três horas adicionais gastas diariamente no deslocamento entre sua casa e o local de trabalho as tornará mais visíveis e fáceis de calcular.

Tenha em mente, porém, que precificar coisas cujos custos são difíceis de calcular é apenas uma ferramenta. Como qualquer ferramenta, é útil para algumas coisas, mas não para todas. É uma tentativa de tornar visível o invisível. Às vezes, existem fatores importantes cujo preço você não consegue definir sem distorcer grosseiramente os conflitos de escolha. Acredita-se que Einstein tenha dito: "Nem tudo aquilo que é contável conta, e nem tudo aquilo que conta é contável". Veremos mais adiante que avaliar esses fatores "inestimáveis" é algo que os tomadores de decisões mais sábios dominam.

4.3. Avaliar as opções

Você elaborou em detalhes algumas soluções potenciais. Cada uma sugere uma decisão estratégica que pode funcionar. Agora é preciso avaliar as opções e escolher aquela com maior probabilidade de facilitar o futuro. Existem dois componentes aqui: (1) seus critérios para avaliar as opções e (2) de que maneira você os aplica.

Cada problema tem seus critérios específicos. Alguns dos mais comuns incluem custo de oportunidade, retorno sobre o investimento (ROI) e probabilidade do resultado desejado, mas existem outros tantos. Quando você entende o problema, os critérios devem ser evidentes. Recentemente reformei minha casa. Entre os meus critérios estavam a experiência e a excelência dos profissionais, a disponibilidade e o ritmo de trabalho demonstrado em projetos anteriores.

Se você dá por si pelejando para determinar critérios específicos, é sinal de que ou você não entende de verdade o problema ou não entende as características gerais que os critérios deveriam ter. Entre esses recursos estão:

Clareza: os critérios devem ser simples, claros e desprovidos de jargão. O ideal é que você seja capaz de explicá-los a alguém de doze anos.
Promoção de metas: os critérios devem privilegiar apenas as opções que atinjam a meta desejada.
Determinação: os critérios devem privilegiar exatamente uma única opção; não podem resultar em um empate entre várias opções.

Os critérios que não satisfazem a essas condições levam quase sempre a erros na tomada de decisões. Quando são excessivamente complicados, as pessoas têm dificuldade em saber aplicá-los. Quando ambíguos, as pessoas têm sinal verde para interpretá-los da maneira que lhes convier. Com isso, acabam aplicando os critérios de acordo com o que desejam ou como estão se sentindo no momento. A tomada de decisões se torna um playground para o padrão da emoção.

Quanto ao processo de tomada de decisões no trabalho, critérios ambíguos ou carregados de jargões se prestam a intermináveis debates acerca de seu significado. Supomos que todo mundo compartilha da mesma compreensão acerca do significado dessas palavras e expressões, mas isso não é verdade. Damos como favas contadas que nossas definições não mudarão. Pode ser que mudem. O significado de uma palavra como "estratégico" costuma variar de pessoa para pessoa. Como resultado, critérios ambíguos roubam dos tomadores de decisão sua capacidade de distinguir quem está certo de quem está errado e forçam discussões sobre semântica em vez de debates sobre a melhor solução potencial.

Outras vezes, os critérios não fomentam o objetivo. Isso costuma ser obra do padrão social. Por exemplo, quando os chefes decidem uma contratação ou promoção com base não nas qualificações da pessoa, mas em sua personalidade. Ora, ser legal não é o mesmo que ser competente. Quase nunca ter a simpatia ou o encanto pessoal do candidato como critério favorece os objetivos da empresa.

Às vezes, os critérios podem engendrar o objetivo errado — talvez instigar uma equipe a se empenhar no que ela pode fazer mais rápido em vez do que é melhor para a empresa a longo prazo. Um exemplo trágico aconteceu em janeiro de 1986, com a decolagem do ônibus espacial *Challenger*.

A Nasa vinha tentando emplacar o ônibus espacial como uma forma confiável de realizar missões comerciais e científicas no espaço e adotou um cronograma incrivelmente ambicioso, combinando com o presidente Ronald Reagan que o lançamento ocorreria no mesmo dia de seu discurso sobre o Estado da União. O plano era que fosse um evento de mídia espetacular, em que alunos de escolas de todo o país receberiam por um circuito fechado de TV suas primeiras aulas de ciências a partir do espaço sideral.

Dias antes do lançamento, durante uma reunião pré-voo, os engenheiros da Morton Thiokol, responsável pelo projeto, estavam em pânico. As temperaturas previstas para a data do lançamento eram baixas demais para que os anéis de vedação do ônibus espacial funcionassem direito, e se os tais anéis falhassem, o resultado seria catastrófico. Os engenheiros queriam mais tempo para resolver o problema, ou aguardar por temperaturas mais quentes, e imploraram à Nasa que adiasse o lançamento. Seus apelos foram rejeitados. "Estou perplexo com esse pedido", disse um diretor da agência espacial. "Quando vocês querem que eu lance? Em abril do ano que vem?", disse outro.[1] Quem viveu os anos 1980 se lembra do que aconteceu a seguir: o *Challenger* explodiu 73 segundos depois da decolagem. Obviamente os critérios para a decisão da data de lançamento deveriam ter focado a meta de segurança, não de velocidade.

O padrão da inércia também pode nos fazer adotar critérios que não dão prioridade às metas. Por exemplo, os altos escalões da gerência da empresa talvez não percebam que as condições do mercado mudaram. Em vez de dedicar um tempo para entender as novas condições e ajustar seus critérios, continuam utilizando os critérios do passado, mesmo que não sejam adequados às metas atuais.

Pode ocorrer também que os critérios não consigam ter caráter decisivo. Se não ajudarem você a restringir as opções, não serão úteis. Critérios não decisivos são outro sinal de que você não entende o problema em sua totalidade e age por medo de estar errado. O padrão social ataca as pessoas que não querem assumir a responsabilidade pelos resultados ou que não têm ideias claras sobre o que querem.

Pense na escolha de um restaurante para jantar com um grupo de amigos. Alguém fará uma sugestão inicial — por exemplo, comer comida mexicana — e, inevitavelmente, outra pessoa dirá: "Mas eu comi comida mexicana ainda ontem à noite". Em seguida você ouvirá "E que tal salada?", e alguém dirá: "Estou com fome demais pra ficar só na salada". E isso se prolongará sem parar, ad nauseam: as pessoas continuarão a anunciar o que não querem até que o grupo ficará com tanta fome que acabará escolhendo o que for mais conveniente. Eu já vi essa situação se desenrolar da mesmíssima maneira tantas vezes que chega a ser cômico. (Preste atenção na próxima vez que acontecer com você!)

O problema aqui é que, em muitos casos, critérios puramente negativos não são decisivos: eles não reduzem o campo de opções a apenas uma, e as pessoas acabam deixando a escolha nas mãos do acaso ou das circunstâncias. Como diz o velho ditado: "Se você não sabe para onde quer ir, qualquer caminho serve".

Suponha, por outro lado, que quando você e seus amigos estão decidindo onde comer, cada um declare não aquilo que não quer, mas sim o que de fato quer:

- "Um lugar que sirva saladas a no máximo dez minutos de caminhada."
- "Um lugar que sirva hambúrgueres."
- "Não me importo, de verdade; só quero comer logo."

Tomar uma decisão assim é muito mais rápido, e provavelmente mais pessoas conseguem comer o que querem comer.

DEFINIR O QUE É MAIS IMPORTANTE

Nem todos os critérios são iguais. Pode haver uma centena de variáveis, mas elas não têm a mesma importância. Quando você sabe com clareza o que é fundamental, avaliar as opções fica mais fácil. Muita gente hesita e tem vergonha de escolher a coisa mais importante porque não quer estar errada.

Se você não diz o que de fato interessa, as pessoas ficam tentando adivinhar. Elas precisam que você resolva o problema para elas. Embora você se sinta necessário e importante, também está ocupado tomando todas as decisões que seus colegas deveriam tomar.

Muitos gerentes gostam de ser o gargalo, gostam da sensação de que a equipe depende deles. Isso é o padrão do ego em ação, e ele impõe um limite até onde você pode ir. Ele tenta convencê-lo de que você é o melhor; que você é tão inteligente, tão talentoso e perspicaz que é o único capaz de tomar as decisões. Na realidade, você está apenas atrapalhando o melhor desempenho da equipe.

Aprendi essa lição a duras penas. Eu tinha acabado de assumir a liderança de uma equipe e fiquei surpreso que as pessoas me consultassem antes de tomar qualquer decisão — um padrão que o gerente anterior havia estabelecido.

A fim de acelerar as coisas, criei um sistema de classificação de decisões:

1. decisões que eles poderiam tomar sem qualquer contribuição minha;
2. decisões que eles poderiam tomar depois de compartilhar comigo seu raciocínio para que eu pudesse verificar novamente seu julgamento;
3. decisões que eu mesmo queria tomar.

Mas o problema persistiu.

Depois de alguns meses, consultei meu mentor "Eles sabem quais decisões devem tomar e quais decisões você mesmo deseja tomar?", ele me perguntou.

"Sim", respondi, "mas devido à natureza operacional do trabalho, se eu não estiver por perto eles terão que tomar decisões do terceiro tópico. É aí que nos deparamos com os maiores problemas. Eles parecem incapazes de fazer isso."

"Eles sabem qual é a coisa mais importante de todas?", ele sondou.

"Não sei se entendo o que você quer dizer", respondi. "A coisa mais importante de todas é diferente para cada decisão." Enumerei diferentes tipos de decisões, para mostrar como as variáveis diferiam.

"Não é isso que eu quero dizer", ele retrucou. "Eles sabem o que você mais valoriza?" Eu hesitei. Ele me olhou fixamente nos olhos. "Shane, *você* sabe o que *você* mais valoriza?" Eu o encarei com cara de tacho. Ele suspirou. "O problema não é a sua equipe. É você. Se você não souber qual é a coisa mais importante de todas, sua equipe nunca tomará decisões sem você. É arriscado demais para eles descobrir o que de fato interessa. Diga a eles, e aí eles serão capazes de tomar decisões por conta própria."

"E se eles tomarem a decisão errada?"

"Contanto que tomem uma decisão com base na coisa mais importante, não estarão errados." Calou-se e então disse bem devagar: "Muitas pessoas atingem seu teto máximo nesse cargo porque não conseguem descobrir qual é essa coisa".

Nesse dia, aprendi três lições básicas. Primeiro, eu não poderia esperar que minha equipe tomasse decisões por conta própria a menos que eu deixasse claro como gostaria que as decisões fossem tomadas. Isso significava focar a coisa mais importante de todas, em vez de inundar as pessoas com centenas de variáveis. Em segundo lugar, se elas tomassem a decisão tendo em mente o que de fato interessa, e se no fim ficasse claro que era a decisão errada, eu não poderia me chatear, senão elas nunca tomariam decisões sem mim. A terceira lição talvez tenha sido a mais reveladora: eu mesmo não sabia o que era fundamental. Era por isso que eu não tinha como dizer à equipe.

COMO SALVAGUARDAR A ETAPA DE AVALIAÇÃO

Em cada projeto, em cada meta e empresa existe uma, e apenas uma, coisa que é a mais importante. Se você lida com duas ou mais, é sinal de que não está pensando de forma eficaz. Esse é um aspecto crucial da liderança e da solução de problemas em geral: é preciso escolher um critério acima dos demais e comunicá-lo de forma que sua equipe entenda para que possa tomar decisões por conta própria. Essa é a verdadeira liderança. Você precisa ser claro sobre os valores que as pessoas devem ter em mente na hora de tomar decisões. Se eu lhe disser que a coisa mais importante de todas é atender ao cliente, você sabe como tomar decisões sem mim. Se você fizer um julgamento equivocado, mas que dá prioridade ao cliente, não posso culpá-lo. Você fez o que eu queria.

Porém, identificar o que de fato importa acima de tudo é uma habilidade. E requer prática. Vejamos como.

Para esse exercício, recomendo notas adesivas. Em cada *post-it*, escreva um critério — uma coisa importante para você — para avaliar suas opções.

Por exemplo, antes de decidir investir na Pixel Union — uma das maiores e melhores agências de design do universo Shopify —, anotei alguns critérios fundamentais para mim.

Entre eles estavam:

- Um negócio ganha-ganha, bom para funcionários, clientes e acionistas.
- Crescer em vez de encolher o negócio.
- Trabalhar com pessoas em quem confio.
- Não gerenciar pessoas nem adicionar tarefas e problemas à minha rotina.
- Não pedir dinheiro emprestado.
- Alta probabilidade de razoável retorno sobre o investimento.

Há outros tantos, mas você já entendeu. Anote apenas um critério em cada *post-it* porque, a seguir, faremos a batalha de critérios.

Escolha o critério que você julga mais importante e afixe o *post-it* na parede. Em seguida, pegue outro critério. Compare cada um e pergunte: "Se eu tiver obrigatoriamente que escolher apenas um entre estes dois, qual importa mais?".

Em seguida, voltando ao meu exemplo do investimento na Pixel Union, a primeira batalha pode ser esta: obter um retorno sobre o investimento *vs.* não gerenciar pessoas nem acrescentar mais tarefas e problemas à minha vida.

Se pudesse ficar com apenas um — se obter um retorno sobre meu investimento exigisse gerenciar pessoas, ou se não gerenciar pessoas implicasse ganhar menos —, qual seria? Eu escolheria ganhar mais, mesmo que envolvesse gerenciar pessoas. Então empurraria esse critério para um nível mais alto.

Logicamente, eu estaria disposto a gerenciar pessoas apenas até certo ponto. Se isso consumisse tempo demais, talvez tivesse que inverter a ordem. E então chegamos ao passo seguinte: adicionar *quantidades*. À medida que seus critérios travam uma batalha, você vai descobrindo que as quantidades fazem a diferença. Adicione-as a cada critério enquanto eles combatem corpo a corpo.

Suponha que eu esteja disposto a gastar de cinco a dez horas adicionais por semana gerenciando pessoas ou botando a mão na massa, contanto que meu retorno sobre o investimento seja de pelo menos 15% ao ano. Se tivesse que investir mais de dez horas por semana, meu ROI teria que ser de pelo menos 20% ao ano, e se eu tivesse que investir mais de vinte horas por semana, não valeria mais a pena — independentemente da previsão de retorno —, por causa do custo de oportunidade desse tempo investido.

Assim que terminar de organizar esses dois critérios, vá para o par seguinte. Mova-se de cima para baixo, faça seus critérios lutarem entre si por prioridade e adicione as quantidades que são importantes para você ao longo do caminho.

Quando as pessoas fazem esse exercício, muitas vezes examinam um par de critérios e pensam: "Eu não preciso necessariamente escolher entre esses dois". Em todo caso, faça-os lutar entre si! O xis da questão não é compará-los, é descobrir qual deles importa mais. Talvez na vida real você possa satisfazer a ambos — talvez, por exemplo, você consiga obter um ROI alto investindo em uma empresa que tenha responsabilidade social, ou pode ser que você consiga entrar em forma mesmo mantendo o hábito de comer fora três vezes por semana, ou quem sabe você compre uma casa numa ótima localização que caiba no seu orçamento. No entanto, muitas vezes, quando realmente começamos a buscar uma opção, descobrimos que temos que classificar um critério acima do outro — mesmo que apenas um pouco. Na maioria das vezes, fazer sua batalha de critérios é calibrar tons de cinza. É um exercício mental que tira você do modo reativo e o leva ao raciocínio deliberativo.

Atribuir valores quantitativos a critérios costuma ajudar. Quando você começa a comparar as coisas e a pensar no quanto pagará por elas — seja em uma moeda de tempo, dinheiro, poder cerebral coletivo —, você adquire clareza acerca do que vale mais para você. É forçado a pensar em termos de benefícios e riscos e começa a ver coisas que não via antes — custos outrora invisíveis se tornam visíveis. Por todas essas razões, a batalha de critérios leva você à objetividade e à precisão e ajuda a revelar o que você considera o mais importante.

Depois de definir seus critérios e sua ordem de importância, é hora de aplicá-los às opções. Fazer isso exige que você tenha informações sobre essas opções que atendam a duas condições: que sejam *relevantes* e que sejam *exatas*.

A MAIORIA DAS INFORMAÇÕES É IRRELEVANTE

Para obter informações relevantes para a decisão, lembre-se do seguinte:

> **O PRINCÍPIO DO ALVO:** Saiba o que você está procurando antes de começar a vasculhar os dados.

Se você não sabe o que está procurando, dificilmente encontrará, assim como é improvável que consiga atingir o alvo se não souber o que está mirando. Quando você não sabe o que é importante, deixa passar despercebido o que é relevante e gasta muito tempo com o que é irrelevante.

A maioria das informações é irrelevante. Saber o que ignorar — separar o sinal do ruído — é a chave para não perder tempo. Pense, por exemplo, nas decisões de investimento. Os melhores investidores sabem quais variáveis regem os resultados em termos probabilísticos e prestam atenção a elas. Não que ignorem todo o resto, mas focados sobretudo nessas variáveis eles filtram muito rapidamente montanhas de informações.

Quem consegue distinguir com rapidez o que importa ganha enorme vantagem num mundo em que o fluxo de informações nunca cessa.

Saber o que ignorar permite que você se concentre naquilo que é importante. Siga o exemplo dos melhores investidores e conheça as variáveis que importam para avaliar as opções *antes* de começar a vasculhar e examinar as informações.

OBTER INFORMAÇÕES PRECISAS DIRETO DA FONTE

No que diz respeito a obter informações precisas, há dois princípios que você precisa conhecer: o Princípio da Alta Fidelidade (*Hi-Fi*, em inglês) e o Princípio da Alta Expertise (*Hi-Ex*, em inglês). O primeiro nos ajuda a descobrir a melhor informação possível no âmbito de qualquer situação, enquanto o segundo, a encontrar a melhor informação possível fora da situação.

> **O PRINCÍPIO DA ALTA FIDELIDADE:** Obtenha informações de alta fidelidade — informações próximas à fonte e não filtradas pelos vieses e interesses de outras pessoas.

A qualidade de suas decisões tem relação direta com a qualidade de seus pensamentos, que por sua vez está diretamente relacionada à qualidade de suas informações.

Muitas pessoas tratam todas as fontes de informação como se fossem igualmente válidas. Elas não são. Embora você possa valorizar a opinião de todos, isso não significa que cada opinião deva ter o mesmo peso ou ser examinada com igual minúcia.

Muitas das informações que consumimos aparecem na forma de manchetes, destaques, resumos ou extratos. É a ilusão do conhecimento. Aprendemos a resposta, mas não sabemos como chegamos a ela.

Pense no que acontece quando você consulta um nutricionista. Ele comprime seus anos de experiência e conhecimento em uma lista de alimentos que você deve comer e comportamentos que deve implementar. Se você quiser apenas a resposta, ele lhe dirá o que comer e a quantidade. Isso é uma abstração; é como se você estivesse de volta à aula de matemática do sexto ano, copiando as respostas do colega ao lado. Claro, você tem a resposta, mas não sabe *por que* é a resposta certa: carece de compreensão, e informação desprovida de compreensão é perigosa.

É natural pensar que por meio dessas abstrações vamos poupar tempo e melhorar nossa tomada de decisões, mas em muitos casos não é o que acontece. Ler um resumo pode ser mais rápido do que ler um documento na íntegra, mas nos faz perder muitos detalhes — pormenores que não eram relevantes para a pessoa que resumiu as informações, mas que poderiam ser relevantes para você. Você acaba economizando tempo ao custo de deixar escapar informações importantes. Ler por alto e às pressas, correndo os olhos pelas páginas, cria pontos cegos.

Informação é alimento para a mente. O que você absorve hoje molda suas soluções de amanhã. E, assim como você é responsável pela comida que entra em sua boca, é em igual medida responsável pela informação que entra em sua mente. Ninguém pode ser saudável se come *junk food* todos os dias, e ninguém é capaz de tomar boas decisões se estiver consumindo informações de baixa qualidade. Informações de maior qualidade levam a decisões e resultados de maior qualidade.

O desejo por abstrações é compreensível. O volume de informações que nos bombardeia diariamente pode parecer avassalador. Porém, quanto mais longe a informação estiver da fonte original, por mais filtros ela passará antes de chegar até você. Viver à base de uma dieta de abstrações é como viver à base de uma dieta de *junk food*: tem menos valor nutricional — menos conteúdo de informação, o que significa que você não está aprendendo tanto.

O conhecimento de verdade é adquirido por meio de esforço, ao passo que as abstrações são meramente emprestadas. Muitas vezes os tomadores de decisões obtêm suas informações e observações de fontes que estão vários graus distantes do problema. Basear-se nessas abstrações é uma excelente oportunidade para o padrão do ego fazer das suas. Isso evoca a ilusão de conhecimento: passamos a nos sentir confiantes em relação ao que fazer, sem entender de fato o problema.

Você não pode tomar decisões boas baseado em informações ruins. Na verdade, quando você vê pessoas tomando decisões que não fazem sentido para você, é provável que elas estejam partindo de informações diferentes das que você obteve. Assim como mais cedo ou mais tarde a *junk food* acaba deixando você doente, no fim das contas os maus insumos produzem más decisões.

Como obter melhores informações?

A pessoa mais próxima do problema em geral tem as informações mais precisas. O que ela costuma não ter é uma perspectiva mais ampla. Quem trabalha no McDonald's sabe resolver um problema recorrente naquele estabelecimento melhor do que quem apenas analisa alguns dados. O que o funcionário não sabe é como isso se encaixa no panorama geral das coisas. Ele não sabe se o problema existe em todos os Mcs, ou se a solução causaria mais mal do que bem caso fosse implementada de maneira global, ou de que maneira comunicar a ideia a todos.

Meu amigo Tim Urban tem uma boa metáfora para explicar esse conceito. No ramo de restaurantes, há os chefs de cozinha e os chefs de praça.[2] Os dois sabem seguir uma receita, é claro.* Quando as coisas correm conforme o planejado, não há diferença no processo ou no resultado. Mas quando elas correm mal, o chef sabe *por quê*. O chef de praça em geral não. O chef de cozinha cultivou ao longo de anos de experiência a profundidade da compreensão, experimentação e reflexão, e por isso ele, e não o outro, é capaz de diagnosticar problemas quando eles surgem.**

A história mostra que os maiores pensadores usavam informações que coletavam pessoalmente. Adquiriam seu conhecimento da maneira mais difícil, fosse nas trincheiras da experiência ou estudando pessoas exemplares. Procuravam informações em estado bruto e não filtradas, e se aventuravam mundo afora para interagir diretamente com ele.

Leonardo da Vinci é um excelente exemplo. Ao longo da vida, manteve diários com anotações sobre como obtinha as informações corretas. Anotou coisas como: "Pedir ao mestre de aritmética para me ensinar a quadratura do triângulo" e "Encontrar um mestre em hidráulica e perguntar como se conserta uma eclusa, um canal e um moinho à moda lombarda".

Os grandes pensadores entendem a importância da informação de alta qualidade e sabem que as abstrações de outras pessoas podem ter utilidade limitada.

Numa empresa, as informações, à medida que transitam para lá e para cá, tendem a perder qualidade e nuances. Sabe a brincadeira de telefone sem fio? Cada participante sussurra uma frase ao ouvido do vizinho, o qual sussurra para seu vizinho o que acabou de ouvir, e assim sucessivamente; depois que a mensagem passa por metade da turma, já não se parece em nada com a frase original. Nenhuma pessoa precisa necessariamente mudar muito o teor da mensagem, mas quanto maior o número de pessoas pelas quais ela passa, mais as pequenas mudanças se acumulam. O mesmo acontece quando as informa-

---

* Na hierarquia das brigadas de cozinha, os franceses chamam de *chef de partie* ou *chef* de praça os cozinheiros responsáveis por comandar um segmento específico (a seção de carnes, peixes, saladas etc.). (N. T.)

** Essa também é a ideia de dependência de domínio de Nassim Taleb: sabemos a resposta, mas não temos o entendimento para localizar e solucionar problemas quando as coisas não estão funcionando, ou para aplicar nosso conhecimento a problemas que parecem ser os mesmos, mas não são exatamente idênticos.

ções trafegam por uma empresa. Ela passa por inúmeros filtros, incluindo a compreensão, a interpretação política e os vieses de cada um. Os detalhes se perdem, o sinal se perde. Os incentivos que as pessoas têm ao comunicar informações acabam complicando ainda mais as coisas.

O problema não é apenas que as pessoas não são transmissores confiáveis de informações, mas é que também existem limitações nas informações que as abstrações são capazes de representar. Pense em um mapa rodoviário. É uma representação abstrata de uma paisagem real, que inclui rochas, plantas, animais, cidades, vento, clima etc. Quando mapeamos a paisagem, não representamos todos esses elementos, só o que nos interessa — por exemplo, estradas, rios e limites geográficos. Tiramos esses aspectos do original e os representamos de uma maneira que faz com que se destaquem. (Na verdade, é isso que a palavra "abstrato", que veio do latim, significa: "arrancar, arrastar, separar, desviar, afastar-se de".)

Eliminar o que não serve aos interesses de quem desenha o mapa é o que confere utilidade a ele. Em algum momento alguém decidiu o que é útil com base naquilo que lhe interessa. E se estivermos interessados em outra coisa? Interessados em densidades populacionais ou estratos geológicos? Um mapa rodoviário não é concebido para destacar esses conceitos, portanto não terá muita serventia para nós.

O que vale para mapas vale para quaisquer outras abstrações: por natureza, elas são idealizadas para atender aos interesses de seus criadores, que nem sempre coincidem com os seus. Portanto, qualquer informação obtida de uma fonte de segunda mão foi filtrada pelos interesses dessa fonte. Como seus interesses provavelmente são diferentes dos interesses das fontes, o mais plausível é que os resumos, manchetes, destaques e descrições delas deixem de fora informações relevantes que poderiam ajudar você em sua tomada de decisões.

Aprendi a importância das informações precisas quando trabalhava para o CEO de uma grande empresa. Nada chegava à escrivaninha dele sem primeiro passar por mim. Certa manhã, recebi um e-mail de um de seus subordinados diretos falando de um problema técnico que vinha afetando as operações. Depois que contei ao CEO o que tinha sabido a respeito do problema, ele me fez uma pergunta simples: "Como você soube?". Respondi que tinha ouvido do vice-presidente responsável pela divisão. O olhar no rosto dele instantaneamente se transformou em decepção.

Passados alguns momentos, ele, com voz suave, disse que a excelência de suas decisões era baseada na excelência das informações de que dispunha. Ele não estava recebendo as informações de alta fidelidade em estado bruto, sabia que as pessoas na empresa comunicavam as coisas de forma a encobrir os erros ou pintavam um retrato positivo de si mesmas. E sabia que esses filtros obscureciam a situação em vez de esclarecê-la.

Se você deseja tomar decisões melhores, precisa de melhores informações. Sempre que possível, aprenda algo ou faça algo por si mesmo. Às vezes, a melhor informação é a menos transmissível.

INFORMAÇÕES DE ALTA FIDELIDADE REVELAM AS MELHORES OPÇÕES

O general norte-americano George Marshall era um líder extremamente competente e altruísta. Ele nunca deixava o bem-estar de suas tropas ao sabor do acaso, valorizava as informações de alta fidelidade e sempre ia à fonte.

A certa altura da Segunda Guerra Mundial, o Departamento de Guerra se deparou com uma situação difícil em relação à Força Aérea no Pacífico: os pilotos se recusavam a voar. Os relatórios sugeriam que havia algo errado com os aviões. Mas a manutenção das aeronaves estava em ordem e os mecânicos recebiam todas as peças que solicitavam. Marshall perguntou se os pilotos queriam que os aviões fossem modificados de alguma forma. As aeronaves estadunidenses eram mais pesadas e menos manobráveis do que os Zeros japoneses, então ele fez com que retirassem a blindagem de um avião para reduzir seu peso. Não era o problema: os pilotos não queriam isso.

Marshall não entendia o que estava acontecendo. Conversar com o comandante não elucidou, então ele fez o que tinha o hábito de fazer: despachou alguém em missão "para dar uma olhada e captar coisas que não estavam sendo relatadas — não apenas o que estava sendo dito com estardalhaço". Ninguém — comandante ou cozinheiro — gosta do emissário que o chefe envia, todo mundo fica desconfiado. Mas, para chegar ao cerne da questão, Marshall sabia que só obteria respostas indo direto à fonte.

O que o subordinado direto do general descobriu foi que as equipes de solo da Força Aérea não dispunham de proteção contra mosquitos. Os homens tinham que trabalhar nos aviões à noite sob luzes que atraíam insetos. Os mecânicos estavam tão infestados de malária ou de medicação antimalárica que os pilotos não confiavam na qualidade do trabalho deles e se recusavam a levantar voo.

O pessoal no quartel-general, em áreas protegidas contra mosquitos, não fazia ideia do que acontecia na frente de batalha. Esses oficiais estavam focados em suprimentos de combate — munição, peças, víveres —, mas não em mosquiteiros. Agora municiado de informações de alta fidelidade, Marshall substituiu parte da tonelagem alocada para os suprimentos de combate para telas e redes contra ataques dos mosquitos. Problema resolvido!

Marshall reconheceu que a única maneira de entender um problema e resolvê-lo era ir à fonte. Muitas vezes ele ia pessoalmente à linha de frente, ou enviava pessoas de sua confiança para descobrir o que estava acontecendo.[3]

ASSEGURAR-SE DE OBTER INFORMAÇÕES DE ALTA FIDELIDADE

Agora que você entende a importância das informações de alta fidelidade, aqui estão as salvaguardas para garantir que você sempre as obtenha.

> **SALVAGUARDA:** Realize um experimento. Ponha em prática alguma coisa para ver que tipo de resultados o teste produz.

Um experimento é uma maneira de baixo risco de coletar informações. Por exemplo, se você quiser saber se as pessoas vão pagar por alguma coisa, tente vendê-la antes mesmo de criá-la. Foi o que meus amigos da Tuft & Needle fizeram. Foram um dos primeiros a enviar colchões de espuma para a casa dos consumidores. Um dia, num café, compartilharam comigo a incrível história dos primeiros dias da empresa. A fim de validar sua ideia, criaram uma página na internet, compraram alguns anúncios no Facebook e começaram a receber pedidos. Ainda nem tinham um produto ou uma empresa, só queriam ver se as pessoas estavam dispostas a comprar seus colchões. Depois de alguns dias recebendo encomendas, tinham as provas de que as pessoas comprariam o produto. Reembolsaram todos os pedidos e abriram oficialmente a empresa. Embora esse exemplo possa ser um pouco heterodoxo, há muitas experimentações capazes de determinar se há demanda para determinado produto ou serviço.

> **SALVAGUARDA:** Avalie as motivações e os incentivos de suas fontes. Lembre-se de que todas as pessoas veem as coisas de uma perspectiva limitada.

Avaliar as motivações e os incentivos das pessoas é especialmente importante quando você não pode confirmar algo por si mesmo. Se você precisa confiar nas informações e opiniões dos outros, estará pensando por intermédio de terceiros. Todo mundo tem uma perspectiva limitada do problema, um ponto cego. Como tomador de decisões, você deve combinar sua perspectiva com a de outras pessoas para chegar mais perto da realidade.

Boa parte do que as pessoas consideram informação ou fato é, na verdade, apenas opinião, ou uma mistura de alguns poucos fatos com muitas opiniões. Se você pretende vender a sua casa, todos os envolvidos terão uma ideia diferente do valor que você ganhará com a venda: o banco, o seu corretor de imóveis, o corretor do comprador, os seus amigos, a internet e o governo. Cada um vê apenas parte da situação. Cada um tem diferentes motivações e incentivos que moldam a forma como veem o mundo. Para obter uma imagem mais clara da realidade concreta, tenha em mente a maneira como cada pessoa pode se beneficiar das informações que lhe fornecem, e combine essas perspectivas.

Pensar na perspectiva de cada pessoa como uma lente para o mundo ajuda bastante. Quando você põe os óculos de outras pessoas, enxerga o que elas enxergam e tem uma visão melhor do que podem estar sentindo. Mas esses óculos têm pontos cegos, muitas vezes deixam de notar informações importantes ou confundem fatos com opiniões. Ao experimentar todos os óculos, você vê o que os outros deixam passar.

Ao obter informações de outras pessoas, você precisa manter a mente aberta, freando ao máximo o ímpeto de seu próprio julgamento. As pessoas muitas vezes prejudicam o processo de coleta de informações ao sujeitar outras a seus julgamentos, convicções e perspectivas. A questão não é discutir ou discordar, no entanto. Julgar as pessoas e dizer que elas estão erradas serve apenas para frustrá-las e sufocá-las, impedindo o livre fluxo de informações. Enquanto você reúne informações, seu trabalho é ver o mundo pelos olhos de outras pessoas, tentar entender a experiência delas e como elas a processaram. Você pode obter informações valiosas mesmo quando não concorda com a visão alheia. Apenas faça perguntas, guarde seus pensamentos e permaneça curioso sobre outras perspectivas.

> **SALVAGUARDA:** Ao obter informações de outras pessoas, faça perguntas que originem respostas detalhadas. Não pergunte às pessoas *o que* elas pensam, mas *como* elas pensam.

Se você perguntar às pessoas o que fazer em determinada situação, talvez obtenha a resposta adequada, mas não aprendeu nada. Digamos que uma força-tarefa do governo local precise contratar um desenvolvedor de software, mas o pessoal não sabe o que procurar, pois não tem experiência nisso. A pessoa A da força-tarefa procura um amigo desenvolvedor e pergunta: "Quem eu devo contratar para o projeto?". A pessoa B faz a mesma coisa, mas diz: "Estou contratando um desenvolvedor de software e gostaria de aprender com a sua experiência. Que habilidades são importantes e quais podem ser aprendidas no próprio trabalho? Por quê? Onde encontro as melhores pessoas? Como posso testar essas habilidades?". E assim por diante.

A pessoa B pode não conseguir uma recomendação na primeira conversa, mas eu diria que, no final, são dez vezes maiores as chances de ela encontrar um candidato melhor, pois está perguntando sobre os princípios que orientam a tomada de decisões, não detalhes sobre o caso específico. Ela está perguntando a outras pessoas sobre o conhecimento que elas adquiriram e se apropriando desse conhecimento.

Na tomada de decisões, nosso objetivo não é apenas coletar informações, mas coletar informações relevantes para nossa decisão. Isso requer mais do que construir um inventário de dados, requer entender o *porquê* e o *como* por trás desses pontos — os princípios que os bons tomadores de decisões utilizam nessa área.

Para chegar a esses princípios, é obrigatório fazer as perguntas certas. Há três que eu recomendaria:

Pergunta 1: Quais as variáveis que você usaria para tomar essa decisão se estivesse no meu lugar? Como elas se relacionam umas com as outras?
Pergunta 2: O que você sabe sobre esse problema que eu (ou outras pessoas) não sei? O que consegue ver com base na sua experiência que alguém não consegue? O que você sabe que a maioria das pessoas não percebe?
Pergunta 3: Se você estivesse no meu lugar, qual seria o seu processo para decidir? Como você faria isso? (Ou: que instruções nesse sentido você daria para sua mãe/amiga?)

Observe como essas perguntas são diferentes da típica "Aqui está o meu problema. O que eu devo fazer?". Lembre-se: as perguntas que você faz ajudam a determinar a qualidade das informações que você obtém.

OBTER INFORMAÇÕES PRECISAS JUNTO A ESPECIALISTAS

Já vimos a importância da coleta de informações Hi-Fi. O segundo princípio para obter informações precisas é obter informações de alta expertise:

> **O PRINCÍPIO DA ALTA EXPERTISE:** Obtenha informações de alta expertise (Hi-Ex), que são fornecidas tanto por pessoas com muito conhecimento e/ou experiência em uma área específica como por pessoas com conhecimento e experiência em muitas áreas.

Na indisponibilidade de alguém próximo, procure pessoas que tenham resolvido contratempo semelhante, mas há pouco tempo. Repito: quando quiser conselhos de um especialista, procure alguém que *há pouco tempo* tenha resolvido o problema que você está tentando resolver, isso é fundamental. Perguntar a alguém que resolveu dificuldade semelhante vinte anos atrás não lhe propiciará ideias específicas e eficazes. Você quer um especialista atual — e não, não me refiro às cabeças falantes dos programas de TV, que raramente são especialistas genuínos.

Os especialistas podem aumentar a precisão de suas informações e diminuir o tempo necessário para obtê-las. Ter acesso aos conselhos até mesmo de um único especialista pode acabar com muita confusão e ajudar você a formular e/ou eliminar opções rapidamente.

Aprendi em primeira mão o valor do aconselhamento especializado quando comecei a escrever códigos de programação em uma agência governamental de inteligência. Foi uma experiência muito diferente da programação que eu tinha aprendido. Na faculdade, podíamos pesquisar coisas no Google e juntá--las todas. As pessoas já haviam resolvido esses problemas muito tempo atrás, e as soluções não haviam mudado muito. Meu trabalho na agência era muito mais intrincado. Por motivos de segurança, éramos proibidos de pesquisar no Google qualquer coisa que estivéssemos programando, mas, mesmo que tivéssemos permissão, em nada teria ajudado: estávamos tentando fazer coisas que ninguém havia feito antes.

Alguns meses depois de eu ter entrado na agência, fiquei empacado em um problema. Empacado mesmo! Quando mais novo, sempre tive muitas perspectivas diferentes sobre um problema, mas, no final, sempre pensei que bastaria arregaçar as mangas e pegar ainda mais firme no batente, e mais cedo ou mais tarde acabaria descobrindo a solução. Os dias se passaram. Depois, semanas. Eu não conseguia entender o que estava acontecendo. Por fim, cabisbaixo, procurei alguém que já havia trabalhado num problema semelhante e expliquei no que eu estava empacado.

"Me deixe dar uma olhada no seu código", ele disse, e em menos de vinte minutos diagnosticou o que estava errado: havia uma diferença sutil entre o que a documentação dizia que aconteceria e o que realmente aconteceria em certos casos extremos. Como a maioria das pessoas não se depararia com esses casos atípicos, o problema não estava documentado. Porém, a pessoa a quem consultei havia enfrentado — e superado — o mesmo problema, e tinha levado muito tempo para resolvê-lo. E agora estava feliz em compartilhar seu conhecimento conquistado a duras penas. Embora eu estivesse um pouco frustrado por ter perdido semanas por teimosia, essa interação deu o pontapé inicial em nosso relacionamento e aprendi muito com esse colega ao longo dos anos.

Até a opinião de um único especialista pode ser mais útil do que os palpites de dezenas de amadores. Mas como recrutar alguém para trabalhar com você?

No que diz respeito a conselhos de especialistas, conheço de perto os dois lados do espectro: receber e dar sugestões e orientações. Eu procuro especialistas o tempo todo para obter informações, e milhares de pessoas me procuram para obter aconselhamento. Permita-me dividir o que eu aprendi sobre o recrutamento de especialistas e o trabalho com eles.

TER O APOIO DE ESPECIALISTAS

Muitas pessoas não querem pedir ajuda a especialistas ou porque não acham que seja uma opção ou porque temem ser um incômodo. Às vezes, se conhecemos o especialista, ficamos constrangidos: vai que ele descobre que sabemos menos do que achamos que realmente sabemos!

Se você padece de alguma ansiedade desse tipo, a primeira coisa a entender é que os especialistas *adoram* compartilhar o que aprenderam quando sabem que isso fará a diferença. Ajudar os outros é uma das coisas que dá sentido e relevância à vida e ao trabalho. Para ver as coisas de forma coerente e objetiva, pense num momento em que alguém lhe pediu ajuda em algo em que você se destaca e você atendeu a essa pessoa. Como você se sentiu? Para a maioria de nós, compartilhar conhecimentos é uma sensação maravilhosa. Gostamos de pôr em prática uma habilidade que temos, e gostamos também do reconhecimento.

No entanto, os especialistas não tratam da mesma forma todos os pedidos. Alguns não são nada bons de receber, como solicitações do tipo "me diga tim-tim por tim-tim o que eu devo fazer". Muitas vezes, essas pessoas não fizeram o trabalho de antemão, querem que você decida por elas. Eu recebo centenas — senão milhares — dessas solicitações por ano. As pessoas me mandam vinte páginas de divagações e perguntam: "O que eu devo fazer?".*

Lembre-se: o objetivo não é que alguém lhe diga o que fazer, mas aprender como um especialista pensa o problema, quais variáveis ele julga relevantes e de que maneira elas interagem ao longo do tempo. Se você apresentar um problema e o especialista lhe disser o que fazer, ele está apenas lhe dando uma abstração. Você pode até acertar a resposta, mas nada terá aprendido. E se as coisas derem errado, o que inevitavelmente acontecerá, você não fará a menor ideia do motivo. Você é o chef de praça disfarçado de chef de cozinha. Se perguntar ao especialista *de que maneira* ele pensa o problema, é aí que você começa a aprofundar sua compreensão.

Vamos falar de como se dirigir a um especialista de modo a diferenciar seu pedido dos demais e despertar no perito o interesse em ajudar. Aqui vão cinco dicas:

- *Mostre que você está arriscando a pele*: Ao entrar em contato com um especialista, diga quanto tempo, energia e dinheiro você já investiu na tentativa de resolução do problema. Mostre que fez o dever de casa e que está empacado. Quando recebo solicitações de alguém que explicita

---

* Saiba que isso nunca funciona. Se você não tem nada de valor a propor e se não conseguir dar seu recado indo direto ao ponto em poucas frases, você nem sequer será lido.

seu empenho e que demonstra ter feito uma exaustiva pesquisa para elaborar uma pormenorizada apresentação do problema, fico feliz e ávido para responder. Compare com e-mails que dizem: "Ei, Shane, o que acha dessa oportunidade de investimento?". Qual dos dois te anima mais?
- *Seja preciso em sua solicitação*: Seja muito claro acerca do que você está procurando. Sua intenção ao entrar em contato com um especialista é pedir que ele analise seu plano de ação e lhe forneça opiniões e comentários? Seu interesse é que ele o apresente a pessoas que possam resolver o problema? Seja qual for seu intuito, não faça rodeios e seja claro.
- *Mostre respeito pelo tempo e pela energia dos especialistas*: Declarar que a pessoa com quem você está entrando em contato é um especialista cujo tempo e energia você respeita pode ajudar a cair nas graças desse perito. No entanto, você deve demonstrar respeito por ele. Por exemplo, não peça que lhe conceda quinze minutos e então pergunte seu parecer sobre determinado assunto; em vez disso, pergunte se ele oferece sessões de consultoria exclusivas e quanto cobra por elas. Os especialistas cobram caro e, na maioria das vezes, por um bom motivo. Quando você paga de mil a 2 mil dólares por hora, isso te obriga a definir com clareza o que você deseja. Pagar pelo tempo de um especialista não apenas recompensa o profissional, como obriga você a tomar providências no sentido de não ficar resmungando e enrolando durante a sessão, desperdiçando o tempo do perito e o seu.
- *Pergunte qual é o raciocínio dele e ouça com atenção*: Como já mencionei, não pergunte ao especialista o *que* ele pensa, pergunte *como* ele pensa. Use o conhecimento e a experiência dele como um recurso para se qualificar e aprender a avaliar as coisas, de modo que você possa se apropriar de uma maneira especializada de agir. Você não precisa concordar com o que ele está dizendo, mas lembre-se: seu objetivo é aprender a pensar melhor, não que o perito resolva seu problema para você.
- *Acompanhamento*: Se deseja construir uma rede de contatos e tornar a consulta a um especialista mais do que uma solicitação transacional, faça o acompanhamento para relatar seu progresso. Se o conselho dele foi bom para você, manter o perito atualizado sobre seu progresso o prepara para continuar ajudando no futuro. Quando ele perceber que você levou os conselhos dele a sério, vai querer ajudá-lo novamente.

É lógico que a maioria dos especialistas não consegue responder a todos que precisam da ajuda deles. É muito mais fácil desenvolver um relacionamento pessoal com as pessoas antes de precisar da ajuda delas. Dessa forma, a solicitação não é puramente transacional. É impossível prever em que áreas você poderá precisar de um especialista, mas esse é um dos motivos para ter uma ampla rede social e profissional. Acabei de espiar minha caixa de entrada da semana passada: havia 53 pedidos de "ajuda" de um tipo ou de outro. Dois eram de amigos. Eu não consigo responder a todos, então a quem você acha que vou dedicar meu tempo?

ESPECIALISTAS VS. IMITADORES

Obter informações de alta expertise requer que você receba ajuda de legítimos especialistas. Mas muitos que se dizem especialistas (ou são assim chamados pelos outros) na verdade não o são.

> **SALVAGUARDA:** *Reserve algum tempo para distinguir os verdadeiros especialistas dos imitadores.* Nem todo mundo que afirma ser especialista é de fato. Dedique algum tempo para saber a diferença.

Pense em todos os gestores que papagueiam os argumentos de Warren Buffett. Eles podem soar como Buffett, mas não sabem investir como Buffett: são imitadores. A respeito disso, Charlie Munger comentou: "É muito difícil apontar a diferença entre um bom gestor financeiro e alguém que só tem o jargão".

Mas e se você não for um especialista? Como reconhecer a diferença entre um especialista e um imitador?

Os especialistas geralmente são entusiasmados por sua área de expertise. É por isso que são bons no que fazem: dedicam até mesmo seu tempo livre a dominar e refinar seus conhecimentos e habilidades, e isso fica evidente. Os imitadores estão menos preocupados em *ser* excelentes e mais preocupados em *parecer* excelentes. Por causa dessa preocupação, fica fácil para o ego assumir o controle.

Aqui estão algumas coisas para observar:

- *Os imitadores não conseguem responder a perguntas em um nível mais profundo.* O conhecimento específico é adquirido por meio do esforço, então os imitadores não entendem por completo as ideias sobre as quais estão falando.* O conhecimento deles é superficial. Quando você pergunta detalhes, primeiros princípios ou anomalias e casos fora do padrão, eles não têm boas respostas a dar.
- *Os imitadores não conseguem adaptar seu vocabulário.* Eles são capazes de explicar as coisas usando apenas o vocabulário que aprenderam, que costuma estar coalhado de jargões. Como não entendem totalmente as ideias por trás do vocabulário, não conseguem expressá-las com mais clareza para o público.
- *Os imitadores ficam frustrados quando o interlocutor diz que não entende o que dizem.* Essa frustração é resultado da excessiva preocupação com a aparência de expertise — que eles talvez não sejam capazes de manter se tiverem que expor um assunto com uma explicação pormenorizada. Os legítimos especialistas adquiriram seus conhecimentos por meio do esforço e ficam entusiasmados em tentar compartilhar o que sabem. Não se frustram com a falta de compreensão de quem pergunta; amam a curiosidade genuína acerca de um tema que para eles é importante.
- *Os especialistas podem contar a você todos os erros que cometeram e todas as ocasiões em que fracassaram.* Eles sabem e aceitam que o fracasso faz parte do processo de aprendizagem. Os imitadores, no entanto, são menos propensos a assumir seus erros porque temem que isso macule a imagem que estão tentando projetar.
- *Os imitadores não conhecem os limites de seus conhecimentos.* Os especialistas sabem o que sabem, e também sabem o que não sabem. Eles entendem que sua compreensão é finita, e são capazes de dizer quando estão se aproximando dos limites de seu círculo de competência. Imitadores não são capazes de fazer isso. Eles não conseguem dizer quando estão cruzando a fronteira para adentrar o terreno das coisas que não entendem.

* Esta é uma brincadeira com uma citação de Naval Ravikant. "Conhecimentos específicos não podem ser ensinados, mas podem ser aprendidos" (@naval), *Twitter*, 17 jan. 2019, 22h48. Disponível em: <https://twitter.com/naval/status/1086108038539309061>.

Uma derradeira observação sobre como distinguir especialistas de imitadores: muitos de nós aprendemos sobre determinado assunto não porque lemos pesquisas originais ou ouvimos um especialista durante horas a fio, mas porque lemos algo que se pretende altamente transmissível. Pense de novo na diferença entre ler um artigo acadêmico e ler uma matéria de jornal sobre o mesmo tema. Embora saibam mais do que o leigo, os divulgadores não são especialistas: são bons em comunicar ideias de forma clara e fácil de reter. Como resultado, os divulgadores são com frequência confundidos com especialistas. Tenha isso em mente quando sair ao mercado em busca de um especialista: a pessoa com verdadeira expertise muitas vezes não é a mesma que popularizou o assunto.

4.4. Agir!

Você refletiu sobre as opções. Você avaliou cada uma delas e encontrou a melhor. É hora de agir! Não faz sentido saber o que é preciso fazer e ficar parado. Se quiser resultados, precisa tomar uma atitude.

Tomar uma decisão e executá-la é mais fácil do que parece e mais difícil do que os outros imaginam. Uma das razões pelas quais deixamos de agir é que temos medo de lidar com as consequências. Não é que não saibamos o que fazer: não queremos lidar com a realidade de meter a mão na massa. Evitamos ter conversas sérias porque elas podem ferir os sentimentos alheios. Não queremos demitir a pessoa de quem gostamos, mesmo sabendo que ela não é adequada para o cargo.

Em conluio tanto com o padrão social quanto com o padrão da inércia, nosso ego conspira para enfraquecer nossa determinação e nos impedir de fazer o que é preciso. Mas essa não é a única razão pela qual deixamos de agir.

Temos medo de estar errados. Nesse caso, a inércia nos mantém parados enquanto reunimos mais e mais informações, na falsa esperança de que mais cedo ou mais tarde possamos eliminar a incerteza.

Existem três princípios que podem nos ajudar a saber quando parar de ponderar e começar a agir. Mas antes vamos discutir como categorizar as decisões, levando em consideração suas *consequências* e o quanto elas são *reversíveis*.

CONSEQUENCIALIDADE E REVERSIBILIDADE

Decisões que acarretam consequências importantes afetam as coisas que mais importam: a pessoa com quem você se casa, o lugar onde você mora, o negócio em que você vai investir. Quanto mais uma decisão afeta o que é importante para você — a curto ou longo prazo —, mais influentes são suas consequências.

Decisões reversíveis podem ser desfeitas por uma correção de rota. Quanto mais difícil ou custoso for desfazer os efeitos de uma decisão, menos reversível ela será. É a coisa mais fácil do mundo comer uma barra de chocolate, mas depois de comê-la, já era. Você não pode mais voltar atrás. Ter um filho é a mesma coisa. Depois que a criança nasce, você não pode desfazer o parto (e nem gostaria!). No outro extremo estaria uma decisão cujos efeitos não custam nada para desfazer. Posso me inscrever para um período de catorze dias de avaliação gratuita em alguma coisa, sabendo muito bem que é fácil cancelar minha inscrição.

Podemos representar em um gráfico diferentes tipos de decisões em termos dos graus de consequência e reversibilidade (veja a figura a seguir). Dentre essas decisões, dois tipos merecem especial atenção: aquelas com consequências consideravelmente importantes e irreversíveis, e aquelas com consequências irrisórias e facilmente reversíveis.

Os efeitos de decisões do primeiro tipo permeiam a vida toda, e não há como interrompê-los. Algumas pessoas chamam isso de "efeito dominó". Nesse

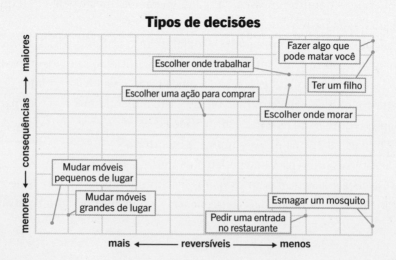

caso, o custo de um erro é alto. Vale o contrário quanto a uma decisão cujas consequências são irrisórias e facilmente reversíveis. O custo de um erro é baixo: se você não gostar do resultado, basta revertê-lo. Em casos assim, o maior erro é perder tempo e energia mental. Se você pode voltar atrás, ou se na verdade pouco importa, continuar coletando informações torna-se um sorvedouro de recursos.

Se você alguma vez na vida já comprou um colchão, sabe do que estou falando. Você passa horas — para não dizer dias — examinando colchões, lendo avaliações, comparando preços e tentando concluir se você é calorento ou friorento na hora de dormir. Por fim se decide por um modelo, e quando ele chega à sua casa você descobre que não é exatamente o colchão com o qual você sonhava. Aí você resolve trocá-lo por sua segunda opção. Você poderia ter economizado horas ou dias simplesmente verificando se a loja tinha uma política de satisfação garantida; aí gastaria apenas uma hora para decidir qual colchão comprar e seguiria em frente. Quando o custo de um erro for baixo, aja rápido.

TRÊS PRINCÍPIOS DE AÇÃO

Agora que sabemos categorizar as decisões por seus graus de consequência e possibilidade de revisão, vamos falar de alguns princípios. O primeiro é este:

> **O PRINCÍPIO "O MAIS RÁPIDO POSSÍVEL":** Se o custo para desfazer a decisão for baixo, tome a decisão o mais rápido possível.

Se determinada escolha tiver consequências insignificantes, envolver-se em qualquer tomada de decisões pode ser um desperdício. Basta escolher. Decida o quanto antes e aprenda fazendo. Vai economizar tempo, energia e recursos, que poderá empregar para tomar decisões que de fato importam.

Se, por outro lado, a decisão acarretar consequências consideravelmente importantes e irreversíveis, então os riscos são altos. O maior risco aqui é ir rápido demais e perder algo importante. O desejável é reunir o máximo de informações possível antes de decidir. Por conseguinte, o segundo princípio é:

> **O PRINCÍPIO "O MAIS TARDE POSSÍVEL":** Se o custo para desfazer uma decisão for alto, demore o máximo possível para decidir.

Lembre-se de levar em consideração o custo da análise, coisa que muitas pessoas não conseguem fazer. A maioria das decisões requer a arte de equilibrar velocidade e precisão. Quando você age muito devagar para tomar pequenas decisões, perde tempo e energia, por mais preciso que você seja. Quando age muito rápido, perde informações decisivas, faz suposições, negligencia o básico, apressa-se em julgar e muitas vezes resolve o problema errado. Quando as coisas estão caóticas, no entanto — mesmo quando a velocidade é um fator importante —, você precisa desacelerar um pouco.

Michael Lewis dá um exemplo disso no livro *O projeto desfazer*, sobre uma mulher cujo carro bateu de frente em outro.[1] Ela foi levada às pressas ao Hospital Sunnybrook, célebre por tratar emergências e traumas decorrentes de acidentes automobilísticos. A mulher, porém, tinha tantas fraturas que os médicos detectaram algumas mas deixaram passar outras. O epidemiologista do hospital, Don Redelmeier, estava encarregado de "verificar a opinião dos especialistas à procura de falhas em seu pensamento". Em outras palavras, ele estava lá para verificar o raciocínio dos outros. "Onde quer que haja incerteza, tem de haver julgamentos", ele disse, "e onde quer que haja julgamentos, há oportunidade para a falibilidade humana." Os médicos podem ser especialistas, mas são humanos, falíveis e, para complicar ainda mais as coisas, seus pacientes em geral fornecem informações pouco confiáveis.

Quando as coisas se desenrolam depressa e é preciso tomar decisões de vida ou morte, muitas vezes prestamos atenção apenas àquilo para o qual fomos treinados, e deixamos escapar dados relevantes. Nesse caso, além dos ossos quebrados, a mulher apresentava um problema adicional: o ritmo de seus batimentos cardíacos estava irregular. Antes de perder a consciência, ela mencionou hipertireoidismo ou "tireoide hiperativa", que é uma causa clássica de batimentos cardíacos irregulares.

Redelmeier entrou em cena quando a equipe que cuidava da paciente se preparava para ministrar a medicação para hipertireoidismo: "[Ele] pediu a todos que se acalmassem. E esperassem. Só um momento. Para comprovar o raciocínio deles — e ter certeza de que não estavam forçando uma narrativa fácil, coerente, mas, em última instância, falsa".

Ele queria desacelerar porque os médicos haviam chegado a uma conclusão que parecia adequada, mas não haviam considerado outros motivos: "O hipertireoidismo é uma causa clássica mas pouco frequente de ritmo cardíaco irregular", ele diria mais tarde. Embora se encaixasse no caso, era improvável — possível, mas não provável.

A equipe procurou outras causas e descobriu um colapso pulmonar. "Assim como as costelas fraturadas, o pulmão não aparecera no raio X. Ao contrário da fratura das costelas, isso podia tê-la matado." Eles ignoraram a tireoide, trataram o pulmão e os batimentos cardíacos voltaram ao normal. No dia seguinte chegaram os resultados do exame de tireoide, e estavam normais. Redelmeier disse: "É preciso tomar muito cuidado quando um diagnóstico simples logo brota em sua mente, explicando tudo de uma vez. É aí que é preciso parar e verificar seu raciocínio".

Quando as apostas são altas e não há possibilidade de voltar atrás, o desejável é decidir no último momento e manter em aberto o máximo de opções enquanto continua coletando informações.

Numa autoescola, você aprende que, quando está numa via expressa em alta velocidade, precisa manter uma distância à sua frente para o caso de alguém invadir inesperadamente sua pista ou parar de repente. Manter uma distância entre os carros permite que você deixe as opções em aberto para se precaver contra qualquer imprevisto. É a mesma razão pela qual, ao tomar uma decisão importante, você deve esperar o máximo possível. Você quer se dar o máximo de opções no futuro para que, se alguma coisa mudar, você tenha espaço para manobrar e se reposicionar no caminho da melhor oportunidade.

Como saber quando finalmente chegou a hora de agir?

Quando o custo do fracasso é baixo, a velocidade com que você chega a uma decisão é tão importante quanto a decisão em si. Quando é caro, faz sentido aprender mais antes de agir.

Se você não resistir aos padrões, eles podem transformar a cautela numa desculpa para não agir. Qualquer um que tenha permanecido por muito tempo num emprego ruim ou persistido num relacionamento desventurado ou insistido num investimento fracassado sabe que a coleta de informações atinge um ponto de retornos decrescentes — em algum momento, o custo de obter mais informações é sobrepujado pelo custo de perder tempo ou oportunidades.

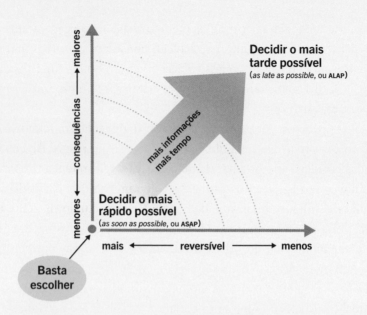

Um amigo que trabalha com engenheiros diz que eles tendem a ser extremamente avessos ao risco: esperam o máximo para decidir e não sabem quando devem agir mais rápido. "Eles insistem em pensar que coletar mais dados tornará as coisas mais sólidas, mas isso quando já passaram meses a fio construindo protótipos e reunindo informações. Não sabem quando parar e se arriscar. E também começam a perder interesse pelo problema, porque só sabem marcar reuniões, ajustar, compilar informações e redigir um documento massudo explicando como tomaram a decisão. Todos estão cientes das habilidades básicas da tomada de decisões, mas têm dificuldade em saber quando já é o suficiente." E não são apenas os engenheiros.

Os tomadores de decisões tornaram-se cada vez mais suscetíveis à paralisia da análise porque têm à disposição uma descomunal quantidade de dados. Se você já lutou contra a paralisia da análise, há um terceiro princípio que pode ajudá-lo a saber quando parar de ponderar e começar a agir:

> **O PRINCÍPIO "PARAR, PERDER, SABER":** Interrompa a coleta de mais informações e ponha em prática sua decisão quando você ou *parar* de coletar informações úteis, ou *perder* pela primeira vez uma oportunidade, ou vier a *saber* de algo que torne evidente qual opção você deve escolher.

Vamos esmiuçar as condições "parar, perder e saber", uma de cada vez.

Antes de mais nada, quando você parar de coletar informações úteis, é hora de agir. Um volume maior de informações nem sempre é o melhor caminho, e existem sinais de que você já reuniu o bastante. Quando entrevistei o cofundador da empresa de serviços educacionais The Princeton Review, Adam Robinson,[2] ele me contou sobre um estudo seminal realizado em 1974 pelo psicólogo Paul Slovic que ilustra a tolice de coletar informações em demasia.

Slovic pôs numa mesma sala oito *handicappers** e lhes disse que queria aferir sua capacidade de prever os vencedores de quarenta páreos, em quatro rodadas de dez corridas cada. Na primeira rodada, cada especialista receberia cinco informações de sua escolha sobre cada cavalo. Um poderia querer saber a altura e o peso do jóquei; outro talvez quisesse saber a melhor posição que determinado cavalo já havia alcançado em seu histórico. Os *handicappers* tiveram também que declarar seu nível de confiança nas próprias previsões.

No final da primeira rodada, com apenas cinco informações, os especialistas alcançaram 17% de precisão. Uma vez que havia dez cavalos em cada corrida, eles se saíram 70% melhores do que os 10% de chance que teriam caso não fossem municiados com nenhuma informação. Seu nível de confiança em suas próprias previsões era de 19%, o que não estava muito longe de seus resultados efetivos.

A cada rodada os especialistas eram abastecidos com mais e mais dados e informações. Para a segunda rodada, receberam dez informações, depois vinte na terceira e quarenta na quarta e última rodada.

Na rodada final, o índice de acurácia ainda era de apenas 17%. As 35 informações adicionais, no entanto, elevaram seu nível de confiança para 34%. Todas as informações extras não os tornaram mais precisos, mas mais confiantes.

A confiança aumenta mais rapidamente do que a exatidão. "O excesso de informação", me disse Robinson, "impede você de raciocinar." Informação em demasia alimenta o viés de confirmação. Ignoramos as informações adicionais que não estão de acordo com nossa avaliação, e aquelas que coincidem com nossa avaliação nos abastecem de confiança.

---

* *Handicappers* são especialistas em corridas de cavalos, peritos em avaliar o desempenho dos animais, prever e analisar os resultados das competições. (N. T.)

Para mim e para as pessoas com quem trabalhei, estes são alguns sinais de que você atingiu o limite máximo de informações úteis que é capaz de reunir:

- Você é capaz de debater com argumentos plausíveis a favor e contra as opções sobre as quais está refletindo, a partir de todos os ângulos.
- Você se esforça para obter ideias e opiniões, pedindo conselhos às pessoas que estão mais distantes do problema ou que não têm experiência em resolver problemas do mesmo tipo.
- Você tem a sensação de que precisa aprender mais, mas parou de aprender coisas novas e, em vez disso, está preso em um ciclo constante, revisando repetidamente as mesmas informações (ou os mesmos argumentos).

Quando você atinge qualquer um desses pontos, provavelmente já obteve todas as informações úteis que será possível obter. É hora de decidir. Agora que já analisamos a condição "parar", vamos adiante para examinar a condição "perder".

Se você está diante de uma decisão cujas consequências são consideravelmente importantes e irreversíveis e está esperando o máximo possível para tomar uma decisão, o momento de decidir é quando você começa a perder oportunidades. Por exemplo, se você quiser vender uma casa, pode ser que deseje esperar o máximo de tempo possível para concretizar a venda. Você chega a acionar um corretor de imóveis para colocá-la à venda no mercado, definir um preço e receber ofertas, mas quando os compradores começam a ir embora ou você está prestes a romper um contrato legal, começa a perder opções, e é hora de agir.

Da mesma forma, suponha que seu parceiro/sua parceira queira levar seu relacionamento para o nível seguinte — deixar de sair com outras pessoas e optar pela exclusividade, ou morar junto, ou anunciar o noivado. São momentos importantíssimos e decisivos em qualquer relacionamento e, se você ainda não tiver certeza, faz sentido dar tempo ao tempo e decidir com calma. Porém, se você demorar demais, mais cedo ou mais tarde seu parceiro/sua parceira vai ficar de saco cheio de tanto esperar e vai embora. Pouco antes de isso acontecer, quando ele/ela deixar claro que você está no limiar de perder opções, é hora de decidir.

Lembre-se, a lógica por trás do princípio "o mais tarde possível" é preservar um leque de opções em aberto. Quando as opções começam a minguar, é hora de agir usando as informações que você tiver. Esta é a condição "perder": se estiver esperando para decidir, não espere mais do que a primeira oportunidade perdida.

A hora de finalmente agir é quando você vier a saber de alguma coisa que deixe claro o que deve fazer. Às vezes você tem acesso a uma informação imprescindível que facilita sua decisão, talvez uma primeira oportunidade perdida. Outras vezes, sobretudo em situações mais ambíguas como relacionamentos, é apenas uma intuição ou pressentimento que não desaparece nem se altera. De qualquer forma, sempre há um momento em que você sabe com exatidão, no íntimo, o que fazer.

Contudo, saber o que fazer não é suficiente. Você tem que partir para a ação. Você tem que agir!

4.5. Margem de segurança

Nem sempre você precisa da solução definitiva para progredir. Se ainda não estiver claro qual é o melhor caminho, em geral o melhor passo é eliminar os caminhos que levam a resultados indesejados. Evitar os piores resultados preserva o leque de opções e faz você seguir em frente.

Às vezes as coisas dão errado por razões que escapam ao nosso controle. Muitas decisões complicadas, porém, que acarretam consequências consideráveis, são malsucedidas por razões evitáveis. Quando não levamos em consideração que as coisas podem dar errado e não planejamos com antecedência, ficamos surpresos diante de um resultado desfavorável. Aí acabamos reagindo em vez de raciocinar. É muito mais fácil fazer planos para evitar que as coisas deem errado quando você está calmo e de mente aberta do que reagir quando as coisas já estão degringolando.

Quando o fracasso custa caro, vale a pena investir em grandes margens de segurança.

Se você é um investidor, provavelmente já ouviu a história do Long-Term Capital Management (LTCM), um fundo de hedge criado em 1994 por um renomado investidor que conseguiu ter dois prêmios Nobel em seu conselho gestor. O LTCM tinha um portfólio de alto risco aclamado por seus inacreditáveis ganhos — mais de 21% no primeiro ano, 43% no segundo e 41% no terceiro.

Imagine ser um investidor nesse ambiente. Você vê um fundo de hedge decolando. Seus amigos se gabam do estrondoso sucesso do investimento que fizeram e instigam você a participar da bonança. Falam das pessoas incríveis que trabalham lá — gente com QI altíssimo, incluindo dois ganhadores do prêmio Nobel, que também tem experiência em suas respectivas áreas e aplicou substanciais quantias de seu próprio dinheiro.

Você vê seus amigos duplicarem e quadruplicarem seus investimentos. Você começa a se perguntar se também deveria investir todo o seu patrimônio. Seu portfólio está dando um retorno de 8% a 12% ano a ano — bons ganhos, mas não chegam nem perto de 40%! O resto do mundo vai ficar rico enquanto você dá uma de cauteloso adepto do ditado "o seguro morreu de velho"?

Agora imagine dois cenários hipotéticos. No primeiro, você decide seguir seus amigos e investir todo o seu dinheiro no fundo. Alguns meses depois, a Ásia e a Rússia passam por uma crise financeira. Essa debacle, e mais a elevação da alavancagem dos investimentos do LTCM, faz com que o fundo perca 4,6 bilhões de dólares em menos de quatro meses. O gráfico a seguir mostra como seria essa perda se você tivesse investido mil dólares desde quando o fundo abriu as portas, em 1994. Nesse cenário, você (e seus amigos) acabam arruinados.

Imagine agora um cenário diferente. É novembro de 1997. Você acabou de atingir o pico de retornos no LTCM. Se for capaz de prever que o futuro será diferente, você provavelmente não arcará com perdas astronômicas e poderá investir um pouco. Mas, se você for sábio, manterá uma margem de segurança.

Uma margem de segurança é um amortecedor entre o que esperamos que aconteça e o que pode acontecer. Serve para nos salvar quando as surpresas custam caro. É como ter um seguro.

Se você sabe com antecedência que este ano não precisará registrar um sinistro, é um desperdício de dinheiro comprar um seguro. O problema é que você não sabe em que ano terá de acionar sua seguradora solicitando o pagamento de uma perda prevista na sua apólice, então contrata o seguro todo ano. Fazer um contrato de seguro pode parecer um desperdício nos anos em que nada acontece, mas mostra seu valor real em anos em que algo acontece.

Construir uma margem de segurança significa dar a si mesmo o máximo de amortecimento e cobertura possível no futuro. É uma forma de se preparar para a maior variedade possível de resultados futuros — e se proteger contra os piores. No segundo cenário hipotético, por exemplo, você pode se preparar para os vários e prováveis resultados ruins de 1998 investindo apenas um

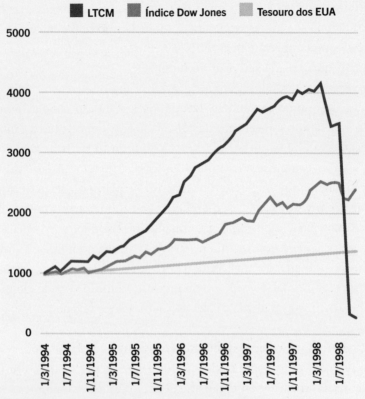

FONTE: Jay Henry, *Wikimedia Commons*, 26 out. 2009

décimo de sua carteira no fundo. Como resultado, quando chegar a crise financeira de 1998, você perderá no máximo 10% de seus investimentos. Isso não o deixará feliz da vida, mas também não o levará à bancarrota.

Seus padrões estão atuando a todo vapor no primeiro cenário hipotético — não apenas o padrão social que te convence de que o melhor é seguir a multidão, mas também o padrão do ego. Ele persuade você a declinar da margem de segurança, porque afinal você já sabe o que vai acontecer. Você se sente confiante em prever o futuro — em prever que o futuro será igual ao passado, que o quarto ano do LTCM será idêntico aos três primeiros. O problema é que amanhã nunca é exatamente como hoje e, nesse quarto ano, o plano que garantiu o sucesso do LTCM nos três anos anteriores cessa de funcionar.

No segundo cenário hipotético, sua decisão não se baseia em uma previsão; em vez disso, está preparada para um futuro em que a melhor e mais favorável das hipóteses talvez não se concretize. É essa mentalidade de preparação — em oposição a uma mentalidade de previsão — que salva você no segundo cenário.

Warren Buffett tem um preceito ao qual eu sempre volto: "A diversificação é a proteção contra a ignorância. Faz pouco sentido se você sabe o que está fazendo".[1] A questão é que a maioria de nós raras vezes sabe o que está fazendo e tem a confiança necessária para apostar todas as fichas. Quando você não sabe o que está fazendo, uma margem de segurança te salva dos resultados mais catastróficos. Mesmo se você sabe o que está fazendo e toma a melhor decisão possível no momento, as coisas podem mudar.

Se a pior das hipóteses nunca vier a acontecer, a margem de segurança parecerá um desperdício. O mesmíssimo minuto em que você se convence de que poderia ter feito melhor sem uma margem de segurança é justo o momento em que você mais precisa dela.

Não somos capazes de nos preparar para tudo. Alguns acontecimentos horríveis desafiam a imaginação, e nenhuma preparação bastará para nos oferecer um leque de opções para lidar com eles. No entanto, a história nos mostra que existem certos eventos infelizes que certamente vivenciaremos e para os quais podemos nos preparar, mesmo que não tenhamos ideia de quando acontecerão. Em nível pessoal, esses infortúnios incluem:

- A dor de perder um ente querido.
- Problemas de saúde.
- Mudanças de relacionamento.
- Pressões financeiras.
- Dificuldades para atingir nossos objetivos na carreira.

Em um nível mais macro, estão:

- Guerras e conflitos políticos.
- Desastres naturais.
- Alterações ambientais e ecológicas.
- Flutuações econômicas: colapso e crescimento.
- Avanços tecnológicos e resistência a eles.

Como construir uma margem de segurança?

Vamos começar com uma aplicação muito usual. Os engenheiros criam margens de segurança em tudo que projetam. Suponha, por exemplo, que estejamos projetando uma ponte e calculando que em um dia médio ela precisará suportar 5 mil toneladas a qualquer momento do dia ou da noite.

Se a construímos para suportar 5001 toneladas, não temos margem de segurança: e se um dia houver um tráfego mais pesado do que o normal? E se nossos cálculos e estimativas estiverem ligeiramente errados? E se o material enfraquecer com o tempo a uma taxa mais rápida do que imaginávamos? Para dar conta de todas essas contingências, precisaríamos projetar a ponte para suportar 10 mil ou até 20 mil toneladas. Por quê? Porque não sabemos o que o futuro trará. Não sabemos se vários caminhões ficarão engarrafados na ponte ao mesmo tempo. Não sabemos se no futuro os veículos serão muito mais pesados. Não sabemos um bocado de coisas sobre o futuro. Portanto, projetamos a ponte com o intuito de proteger os viajantes na maior variedade possível de resultados futuros.

Ao se preparar para o futuro, tenha em mente que, ao longo da história, os piores resultados sempre surpreenderam as pessoas. Você não pode usar o pior caso histórico como parâmetro. Os engenheiros não contam apenas com o uso histórico das pontes atuais. Você tem que empreender um esforço gigantesco de imaginação para analisar cuidadosamente as possibilidades e antever os potenciais desastres.

Eis uma heurística simples para criar uma margem de segurança de modo que você saiba quando "já deu, já chega".

> **DICA:** A margem de segurança costuma ser suficiente quando é capaz de absorver o dobro do pior cenário possível. Portanto, o parâmetro para uma margem de segurança é aquele que dá conta ou de suportar o dobro da quantidade de problemas que causaria uma crise ou de manter o dobro da quantidade de recursos necessários para a reconstrução depois de uma crise.

Por exemplo, se você quiser se sentir financeiramente seguro mesmo se perder o emprego, pode fazer uma estimativa de quanto tempo levará para conseguir um novo emprego e então economizar dinheiro o suficiente para viver de suas economias pelo dobro desse tempo.

Essa é a nossa diretriz. Mas precisamos adaptar nossa margem de segurança às circunstâncias individuais e conjunturais. Se o custo do fracasso for alto e os resultados acarretarem consequências consideráveis, é desejável uma grande margem de segurança. Por exemplo, se você se preocupa com a possibilidade de perder o emprego e trabalha em um setor ou economia volátil, convém aumentar a estimativa de tempo que ficará por conta própria enquanto estiver desempregado.

Se o custo do fracasso for baixo e os resultados forem menos relevantes, muitas vezes você pode reduzir ou passar por cima da margem de segurança. Quanto maior o período de tempo em que uma empresa existe e funciona bem, maior a probabilidade de que seu padrão de sucesso continue. A Coca-Cola não vai a lugar nenhum em um futuro próximo; tampouco a Johnson & Johnson.

No entanto, nem mesmo os padrões estabelecidos são infalíveis. Como Nassim Taleb escreve em *A lógica do cisne negro*: "Pense em um peru que é alimentado todos os dias. Cada refeição solidifica a convicção da ave de que a regra geral da vida é ser alimentado todos os dias por membros amigáveis da raça humana que 'cuidam de seus interesses da melhor maneira', como diria um político. Na tarde anterior ao Natal, algo inesperado acontecerá com o peru. Isso o levará a rever suas convicções".* Vez por outra nossos resultados podem lançar por terra até mesmo nossas expectativas mais sólidas.

No entanto, se você tiver muitos conhecimentos e dados, poderá reduzir ainda mais sua margem de segurança. Cito um exemplo: Warren Buffett pretende comprar ações que custem de 30% a 50% menos do que seu valor real. Portanto, ele tem uma margem de segurança de 30% a 50% nas ações. Mas pagará perto de um dólar por dólar no caso de ações que ele conhece bem. Portanto, nas ações nas quais ele tem mais confiança talvez haja uma margem de segurança de apenas 20%.

Um dos princípios básicos de Warren Buffett para comprar alguma coisa é que ele só a compra se conhecê-la. Ou seja, se ele não tem informações suficientes para calcular uma margem de segurança, não investe de jeito nenhum. Buffett sabe também que nem todas as margens de segurança do mun-

---

* *A lógica do cisne negro: O impacto do altamente improvável*. Trad. Renato Marques de Oliveira. Rio de Janeiro: Objetiva, 2021, p. 72. (N. T.)

do o protegerão — o objetivo não é estar numa situação perfeita a cada ação que ele compra, mas empregar a melhor estratégia possível para todas as suas ações no cenário geral.

Aqui está a lição principal: prever o futuro é mais difícil do que parece. As coisas são maravilhosas até que deixam de ser. Se vão bem, uma margem de segurança parece um desperdício. Quando tudo dá errado, porém, você não pode viver sem ela. No exato momento em que você começa a pensar que não precisa de uma margem de segurança, aí é que mais precisa dela.

BALAS DE REVÓLVER ANTES DE BALAS DE CANHÃO

Se você ainda estiver coletando informações, não invista demais em uma única opção. Mantenha em aberto suas opções futuras, dando passos pequenos e de baixo risco em direção ao maior número possível de opções.

Ao coletar informações sobre suas opções, sua melhor aposta é coletar o máximo possível de informações sobre cada uma sem investir tempo, dinheiro ou energia em demasia em nenhuma delas em particular. No livro *Vencedoras por opção*, Morten Hansen e Jim Collins chamam essa linha de ação de "disparar primeiro balas de revólver, depois balas de canhão":[2]

> Imagine-se no mar, com um navio hostil se aproximando. Você tem uma quantidade limitada de pólvora e resolve usá-la toda de uma vez para atirar contra ele com uma enorme bala de canhão. A bala voa sobre o oceano... e erra o alvo por 40 graus. Você verifica o estoque e descobre que não tem mais pólvora. Resultado: você morre.
>
> Suponha agora que, quando você vê o navio se aproximar, usa um pouquinho de pólvora e dispara com o revólver. Você erra o alvo por 40 graus. Lança então outra bala e erra por 30 graus. Dá um terceiro tiro e erra por apenas 10 graus. A bala seguinte acerta — boom! — o casco do navio, que já está bem perto. Então você junta toda a pólvora que sobrou e dá um grande tiro de canhão na mesma mira, o que faz o navio inimigo afundar. Você sobrevive.[3]

Darei um exemplo do princípio "disparar primeiro balas de revólver, depois balas de canhão" que testemunhei na vida real. Um cliente meu — vamos chamá-lo de Solomon — queria contratar alguém para administrar seu negócio — uma indústria —, de modo que ele pudesse se afastar da presidência e buscar outras oportunidades. Por duas vezes ele tentou escolher um CEO para substituí-lo, mas embora os candidatos parecessem excelentes no papel, na prática não funcionavam.

Recomendei que, em vez de investir pesadamente num único candidato e recusar outros, Solomon pedisse a dois ou três candidatos que se submetessem a um teste, realizando um projeto com duração de algumas semanas. Esses testes simples e simultâneos manteriam o leque de opções dele em aberto, e ver o desempenho dos candidatos na vida real seria mais eficaz do que entrevistá-los ou ler seus currículos.

Os dois candidatos foram bem remunerados por seu tempo e incumbidos de um projeto que exigia que trabalhassem em conjunto com a equipe da indústria para entender os problemas, reunir informações e traçar uma estratégia para o futuro.

O plano funcionou e rendeu um resultado surpreendente: o candidato com currículo menos impressionante foi de longe o melhor na interação com a equipe de funcionários e fez recomendações graças às quais a empresa de Solomon acabou economizando um montante maior do que ele pagou pelo projeto. Mais importante: se nenhum dos candidatos tivesse dado certo, a empresa não afundaria no prejuízo.

A realização de experimentos de baixo risco com várias opções — disparar balas de revólver e calibrar — mantém em aberto suas opções antes de empenhar a maior parte de seus recursos para disparar uma bala de canhão. Está pensando em cursar medicina? Acompanhe um médico ou residente por um dia. Preste o MCAT* e confira sua pontuação, ou se inscreva para prestar o vestibular de várias faculdades e veja em qual você é aceito. Pensando em uma nova carreira? Tente fazer isso como freelancer algumas noites por semana. Pensando em lançar um novo produto? Antes de criá-lo, descubra se as pessoas estão dispostas a pagar por ele.

---

* MCAT (Medical College Admission Test, Teste de Admissão para Faculdade de Medicina) é uma prova padronizada criada em 1947 pela AAMC (Association of American Medical Colleges, Associação de Faculdades de Medicina dos Estados Unidos) com o intuito de avaliar o conhecimento e o preparo de estudantes interessados em cursar medicina nos Estados Unidos e no Canadá. (N. T.)

Preservar as opções tem um custo e pode lhe dar a sensação de que você está perdendo alguma coisa. Às vezes é difícil observar os outros agirem, mesmo quando essas ações não fazem sentido para você. Não se deixe enganar! Isso é o padrão social em ação. Ele instiga você a achar que não há problema nenhum em fracassar, contanto que você faça parte da multidão.

Se algumas pessoas são rápidas para se juntar à multidão, outras preferem estar corretas. Preservar o leque de opções pode fazer com que no curto prazo você pareça estúpido, o que significa que de tempos em tempos você terá que tolerar que o tratem como idiota. Mas se observar a conduta de pessoas bem-sucedidas, em diversas ocasiões todas elas pareceram estúpidas no curto prazo, enquanto mantinham em aberto suas opções e esperavam o momento para agir.

Warren Buffett ficou de fora da maior parte da festança da febre pontocom do final dos anos 1990, e aparentemente não participou do frenesi do mercado altista que veio a reboque. As pessoas começaram a dizer que ele havia perdido o tino. Por alguns anos, alguns especuladores podem ter achado que ele era um estúpido — até que a bolha da tecnologia estourou e ele ainda dispunha de enormes reservas.

VIVER ALGUM TEMPO COM UMA DECISÃO ANTES DE ANUNCIÁ-LA

Já aconteceu de você de gastar um tempão escrevendo um e-mail e se arrepender instantaneamente assim que clicou em "enviar"? É das piores sensações que existem. Talvez não tão ruim quanto anunciar uma decisão importante cedo demais e depois perceber que foi um erro.

Muitos líderes querem anunciar uma decisão no mesmo instante em que a tomam. É uma urgência natural: querem mostrar como são determinados e deixar que todos se deleitem com sua nova e deslumbrante empreitada. Mas anunciar imediatamente pode ser como aquele e-mail cujo envio você não tem como cancelar. O anúncio aciona as coisas, e depois que elas estão em movimento fica muito mais difícil mudar de ideia. É por isso que criei uma regra para mim: tomo decisões importantes e depois passo algum tempo matutando antes de contar para alguém.

No entanto, com o passar do tempo percebi que adiar o anúncio e passar algumas noites meditando não bastava. Acrescentei outro elemento à regra:

antes de ir para a cama, eu escrevia um bilhete endereçado a mim mesmo explicando por que eu havia tomado a decisão. Isso me permitia tornar visível o que era invisível. Assim que eu acordava, lia o bilhete. Com frequência maior do que eu gostaria de admitir, sob o escrutínio da intensa luz matinal as minhas melhores ideias da véspera deixavam a desejar. Às vezes eu percebia que, a bem da verdade, não entendia o problema tão bem quanto eu achava. Outras vezes, a decisão já não parecia mais tão acertada. E eu aprendi que é importante esmiuçar esse sentimento.

Viver algum tempo com uma decisão* antes de anunciá-la permite que você olhe para ela sob uma nova perspectiva e reavalie seus pressupostos. Depois de tomá-la internamente, mas sem comunicá-la, você começa a ver as coisas sob uma nova luz.** Seu cérebro processa todos os resultados potenciais da decisão como se ela já tivesse sido tomada efetivamente e posta em ação. Isso quase sempre pode ajudá-lo a enxergar nuances que talvez tenham passado despercebidas, as quais, por sua vez, podem mudar o modo como você implementa a decisão. Pode ser, por exemplo, que você esteja prestes a promover um funcionário e se preocupe com a capacidade dele de encabeçar uma reunião e organizar uma equipe. Viver algum tempo com a decisão pode instigar você a pedir que ele organize uma reunião, ver o que acontece e depois, se necessário, recalibrar.

Além do mais, viver com uma decisão por mais um dia — ou até dois — permite que você verifique o efeito em suas emoções. O que diz sua intuição, seu pressentimento? Seu cérebro, seu coração, suas entranhas e seus ossos concordam com ela? A maioria das decisões causa uma sensação boa. Mas algumas poucas não. Se você não se sentir bem, é sinal de que algo está errado e você precisa se aprofundar um pouco mais antes de anunciar sua decisão. Guardá-la para si antes de executá-la permite que você mantenha em aberto a possibilidade de desfazê-la.

---

* Tirei a expressão "viver algum tempo com a decisão" de uma conversa com Randall Stutman, que me ensinou muitas das lições presentes neste livro.
** Como Randall Stutman me ensinou, se você anda por aí como se já tivesse tomado a decisão, começa a filtrar todas as novas informações através das lentes de quem já tomou a decisão.

O PRINCÍPIO À PROVA DE FALHAS

A implementação de dispositivos de proteção contra falhas ajudará a assegurar que sua decisão seja efetivada de acordo com o plano.

Imagine que você está no Everest, a apenas cinquenta metros do topo. Seu corpo está dolorido, sua mente, entorpecida. Parece que, por mais que se esforce para respirar, não há oxigênio suficiente. Você treinou e se preparou por anos a fio, gastou 60 mil dólares em guias e viagens, e no processo sacrificou tempo com a família e os amigos. Você anunciou a todos que aquele era o dia em que empreenderia a tentativa de chegar ao cume. Todo o triunfo pelo qual trabalhou está diante de você, já é possível avistar seu objetivo. Você está quase lá. Mas está trinta minutos atrasado, e o oxigênio está acabando. Você dá meia-volta ou segue em frente?

Os melhores xerpas do mundo sabem que a parte mais perigosa não é atingir o pico, é a descida. Gasta-se tanta energia para chegar ao topo que, mesmo quando estão ficando sem forças e sem oxigênio, os alpinistas persistem até chegar ao cume. Gastam uma quantidade tão grande de recursos que se esquecem de contabilizar a provação de voltar. Perdidos na "febre do cume", esquecem que o mais importante não é chegar ao topo, mas voltar sãos e salvos para casa. Afinal, ninguém pode vencer se não sobreviver.

Para aqueles de nós que não estão na situação, provavelmente sem planos de escalar o Everest, a ideia de sucumbir à febre do cume parece um pouco ridícula: chegar ao topo não vale a vida de ninguém! Mas para quem está chegando ao topo da montanha, virar as costas para um sonho que está tão próximo a ponto de se conseguir enxergá-lo é muito mais difícil. Ademais, a extraordinária quantidade de energia que se gasta na escalada estressa o corpo e debilita a mente — condições que os padrões utilizam para subverter os planos que você elabora com tanto cuidado e impedir que você alcance seus verdadeiros objetivos.

Escalar o Everest é um exemplo drástico de por que é importante implementar dispositivos de segurança contra falhas, de modo a garantir que sua decisão seja efetuada conforme o planejado. Quando você começa a ficar sem oxigênio é a hora de desistir? Você deve seguir em frente mesmo que seu equipamento esteja nas últimas? A segurança contra falhas de execução alavanca seu pensamento quando você está no melhor de sua forma para protegê-lo contra os padrões quando você estiver mal das pernas.

A ideia de uma execução infalível é bem ilustrada pelo mito grego de Ulisses (ou Odisseu). Ulisses era o capitão de sua nau. Ele e a tripulação navegavam nos arredores da ilha habitada pelas sereias, criaturas perigosas que, com seu canto, atraíam os marinheiros para a morte — seu canto era tão exuberante que deixava os tripulantes loucos de anseio, a ponto de jogarem seus navios contra as rochas tentando alcançar a fonte daquele som divino.

Ulisses queria ouvir o canto das sereias sem pôr em risco a vida de sua tripulação. Ora, não estou dizendo que Ulisses tenha tomado uma grande decisão aqui. Se ele de fato tivesse pensado em suas opções usando os princípios e as salvaguardas que descrevi, teria se afastado da ilha. Mas essa não é a parte da história que eu adoro. O que eu amo é que Ulisses implementou sistemas de segurança para garantir que sua decisão fosse executada conforme o planejado.

Ele ordenou que os ouvidos de toda a tripulação fossem vedados com cera, para que assim não pudessem ouvir a música ao se aproximarem da ilha. E, para evitar que mudassem de rumo, mandou que o amarrassem ao mastro da embarcação, de sorte que, a despeito do que ele fizesse ou das ordens que desse em meio à desesperada loucura suscitada pelo canto das sereias, não poderia influenciar a tripulação ou mudar a decisão que já havia tomado. Ulisses ainda instruiu seus homens a amarrá-lo com mais força quanto mais ele lutasse e insistisse para que mudassem de rota.

A inteligente implementação de um estratagema de segurança para uma execução infalível permitiu que Ulisses ouvisse a música ao mesmo tempo que assegurava a segurança de sua equipe. Obviamente, os sistemas de proteção contra falhas também são indispensáveis em muitos outros contextos.

TRÊS TIPOS DE DISPOSITIVOS DE SEGURANÇA CONTRA FALHAS DE EXECUÇÃO

Existem três tipos de dispositivos de segurança contra falhas de execução que você deve conhecer: instalar mecanismos de disparo automático; capacitar outras pessoas a tomar decisões; amarrar as mãos.

> **À PROVA DE FALHAS:** Instale mecanismos de disparo automático para determinar com antecedência o que você fará quando atingir um intervalo de tempo quantificável específico, ou uma quantidade ou circunstância suscetíveis de delimitação precisa.

Os mecanismos de disparo automático são formas de pré-comprometimento — você se propõe com antecedência a seguir uma estratégia quando surgem certas condições. Por exemplo, uma equipe de escalada do Everest poderia estabelecer um desses mecanismos, consistindo em abortar sua tentativa de alcançar o cume se não chegar a determinado local em determinado momento. Se ela não conseguir cumprir essa meta, dá meia-volta e pronto! Assunto encerrado sem discussão. Assim os alpinistas não tentam tomar uma decisão em meio à exaustão e à privação de oxigênio: eles já decidiram e se comprometeram em voltar atrás.

O caminho para o sucesso e o fracasso está sinalizado, basta saber onde procurar. A jornada sempre tem as respostas. Os mecanismos de disparo automático incluem sinais negativos e nenhum sinal positivo. Quando os sinais são positivos, você sabe que deve manter a mesma rota. Quando as coisas estão mais sombrias, definir os mecanismos de disparo automático é uma baita ajuda.

Sinais negativos são bandeiras vermelhas a alertar que algo está saindo do prumo. Quanto mais cedo você perceber que está rumando na direção errada, mais fácil será voltar atrás. Outro dia, na estrada, eu me peguei seguindo para o leste quando queria ir para o oeste. Somente quando notei que me aproximava da cidade errada é que constatei meu erro! Mas os sinais negativos não são os únicos a serem observados. Às vezes, a ausência de sinais positivos é em si um sinal.

Quando você não vê os sinais positivos que esperava, isso não significa necessariamente que as coisas deram errado, mas se trata de um momento ao qual vale a pena prestar atenção. Muitos projetos fracassam, e muitas decisões se tornam complicadas nesse ponto — quando as pessoas não veem nem os sinais negativos nem os sinais positivos que esperavam. Quando isso acontecer, é hora de reavaliar. Pergunte-se: "A coisa mais importante de todas ainda é a coisa mais importante de todas? Eu estava errado? O que será necessário para alcançar meus objetivos agora que avancei no tempo, mas não em termos de progresso?".

Se você tiver os mecanismos de disparo automático antes de começar, aumenta suas chances de sucesso. Quando toda a equipe entende claramente os marcadores de sucesso e fracasso, eles têm o poder de agir no minuto em que as coisas desviarem do rumo.

> **À PROVA DE FALHAS:** Use a diretriz de planejamento do comandante para capacitar outras pessoas a agir e tomar decisões sem você.

Os grandes líderes sabem que as coisas nem sempre saem conforme o planejado. Sabem também que não podem estar em todos os lugares ao mesmo tempo. As equipes precisam saber como se adaptar quando as circunstâncias mudam. E as circunstâncias mudam o tempo todo.

Dar a uma equipe estrutura suficiente para realizar uma missão, mas flexibilidade suficiente para responder às mudanças nas circunstâncias é chamado de *diretriz de planejamento do comandante* — termo militar aplicado pela primeira vez aos exércitos alemães em sua tentativa de derrotar Napoleão.

Se você já esteve do lado de dentro de uma empresa cujos funcionários não têm autonomia para agir até que tudo seja aprovado pelo chefe, já sabe o que acontece sem uma diretriz de planejamento do comandante. Há um único ponto de falha: se algo acontecer com o comandante, a empresa e a missão naufragam.

A diretriz de planejamento do comandante capacita cada pessoa da equipe a iniciar o plano e improvisar enquanto o executa. Isso impede que você seja o gargalo e habilita os outros a se responsabilizarem pelo objetivo sem a sua presença.

A diretriz de planejamento do comandante tem quatro componentes: formular, comunicar, interpretar e implementar. Os dois primeiros — formular e comunicar — são responsabilidade do comandante de mais alta posição hierárquica. Você deve comunicar a estratégia, a lógica e os limites operacionais para a equipe. Diga a eles não apenas *o que* fazer, mas *por que* fazer, *como* você chegou à sua decisão, para que eles entendam o contexto, bem como os limites para uma ação efetiva — o que está completamente fora de questão. Os comandantes subordinados têm então as ferramentas para os dois últimos componentes: interpretar os contextos em mudança e implementar a estratégia nesses contextos.

Antes de começar a pôr em prática uma decisão, apenas para não haver confusão enquanto você segue em frente, pergunte a si mesmo:

- Quem precisa saber quais são meus objetivos e os resultados pelos quais estou trabalhando?
- Eles sabem qual é o objetivo mais importante de todos?
- Eles sabem quais são os sinais positivos e negativos a serem procurados e quais mecanismos de disparo automático estão atrelados a esses sinais?

Um sinal de que você falhou em capacitar sua equipe é que não pode ficar longe do escritório por uma semana sem que as coisas desmoronem. Alguns líderes acham que isso os torna indispensáveis — julgam que a incapacidade da equipe de funcionar sem eles é um sinal de sua importância. Nada disso! É o padrão do ego em ação. Líderes eficazes não devem estar disponíveis 24 horas por dia, sete dias por semana, para que sua equipe tome decisões e alcance objetivos. Se você não pode se ausentar, não significa que seja indispensável ou extremamente competente: significa que você é um comunicador incompetente.

Outro sinal de que você está nas garras do padrão do ego é sua insistência em controlar tudo. Os bons líderes determinam o que precisa ser feito e estabelecem os parâmetros para chegar lá, sem se importar se algo é feito de maneira diferente de como teriam feito. Desde que se avance em direção ao objetivo dentro dos limites que eles definiram, os bons líderes se dão por satisfeitos.

Os líderes ruins insistem que tudo deve ser feito do jeito deles, o que acaba desmoralizando sua equipe e minando tanto a lealdade quanto a criatividade — exatamente o contrário da diretriz de planejamento do comandante.

À PROVA DE FALHAS: Amarre suas mãos para manter sua execução nos trilhos.

Ulisses usou mecanismos de disparo automático e a diretriz de planejamento do comandante para salvaguardar sua decisão. Ele ordenou que a tripulação amarrasse suas mãos — uma execução à prova de falhas para garantir que se cumprisse sua decisão e a razão pela qual esse tipo de salvaguarda é conhecido como *pacto de Ulisses*.

Amarrar as mãos equivale a coisas diferentes em contextos diferentes. Se você está fazendo dieta, amarrar as mãos pode significar retirar de sua casa todo tipo de *junk food*, de modo que você não corra o risco de sucumbir à tentação. Se está fazendo investimentos, pode significar a criação de depósitos automatizados a cada mês. Se está escalando o Everest, amarrar as mãos pode significar firmar um acordo consensual de que a equipe dará meia-volta caso não consiga chegar à metade do caminho até determinado momento estipulado de antemão.

Qualquer que seja a decisão que você tenha diante de si, pergunte-se: "Existe uma maneira de garantir que o caminho que decidi seguir é o melhor?". Ao refletir sobre suas opções e se comprometer previamente com os procedimentos e as linhas de ação definidas, você libera espaço mental para enfrentar outros problemas.

Mesmo que esperemos o máximo de tempo possível para decidir, agora sabemos exatamente o que focar e o que fazer quando chegar a hora de tomar nossa decisão. Definimos nossos mecanismos de disparo automático, capacitamos as pessoas para agir por conta própria e amarramos nossas mãos para evitar que, em um momento de estresse, acabemos por desfazer todo o nosso bom trabalho.

4.6. Aprender com suas decisões

Se você é um trabalhador do conhecimento, você toma decisões.[1] Esse é o seu trabalho. A qualidade de suas decisões acaba determinando até onde você vai e com que rapidez chega lá. Se aprender a tomar grandes decisões de forma consistente, logo ultrapassará as pessoas cujas decisões são apenas boas.

Ninguém é inteligente o bastante para tomar grandes decisões sem primeiro aprender. Os mais formidáveis tomadores de decisões dominaram a capacidade de aprender tanto com seus erros quanto com seus êxitos. É essa habilidade que os diferencia e lhes permite repetir seus sucessos e evitar repetir seus fracassos. A menos que você desenvolva essa habilidade, não melhorará seu processo de tomada de decisões ao longo do tempo.

Há alguns anos, uma empresa me contratou para melhorar a qualidade de suas decisões. Como primeiro passo, precisávamos descobrir em que pé estavam nesse quesito. Começamos tentando responder a uma única pergunta: quando os tomadores de decisões da empresa esperavam determinado resultado, com que frequência esse resultado acontecia pelas razões que achavam que aconteceria?

O que descobrimos deixou os administradores perplexos: seus tomadores de decisões acertavam em apenas cerca de 20% das vezes. Na maioria das ocasiões, quando algo que eles previram aconteceu, não aconteceu pelas razões que julgavam que aconteceria. O sucesso deles, em outras palavras, não se devia à perspicácia, esforço ou habilidade. Era mais sorte do que talento.

Essa notícia foi um duro golpe para o ego deles, que estavam convencidos de que seus êxitos resultavam em grande medida de suas habilidades. Os números contavam uma história diferente. Eles eram como aquelas pessoas que tiravam a sorte grande na roleta e atribuíam seu triunfo a um "sistema".

A história ilustra um fenômeno psicológico já discutido: o viés da autoconveniência, a tendência de avaliar as coisas de maneira a melhorar nossa autoimagem. Quando temos sucesso, tendemos a atribuí-lo à nossa habilidade ou esforço, enquanto nosso fracasso, nós o atribuímos a fatores externos. Basicamente: cara, estou certo; coroa, não estou errado. Se você quer melhorar, precisa reescrever as narrativas defeituosas.

O viés da autoconveniência impede você de aprender com suas decisões e interfere no aperfeiçoamento de seu processo. Nosso padrão do ego quer que pensemos que somos mais inteligentes do que de fato somos e nos diz que trabalhamos mais do que de fato trabalhamos e sabemos mais do que de fato sabemos. O excesso de confiança que o demônio do ego inspira nos impossibilita de examinar nossas decisões com um olhar crítico e nos torna incapazes de distinguir entre habilidade e sorte — o que está sob nosso controle e o que não está. Se você ficar preso na armadilha do demônio, nunca aprenderá com suas decisões e nunca se tornará melhor ao tomá-las no futuro.

O primeiro princípio a ter em mente ao avaliar suas decisões é o seguinte:

> **O PRINCÍPIO DO PROCESSO:** Ao avaliar uma decisão, concentre-se no processo empregado para tomar a decisão e não no resultado.

A sabedoria convencional sugere que bons resultados são frutos de pessoas boas que tomam boas decisões, e que resultados ruins são obra de pessoas ruins tomando decisões ruins. Mas os contraexemplos estão aí. Todos nós tomamos decisões ruins, mas nem todos somos más pessoas. E até mesmo as boas decisões podem ter resultados inesperados e infelizes graças à inevitável incerteza da vida.

Como qualquer outra pessoa, Pete Carroll, treinador do time de futebol americano Seattle Seahawks, entende a diferença entre boas decisões e bons resultados. Em fevereiro de 2015, durante o Super Bowl XLIX, a finalíssima do campeonato da NFL, Carroll instruiu seu time a fazer uma jogada que imediatamente recebeu uma enxurrada de críticas por ter sido um grande erro e entrou para a história como "a pior decisão de todos os tempos" do futebol americano. Nos minutos finais da partida, os Seahawks perdiam por 28-24, mas avançaram até a linha de uma jarda do New England Patriots, e parecia líquido e certo que marcariam o *touchdown* para virar o placar e conquistar o título. Alinhado no *backfield* junto com os outros jogadores ofensivos do Seattle estava Marshawn Lynch, um jogador imparável de quase 98 quilos que era indiscutivelmente o *running back* mais dominante da liga na época e que naquela mesma partida já havia corrido por mais de cem jardas. Transcrevo um trecho do programa CBS Sports com uma rápida recapitulação do que aconteceu depois da jogada — e como as decisões de Carroll continuam sendo vistas ainda hoje:

> O que ocorreu em seguida viverá nos anais desta liga enquanto se disputarem jogos de futebol americano [...] uma decisão bizarra de Carroll, que optou por arremessar a bola na segunda descida em uma rota pelo meio do campo lotado de jogadores, será questionada para sempre — [como resultado,] Belichick e Tom Brady (o melhor em campo) fizeram história com seu quarto título conjunto do Super Bowl.[2]

Para os torcedores nas arquibancadas e para quase todos os que assistiam ao jogo, parecia óbvia a decisão certa: apenas entregar a bola para a corrida do "modo besta-fera", como Lynch era conhecido por muitos. Mas, em vez disso, Carroll pediu ao quarterback Russell Wilson que lançasse um passe, e o resultado foi um desastre.

Já se passaram anos desde a malfadada jogada. Já se publicaram rios de tinta para analisar a decisão. Por que o treinador não fez a escolha fácil que parecia tão clara para todos? Com base em boas informações, ele apostou contra as fraquezas do adversário. Na coletiva de imprensa pós-jogo, um dos repórteres disse a Carroll: "Todo mundo está pensando que este foi o maior erro de todos os tempos". A resposta de Carroll: foi o "pior resultado para uma decisão de todos os tempos". Seu processo de tomada de decisões era sólido. Simplesmente não deu certo. Às vezes a vida é assim.

A decisão certa nem sempre obtém o resultado pretendido. Mais cedo ou mais tarde, todos os que tomam decisões no mundo real aprendem essa lição. Os jogadores de pôquer sabem disso. Eles podem jogar uma mão perfeita e ainda assim perder. Nada é garantido. Tudo o que você pode fazer é jogar da melhor maneira possível a mão que lhe coube receber.

Carroll tomou sua decisão no maior palco do mundo e obteve um resultado terrível. Mas sua confiança na decisão era inabalável. Por quê? Porque ele sabia os motivos pelos quais a havia tomado. Ele sabia que sua lógica era sólida. Tudo o que ele podia fazer era aprender com o resultado.

Muitas pessoas supõem que as boas decisões levam a bons resultados e que as más decisões, não. Não é verdade. A qualidade de uma decisão não é determinada pelo resultado. Cito um experimento mental que ajudará a iluminar esse conceito.

Imagine que você se envolve em um processo de tomada de decisões muito ponderado e intencional em relação à sua carreira. Você recebe ofertas de emprego de algumas empresas diferentes, entre elas uma startup e outra que figura na *Fortune 500*.* Com base na situação em que você se encontra em sua vida, você se decide pela empresa da *Fortune 500*. O salário inicial é menor, mas o emprego parece mais estável.

Imagine que seu amigo opte por trabalhar para a startup. Você o vê receber aumento e mais tempo de férias. A decisão que você tomou é boa ou ruim?

Agora, imagine que depois de apenas um ano a startup fecha as portas do dia para a noite. Isso afeta o modo como você se sente acerca de sua decisão?

Espero que você tenha entendido aonde quero chegar. Você não pode controlar se a startup decola ou não. No momento você tampouco tem controle sobre como se sente em relação à startup que oferece um salário mais alto. Você pode controlar apenas o processo que utiliza para tomar a decisão. É esse processo que determina se uma decisão é boa ou ruim. A qualidade do resultado é uma questão à parte.

Nossa tendência de equiparar a qualidade de nossa decisão ao resultado é chamada de *resultismo*. Os resultados são a parte mais visível de uma decisão. Por isso, tendemos a utilizá-los como um indicador da qualidade da decisão. Se os resultados são os que queríamos, concluímos que tomamos uma boa decisão; se não são, tendemos a culpar fatores externos. Não é que nosso

---

* *Fortune 50* é a lista das quinhentas empresas com sede nos Estados Unidos que apresentam o maior faturamento anual, compilada pela revista *Fortune*. (N. T.)

processo seja deficiente; é que está ausente uma informação crucial (ao contrário de quando um conhecido obtém resultados ruins, caso em que supomos se dever a uma decisão ruim).

Obviamente, todos nós queremos bons resultados, mas, como vimos, boas decisões podem ocasionar resultados ruins, e vice-versa. Avaliar as decisões com base no resultado (ou na maneira como nos sentimos quanto ao resultado) é insuficiente para distinguir sorte de habilidade e controle. Por causa disso, concentrar-se em resultados não nos ajuda a melhorar. O resultado do resultismo é, em vez disso, estagnação.

Se alguma vez na vida você já refletiu sobre um resultado ruim — perguntando-se repetidamente: "Como eu não vi isso acontecer?" —, então sentiu na pele como é complicado e, em última análise, inútil julgar suas decisões com base em como você se sente a respeito delas em retrospecto. Você pensa: "Se ao menos eu tivesse falado com aquela pessoa (que eu não conhecia na época)!"; ou: "Se eu soubesse dessa informação (que não existia na época), teria feito a escolha certa". Até os melhores tomadores de decisões às vezes obtêm resultados ruins.

Tomar uma boa decisão tem a ver com o processo, não com o resultado. Um resultado ruim não faz de você um péssimo tomador de decisões, assim como um bom resultado não faz de você um gênio. A menos que você avalie seu raciocínio no momento em que tomou a decisão, nunca saberá se acertou ou apenas teve sorte. Seu raciocínio no momento da decisão permanece praticamente invisível, a não ser que você tome medidas para torná-lo visível.

Raramente você toma decisões com 100% de chance de sucesso. E o tipo de decisão que tem 90% de chance de êxito ainda gera um resultado ruim em 10% das vezes. O que importa são os resultados ao longo do tempo, e tomar providências para que esses 10% não matem você.

A matriz a seguir mostra uma maneira de organizar sua reflexão sobre as decisões e seus resultados.

Um processo ruim nunca é capaz de produzir uma boa decisão. Claro, pode gerar um bom resultado, mas isso é diferente de tomar uma boa decisão. Os resultados são influenciados em parte pela sorte — tanto a boa sorte quanto a aziaga. Obter o melhor resultado pelos motivos errados não é uma função de inteligência ou habilidade, mas apenas pura sorte.

	Resultado bom	Resultado ruim
Bom processo	Você toma uma boa decisão e as coisas saem como o planejado. Você merece o sucesso de que desfruta — você fez por merecê-lo. Não deixe isso subir à cabeça. Mantenha-se no caminho certo e continue aperfeiçoando o seu processo.	Você toma uma boa decisão, mas as coisas não saem como o planejado. Que azar! Não desanime. Confie no processo. Aprenda com a experiência e continue melhorando.
Processo ruim	Você toma uma decisão ruim, mas tem sorte — é como ganhar na roleta. Seu sucesso não é merecido. Você não fez nada para merecê-lo. Você apenas teve sorte. Mais cedo ou mais tarde, você vai perder. Mude enquanto pode. Cresça e assuma o comando de sua tomada de decisões.	Você toma uma decisão ruim e não tem sorte — é como perder na roleta. Você merece o fracasso. Você fez jus ao fracasso. Agora aprenda com isso. Que seja um alerta. Mude enquanto pode. Cresça e assuma o comando de sua tomada de decisões.

Não me interprete mal: é bom ter sorte (contanto que você saiba que é sorte). Mas ela não é um processo repetível que garante bons resultados a longo prazo. Não é algo que você possa aprender, possa aperfeiçoar. Ela não lhe dará uma vantagem.

Quando você começa a equiparar sorte a vontade, está fadado a cometer erros. Você se torna cego para os riscos que está correndo, e com certeza terá uma surpresa desagradável mais cedo ou mais tarde. E quando você começa a confundir sorte com habilidade, está fadado a desperdiçar oportunidades de aprender com suas decisões, aperfeiçoar seu processo e obter melhores resultados a longo prazo.

Um segundo princípio para avaliar suas decisões em retrospecto é:

> **O PRINCÍPIO DA TRANSPARÊNCIA:** Torne seu processo de tomada de decisões o mais visível e aberto ao escrutínio possível.

Avaliar as decisões dos outros é diferente de avaliar as nossas. Raramente conseguimos ver as intenções, o raciocínio ou o processo de outras pessoas, por isso é difícil julgar decisões alheias tendo como referência qualquer coisa que não sejam os resultados que elas obtêm.

Avaliar nossas decisões é diferente. Podemos ter uma clara visão em primeira pessoa do processo. Podemos examinar nosso raciocínio, distinguir o que estava sob nosso controle do que não estava, e diferenciar o que sabíamos na época do que não sabíamos. Aí podemos pegar o que aprendemos e investir de volta em nosso processo para a próxima vez. Logicamente, é mais fácil falar do que fazer!

Muitos de nós temos dificuldade em aprender com nossas decisões. Um dos motivos é que nosso processo de raciocínio e tomada de decisões costuma ser invisível para nós. De forma inadvertida, escondemos de nós mesmos os passos que tomamos para chegar à nossa decisão final. Uma vez tomada essa decisão, não paramos para refletir, apenas seguimos em frente. E, mais tarde, quando olhamos para trás para rever nossa decisão, nosso ego manipula nossas memórias. Confundimos o que sabemos agora com o que sabíamos no momento em que tomamos a decisão. E vemos os resultados e os interpretamos em conformidade com nossas intenções: "Ah, sim, era exatamente isso que eu pretendia fazer".

Se você não controlar seu raciocínio no momento em que tomou a decisão — o que você sabia, o que você julgava importante e de que maneira ponderou a respeito —, jamais saberá se tomou uma boa decisão ou apenas teve sorte. Se você deseja aprender com as decisões, precisa tornar o invisível processo de pensamento o mais visível e aberto ao escrutínio possível. A seguinte salvaguarda pode ajudar:

> **SALVAGUARDA:** Mantenha um registro de seus pensamentos no momento em que tomar a decisão. Não confie na memória depois do fato. É burrice tentar lembrar do que você sabia e pensou no momento da decisão.

Seu ego trabalha para distorcer suas memórias e convencê-lo de narrativas que fazem você se sentir mais inteligente ou mais versado do que realmente é. Na nossa opinião, ninguém é capaz de tomar decisões melhor do que nós. A única maneira de ver claramente o que você estava pensando no momento em que tomou a decisão é manter um registro de seus pensamentos.

Anotar seus pensamentos pode lhe trazer vários benefícios. Um deles é que um registro escrito fornece informações sobre seu processo de pensamento no instante em que você tomou a decisão. Torna visível o invisível. Mais tarde, quando você refletir sobre sua decisão, ter esse registro é útil para neutralizar os efeitos distorcidos do padrão do ego. Você pode responder com sinceridade a perguntas como: "O que eu sabia no momento em que tomei a decisão?" e "As coisas que previ aconteceram pelas razões que eu pensava?".

Um segundo benefício de registrar seus pensamentos é que, no processo de escrever, muitas vezes você se dá conta de que não entende determinado problema tão bem quanto pensava. É muito melhor (e mais barato) perceber isso *antes* de tomar sua decisão. Se fizer isso com antecedência, terá a oportunidade de obter mais informações e entender melhor o problema.

Um terceiro benefício de escrever é que isso permite que outras pessoas vejam seu processo de raciocínio, que é em grande medida invisível. E, se puderem vê-lo, terão a oportunidade de verificar se há erros e lhe oferecer uma perspectiva diferente, para a qual você em outras circunstâncias talvez estivesse cego. Se não é capaz de explicar seu raciocínio para outras pessoas (ou para si mesmo), é porque você não entende inteiramente as coisas e precisa se aprofundar e coletar mais informações.

Um último benefício é que isso dá a outras pessoas a oportunidade de aprender a partir de sua perspectiva. Muitas empresas se beneficiariam de contar com um banco de dados que registrasse como cada pessoa da equipe toma decisões. Imagine o valor de um catálogo de decisões em sua empresa aberto à pesquisa. Tal sistema permitiria que pessoas em diferentes partes da empresa verificassem o processo de raciocínio umas das outras. Isso habilitaria a administração a distinguir os bons tomadores de decisões dos medíocres e forneceria às pessoas modelos de tomada de decisões — tanto de como tomar decisões quanto de como *não* tomar. Se você construir um sistema como esse, quero uma fatia do capital acionário!

Todos esses princípios ajudarão você a conseguir o que deseja, mas não o ajudarão a querer o que importa.

PARTE 5

QUERER O QUE IMPORTA

> *Considera-te, agora, como morto e como não tendo vivido até aqui. No mais, vive o restante do que te cabe segundo a natureza.*
>
> MARCO AURÉLIO,
> Meditações, livro 7

A boa tomada de decisões se resume a duas coisas:

1. Saber como conseguir o que você deseja.
2. Saber o que vale a pena querer.

O primeiro ponto diz respeito a tomar decisões eficazes. O segundo trata de tomar boas decisões. Você pode pensar que as duas coisas são iguais, mas não são.

Decisões que trazem resultados imediatos, como fechar

uma venda ou preencher uma vaga de emprego, podem ser eficazes, mas não levam necessariamente às coisas que de fato importam na vida, como confiança, amor e saúde. Boas decisões, por outro lado, alinham-se com seus objetivos e valores de longo prazo e, por fim, proporcionam a satisfação e a realização que você deseja nos negócios, nos relacionamentos e na vida.*

As decisões eficazes lhe fornecem o primeiro resultado, ao passo que as boas decisões lhe dão o resultado definitivo.

Todas as boas decisões são eficazes, mas nem todas as decisões eficazes são boas. Fazer os melhores julgamentos se resume a tomar decisões que lhe proporcionem o que você realmente deseja — além daquilo que você acha que deseja no momento.

Na vida, nós nos arrependemos do que fizemos e do que deixamos de fazer. O pior dos pesares é quando não conseguimos viver uma vida que seja verdadeira para nós mesmos, quando deixamos de jogar de acordo com o nosso próprio placar.

Cada padrão desempenha um papel relevante em armar uma cilada que resulta em nosso arrependimento. O padrão social nos leva a herdar objetivos de outras pessoas, mesmo que suas circunstâncias de vida sejam muito diferentes das nossas. O padrão da inércia nos estimula a continuar no encalço de objetivos antigos, mesmo depois de perceber que alcançá-los não nos deixa felizes. O padrão da emoção nos joga de um lado para o outro, correndo atrás de qualquer coisa que nos encante e capture nossa ilusão no momento, mesmo sacrificando a busca de objetivos de longo prazo que são mais importantes. E o padrão do ego nos convence a perseguir coisas como riqueza, status e poder, mesmo que em detrimento da felicidade e do bem-estar — tanto nossos como das pessoas ao redor.

Se você deixar o comando de sua vida a cargo de qualquer um dos padrões, ao fim e ao cabo seu derradeiro destino será o arrependimento. Não viva sua vida tendo como parâmetro o placar de outra pessoa. Não deixe que outros

---

* Tive a assistência do ChatGPT, com o qual alimentei o texto original deste parágrafo, pedindo para torná-lo mais claro!

escolham seus objetivos na vida. Assuma a responsabilidade pelo lugar onde você está e pelo lugar para onde está indo.

A verdadeira sabedoria não vem da busca pelo sucesso, mas da construção do caráter. Como escreveu Jim Collins: "Não há eficácia sem disciplina e não há disciplina sem caráter".[1]

5.1. A lição oculta de Dickens

Ebenezer Scrooge é um dos personagens mais inesquecíveis de Charles Dickens — uma personificação da ganância e da busca de riqueza a qualquer custo. Scrooge é visitado por três espíritos que lhe mostram imagens do passado, do presente e de um futuro que poderá acontecer. Nesse futuro, Scrooge está morto, e o espírito lhe permite escutar as conversas das pessoas sobre ele: todos riem e se comprazem com sua morte, lembram-se dele com rancor; roubam seus pertences sem demonstrar o menor pudor e sentem alívio por ele não ser mais uma presença — uma maldição — na vida deles. Scrooge vê as consequências de longo prazo das decisões que tomou na vida, arrepende-se, implora por uma segunda chance e tem a oportunidade de mudar de rumo.*

Scrooge jogou conforme o placar da sociedade — aquele que amplifica nosso instinto biológico em relação à hierarquia e nos leva a buscar dinheiro, status e poder à custa de tudo o mais. Mas sua visão do futuro a longo prazo o fez perceber que nada disso realmente importava, que uma vida vivida de acordo com o placar de outras pessoas não vale a pena ser vivida. Ele se deu conta, antes que fosse tarde demais, de que a chave para uma vida bem-sucedida é ter boas companhias e relacionamentos valiosos.

---

* É um dos meus exemplos favoritos. Depois que Peter Kaufman o apontou para mim, passei a ver isso em todos os lugares.

A qualidade do que você busca determina a qualidade da sua vida. Achamos que coisas como dinheiro, status e poder nos farão felizes, mas não farão. Um instante depois de adquirirmos essas coisas, deixamos de sentir satisfação. Simplesmente queremos mais. Os psicólogos Philip Brickman e Donald T. Campbell criaram um termo para esse fenômeno: *a esteira hedônica*.[1] Quem é que nunca correu nela?

Lembra quando você tinha dezesseis anos e pensava que, se tivesse um carro, seria feliz pelo resto da vida? Pois bem, aí você ganhou um carro. Por uma ou duas semanas, ficou eufórico. Você exibiu o carro para todos os amigos e dirigiu para todos os lugares. Você julgou que a vida era incrível. Em seguida, tomou um choque de realidade. Os carros trazem complicações. Além da necessidade de pagar seguro, gasolina e manutenção, existe também o problema da comparação. Quando você não tinha carro, costumava se comparar a outras pessoas que não tinham carro. Mas agora que você era dono de um automóvel, começou a se comparar a outros proprietários de carros. Você reparou que outras pessoas tinham um carro melhor, e deixou de se sentir tão feliz com o que antes o levara ao êxtase. Você voltou ao seu nível básico de descontentamento de antes — a marcha mais baixa da esteira hedônica. A comparação é o ladrão da alegria.*

A comparação social acontece o tempo todo. Às vezes, os objetos de comparação são posses materiais como casas ou carros, mas com mais frequência se trata de status.

Quando comecei a trabalhar em uma corporação, o fiapo de voz dentro da minha cabeça me dizia que, se eu conseguisse uma promoção, ficaria feliz. Então trabalhei duro e consegui a almejada promoção. Por algumas semanas eu me senti no topo do mundo. Depois, assim como no exemplo do carro, caiu a ficha da realidade. Tive que encarar novos problemas e novas responsabilidades. Pior, comecei a me comparar com um novo grupo de pessoas. Não demorou muito para eu voltar ao meu nível de descontentamento anterior. As promoções continuaram a chegar, mas nenhuma delas me fez mais feliz. Elas só me deixaram querendo mais.

---

* Citação atribuída ao presidente Theodore Roosevelt, a Mark Twain e a C. S. Lewis, mas aparentemente nenhum deles de fato disse isso. Ver "Comparison Is the Thief of Joy", *Quote Investigator*, 6 fev. 2021. Disponível em: <https://quoteinvestigator.com/2021/02/06/thiefofjoy/>.

Dizemos a nós mesmos que o nível seguinte é suficiente, mas nunca é. O próximo zero em sua conta bancária não lhe trará um grau de satisfação maior que o de agora. A próxima promoção no trabalho não mudará quem você é. O carro chique não deixará você mais feliz. A casa maior não resolverá seus problemas. Mais e mais seguidores nas redes sociais não farão de você uma pessoa melhor.

Correr na esteira hedônica serve apenas para nos transformar no que eu chamo de pessoas "felizes quando" — aquelas que pensam que ficarão felizes *quando* algo acontecer. Por exemplo, ficaremos felizes *quando* recebermos o crédito que merecemos, ou felizes *quando* ganharmos um pouco mais de dinheiro, ou felizes *quando* encontrarmos aquela pessoa especial. A felicidade, no entanto, não é condicional.

Pessoas "felizes quando" nunca estão felizes de verdade. No exato momento em que conseguem o que acham que querem — a parte *quando* do condicional —, ter essa coisa se torna a nova norma e elas automaticamente querem mais. É como se tivessem passado por uma porta de mão única que se fecha atrás delas. Assim que a porta fecha, elas perdem a perspectiva. Não conseguem mais ver onde estiveram, apenas onde estão.

A forma como as coisas são agora é a maneira como esperamos que sejam, e aí começamos a dar como favas contadas as coisas boas ao nosso redor. Quando isso acontece, nada mais nos fará felizes. E enquanto estamos ocupados correndo na esteira no encalço de todas as coisas que não nos farão felizes, deixamos de correr atrás das coisas que realmente importam.

Scrooge é um exemplo fictício de alcançar "sucesso" abrindo mão do que realmente importa. Mas há muitos exemplos na vida real. Certa vez, trabalhei com alguém que chegou a um alto cargo dirigindo uma grande empresa de uma forma com a qual a maioria de nós está familiarizada: pisando nos outros para conseguir o que queria, numa cultura hipercompetitiva. As pessoas de quem ele puxou o tapete ao longo do caminho para se tornar CEO eram meros trampolins para ajudá-lo a atingir seus objetivos: ele queria ser rico, queria ser respeitado, queria que as pessoas soubessem seu nome. Ele desejava status e reconhecimento.

Depois das reuniões — quando as coisas sempre ficavam tensas e o temperamento irascível dele falava mais alto —, ele costumava me aconselhar: "Shane, você precisa decidir se é um leão ou uma ovelha. Eu sou um leão", ele dizia, e citava Tywin Lannister, personagem da série *Game of Thrones*: "Um leão não se preocupa com a opinião de uma ovelha". Ele queria que todos soubessem que ele estava no topo da cadeia alimentar.

Entusiasta de golfe, ele costumava disputar várias partidas por semana. Nunca teve problemas para arranjar outros golfistas para completar um circuito; na verdade, sempre se queixava de que tinha muitos amigos e não dava conta de jogar com todos. Pouco depois de se aposentar, ele esperava finalmente ter tempo para desfrutar de seu passatempo favorito na companhia de seus muitos amigos. Como se viu, porém, a maioria desses "amigos" e colegas estavam sempre ocupados, indisponíveis ou pararam de responder suas ligações. Ele mal conseguia encontrar um adversário para jogar uma única partida por mês.

Seus relacionamentos pareciam reais e sinceros, mas, na realidade, ninguém queria ter nada a ver com ele. Sua maneira de lidar com outras pessoas fazia com que elas se sentissem usadas, manipuladas e frustradas. Ele berrava, xingava e tinha acessos de raiva. As pessoas trabalhavam com ele porque precisavam, não porque queriam. Jogar golfe era divertido para ele, para os outros era trabalho.

Algum tempo depois de tirar o time de campo, ele concluiu que estava tentando vencer o jogo errado. Seu objetivo sempre havia sido alcançar riqueza, poder e destaque — as mesmas metas que tantas pessoas nos dizem para buscar. Ele priorizou esses objetivos acima de todos os outros e se empenhou incansavelmente atrás deles. No final, conseguiu o que achava que queria. Mas isso causou nele uma sensação de vazio. Ele conquistou o que queria em detrimento de cultivar relacionamentos genuínos — o que, ele acabou percebendo, era algo que realmente importava. Ao contrário de Scrooge, ele não teve uma segunda chance.

Quantos de nós — em qualquer estágio de nossa vida profissional — não estamos na mesma trajetória? Valorizamos a riqueza e o status mais do que a felicidade — o externo mais do que o interno —, e pouco pensamos na maneira *como* nos esforçamos para seguir o rastro dessas coisas. No processo, acabamos no encalço de elogios e reconhecimento de pessoas que não importam, em detrimento das pessoas que importam.

Conheço muitas pessoas bem-sucedidas cuja vida eu jamais gostaria de ter. Elas tinham inteligência, iniciativa, oportunidade e os meios para usar tudo isso. Mas estavam perdendo outra coisa. Elas sabiam como conseguir o que queriam, mas o que queriam não valia a pena querer. Na verdade, o que elas desejavam acabou desfigurando a vida delas. Essas pessoas estavam deixando passar em brancas nuvens o que Scrooge ganha no feliz ponto de virada de sua história — aquele ingrediente que faz a diferença entre as massas infelizes e os poucos afortunados.

Os gregos antigos tinham uma palavra para esse ingrediente: *phrónesis* — ou frônese, a sabedoria prática de saber como ordenar a vida para alcançar os melhores resultados.

Quando você olha para trás e relembra as decisões que tomou na adolescência, provavelmente elas vão parecer grandes tolices agora. Aquela ocasião em que você roubou (quero dizer, *pegou emprestado*) o carro de seus pais; a ocasião em que ficou tão bêbado numa festa que talvez tenha feito algumas coisas que não deveria (felizmente na época não havia celulares com câmera); aquela vez que você se meteu numa briga com um amigo por causa de um interesse amoroso. Essas decisões não pareciam estúpidas na época, então por que agora parecem? Porque *agora* você tem uma perspectiva que era inacessível para você naquele momento. Em retrospecto, o que naquela época parecia ser a coisa mais importante do mundo — e que consumia você — hoje parece apenas uma tolice.

A sabedoria requer todas as coisas de que falamos: a capacidade de manter os padrões sob controle, de criar um espaço mental para a razão e a reflexão, de usar os princípios e salvaguardas que tornam eficazes as decisões. Mas ser sábio requer mais que isso. Vai além de saber como conseguir o que você quer. É saber também quais coisas valem a pena querer — quais são as coisas realmente importantes. É uma questão de saber dizer "não" e, em igual medida, dizer "sim". Não podemos copiar as decisões de vida dos outros e esperar melhores resultados. Se queremos viver a melhor vida possível, precisamos de uma estratégia diferente.

Saber o que se quer é a coisa mais importante de todas. No fundo, você já sabe o que fazer, precisa apenas seguir seu próprio conselho. Às vezes, os conselhos que damos a outras pessoas são os que nós mesmos mais precisamos seguir.

5.2. Os especialistas em felicidade

Certa vez entrevistei o gerontologista Karl Pillemer, autor de *30 Lessons for Living: Tried and True Advice from the Wisest Americans* [Trinta lições para a vida: Conselhos testados e aprovados dos mais sábios americanos].[1] Ele analisou vários estudos mostrando que pessoas na faixa dos setenta, oitenta anos e além eram mais felizes do que as mais jovens. E estava intrigado: "Conheci uma infinidade de pessoas mais velhas — que haviam perdido entes queridos, passaram por tremendas dificuldades e enfrentavam graves problemas de saúde — mas que, no entanto, eram felizes, realizadas e desfrutavam profundamente da vida. 'Como assim?', eu me peguei perguntando".

Um dia a ficha caiu: talvez os mais velhos soubessem coisas sobre viver uma vida feliz que os mais jovens não sabiam. Talvez fossem capazes de ver o que não conseguíamos ver. Se qualquer faixa etária da população pudesse alegar experiência no quesito viver uma vida feliz, seriam os idosos. No entanto, para a surpresa de Pillemer, aparentemente ninguém havia feito um estudo sobre quais conselhos práticos as pessoas mais velhas tinham para dar à geração mais jovem. Isso o levou a uma missão de sete anos para descobrir "a sabedoria prática das pessoas mais velhas".

A lição número um: a vida é curta! "Quanto mais velho era o entrevistado", Pillemer disse, "maior a probabilidade de dizer que a vida passa no que parece ser um instante." Quando os mais velhos dizem aos mais jovens que a vida é curta, não estão sendo macabros ou pessimistas, mas tentando oferecer uma perspectiva que, eles esperam, inspirará melhores decisões — aquelas que priorizam o que realmente importa. "Eu gostaria de ter aprendido isso aos trinta anos, em vez de aos sessenta", disse um homem, "e eu teria tido muito mais tempo para aproveitar a vida." Se ao menos pudéssemos transformar nossa visão retrospectiva futura em nossa antevisão atual.

O tempo é a suprema moeda corrente da vida. As implicações de administrar o pouco tempo que temos no planeta são como gerenciar qualquer recurso escasso: devemos usá-lo com sabedoria — priorizando o que é mais importante.

Quais são as coisas mais importantes de todas, de acordo com as pessoas que Pillemer entrevistou? Entre elas estavam:

- Diga agora as coisas para as pessoas de quem você gosta — seja para expressar gratidão, pedir perdão ou obter informações.
- Passe o máximo de tempo possível com seus filhos.
- Saboreie os prazeres do dia a dia em vez de esperar que "itens que custam os olhos da cara" o façam feliz.
- Tenha como ganha-pão um trabalho que você ama.
- Escolha com cuidado seu parceiro/sua parceira; não tenha pressa.

Igualmente reveladora é a lista de coisas que não são importantes:

- Ninguém disse que para ser feliz a pessoa deve trabalhar o máximo que puder para ganhar dinheiro.
- Ninguém disse que é importante ter a mesma riqueza material das pessoas ao seu redor.
- Ninguém disse que a pessoa deve escolher a carreira profissional com base em seu potencial de ganhos.
- Ninguém disse que se arrependia de não ter se vingado de alguém que os desprezou.

E o maior arrependimento que as pessoas tinham? Preocupar-se com coisas que nunca aconteceram: "A preocupação é um desperdício de vida", declarou um dos entrevistados.

São percepções importantes das pessoas que Pillemer descreve como "os mais confiáveis especialistas que temos sobre como viver uma vida feliz e realizada em tempos difíceis". Mas há outra arguta constatação que é ainda mais importante.

Pillemer pediu ajuda a uma de suas entrevistadas para entender a fonte de sua felicidade. Ela pensou e respondeu: "Em meus 89 anos de vida, aprendi que a felicidade é uma escolha — não uma condição".

De acordo com Pillemer: "Os mais velhos fazem a distinção fundamental entre, por um lado, os eventos que acontecem conosco e, por outro, nossa atitude interna em relação à felicidade. Feliz apesar de. A felicidade não é uma condição passiva dependente de acontecimentos externos, tampouco resultado de nossa personalidade — uma pessoa que simplesmente nasce feliz. Nada disso: a felicidade requer uma mudança consciente de perspectiva, na qual se escolhe — dia após dia — o otimismo em vez do pessimismo, a esperança no lugar do desespero".

Quanto mais envelhecemos, mais passamos a ver as coisas como Marco Aurélio: "Se sofres por alguma causa externa, não é esse o problema, mas o teu juízo sobre ela, e depende de ti agora apagar tal juízo".[2]

Essa percepção tem implicações impactantes, e põe a felicidade em um contínuo com outras decisões de que falamos. Imagine o seguinte: em última análise, todas as decisões que compõem sua vida profissional e pessoal acabam resultando em uma decisão geral de ser feliz. Você pode decidir o que buscar na vida. Pode decidir qual é sua prioridade. Pode decidir canalizar seu tempo, energia e outros recursos para ir atrás das coisas que realmente importam no final.

Se houvesse uma maneira de ver as coisas da perspectiva dos mais velhos, poderíamos ter o discernimento para viver uma vida melhor — para ver, à maneira dos especialistas, o que de fato é fundamental. Na verdade, existe uma técnica antiga que dá conta de cumprir exatamente esse propósito: comece a pensar na brevidade da vida, e isso ajudará você a ver o que realmente importa.

"Vamos preparar nossa mente como se estivéssemos chegando ao fim da vida", disse Sêneca. Se você quer uma vida melhor, comece a pensar na morte.

5.3. Memento mori

Façamos um experimento mental.

Limpe sua mente. Imagine que você tem oitenta anos e está chegando ao fim da vida. Talvez você tenha mais alguns anos, talvez apenas algumas horas. É um belo dia de outono; você está num parque, sentado num banco com vista para um rio. Você ouve os pássaros em migração no céu, a água correndo no rio, as folhas se desprendendo das árvores num suave balanço até o chão. As famílias passeiam, pais e mães segurando as mãos dos filhos pequenos.

Leve o tempo que quiser. Sem pressa.

Agora pense. O que está acontecendo nessa vida que você está imaginando? Quem são as pessoas que existem nela? De que forma você as influenciou? O que você fez por elas? Que sentimentos você despertou nelas? Quais as coisas que você realizou? Quais são suas posses? À medida que você se aproxima de seus derradeiros dias de vida, o que é o mais importante? O que parece não ter importância nenhuma? Que lembranças você guarda com carinho? De que você se arrepende? O que seus amigos dizem sobre você? E sua família?

Deslocar nossa perspectiva para o fim da vida pode nos ajudar a entender com profunda clareza o que de fato importa. Pode nos ajudar a nos tornar mais sábios. Quando olhamos para o presente através das lentes do final de nossa vida, os medos e desejos que ocupam nossa atenção no momento presente são deixados de lado para dar lugar a coisas que têm significado mais relevante para a nossa vida como um todo. Steve Jobs expôs a ideia da seguinte forma:

Lembrar-me de que em breve estarei morto é a ferramenta mais importante que já encontrei para me ajudar a fazer grandes escolhas na vida. Porque quase tudo — todas as expectativas externas, todo orgulho, todo medo do constrangimento ou do fracasso — essas coisas simplesmente desaparecem diante da morte, deixando apenas o que é realmente importante. Lembrar-se de que você também vai morrer é a melhor maneira que eu conheço de evitar a armadilha de pensar que você tem algo a perder.[1]

Essa alteração de perspectiva nos permite converter nossa visão retrospectiva futura em nossa antevisão atual. Isso nos fornece um mapa que podemos usar para navegar futuro adentro. Para muitos de nós, olhar para a vida dessa maneira revela que a nossa direção atual não está totalmente alinhada com o lugar aonde queremos chegar. Ver isso é ótimo! Saber que você está indo na direção errada é o primeiro passo para um reajuste de rota. Quando você tiver clareza sobre o que importa, poderá começar a se perguntar: "Estou empregando bem o limitado tempo que me cabe viver?".[2]

Jobs tinha um ritual diário. Todas as manhãs ele se olhava no espelho e se perguntava: "Se hoje fosse o último dia da minha vida, eu gostaria de fazer o que estou prestes a fazer hoje?".[3] Sempre que a resposta fosse "não" no decorrer de muitos dias seguidos, ele sabia que precisava mudar alguma coisa. A certa altura de minha própria vida, comecei a realizar o mesmo ritual. Foi parte da razão pela qual acabei decidindo deixar meu emprego na agência governamental de inteligência. Todos nós temos dias ruins, mas quando a resposta para a pergunta de Jobs é "não" dia após dia, semana após semana, é hora de fazer uma mudança.

Ao fazer esse exercício, você decerto pensou em seus relacionamentos. Talvez tenha pensado naquela vez que você e seu cônjuge choraram juntos no sofá, tiveram um fim de semana romântico ou caminharam pela praia de mãos dadas. Talvez tenha sido na cerimônia de seu casamento. Ou talvez num momento em que você sentiu a mais pura alegria com seus filhos. Talvez a ocasião em que você estendeu a mão para um amigo ou o dia em que seu amigo ajudou você.

Ou pode ser que sua mente tenha se voltado para seus arrependimentos — as oportunidades que poderia ter aproveitado mas deixou escapar: os sonhos que não tentou realizar; o negócio próprio que você nunca iniciou; a história de amor na qual você não mergulhou de cabeça; a viagem que não fez; as ocasiões em que se segurou por não querer se machucar; todas as vezes que teve medo de fazer algo diferente porque poderia passar por imbecil.

Jeff Bezos usa um experimento mental semelhante:

> Eu queria me projetar até meus oitenta anos de idade e dizer: "Tá legal, agora vou olhar para trás e rever a minha vida. Quero minimizar o número de arrependimentos que eu tenho [...]. Eu sabia que, ao chegar aos oitenta anos, não me arrependeria de ter tentado [a Amazon]. Eu não me arrependeria de tentar participar dessa coisa chamada internet, que eu achei que seria um negócio realmente tremendo. Eu sabia que, se fracassasse, não me arrependeria, mas sabia que a única coisa de que eu poderia me arrepender é de nunca ter tentado. Eu sabia que isso me assombraria todos os dias, então, ao pensar na questão dessa forma, foi uma decisão incrivelmente fácil.[4]

Lamentamos mais as coisas que não fizemos do que as coisas que fizemos. A dor de tentar e fracassar pode ser intensa, mas pelo menos tende a passar depressa. A dor de não ter tentado, por outro lado, é menos intensa, mas na verdade não desaparece nunca.[5]

Os bens materiais se tornam menos importantes por aquilo que são do que por aquilo que possibilitam. Estou supondo que, no exercício mental, você não pensou em sua casa como um investimento. Se ela lhe veio à mente, provavelmente foi no contexto dos relacionamentos e das lembranças — os jantares em família, as risadas, as lágrimas, as festas, as vezes que você ficou o dia inteiro na cama com seu parceiro/sua parceira, as batalhas de jogos de tabuleiro, as marcas na porta que registravam a altura de seus filhos a cada ano.

Acho que você não pensou naquela ocasião em que assistiu a algum episódio de *Breaking Bad*, *The Mandalorian* ou *The Bachelor*. Você provavelmente não pensou em toda a enormidade de tempo que gastou no trânsito no trajeto de casa para o trabalho e nos podcasts ou audiolivros extras que ouviu. Talvez você tenha pensado em como pelo menos uma parte desse tempo poderia ter sido utilizada para se conectar com a família e os amigos ou escrever aquele livro que você sempre quis escrever.

Pode ser que você tenha se lembrado das vezes que ficou aquém da pessoa que queria ser — isso já aconteceu com todos nós em algum momento. Talvez tenha sido quando você enviou um e-mail inapropriado ou quando perdeu o controle de suas emoções e gritou com alguém que você ama. Talvez tenha sido a ocasião em que você disse algo que não queria apenas para causar uma reação na outra pessoa, porque naquele momento você não sabia como dizer a ela que a amava ou que estava com medo. Ou talvez tenha sido o dia em que alguém disse que precisava de você, mas você estava ocupado demais com suas prioridades para ajudar.

Pode ser que você pense no impacto — ou na falta dele — que você teve em sua comunidade, sua cidade, seu país ou no mundo. Talvez você pense em sua saúde. Você fez tudo o que estava a seu alcance a fim de preparar seu corpo para viver até os oitenta, noventa, cem anos? Você cuidou de si mesmo para poder cuidar dos outros?

O que consideramos momentos decisivos, como uma promoção no trabalho ou uma casa nova, importa menos para a satisfação com a vida do que o acúmulo de pequeninos momentos que na época não pareciam ter a menor importância. No fim das contas, os momentos cotidianos são mais importantes do que grandes prêmios. Pequenas alegrias valem mais do que luzes cintilantes.

5.4. A morte dá lições de vida

Não dispomos de pouco tempo, mas desperdiçamos muito.
Sêneca, *Sobre a brevidade da vida*, capítulo 1

Avaliar nossa vida através das lentes da morte é algo brutal, potente e talvez um pouco assustador. Salta aos olhos o que é mais importante. Tomamos consciência da distância entre quem somos e quem queremos ser. Vemos onde estamos e para onde queremos ir. Sem essa clareza, falta-nos sabedoria, e desperdiçamos o presente com coisas irrelevantes.

Ao realizar esse experimento mental, ganho uma perspectiva mais objetiva da minha vida. Isso desperta em mim a vontade de me tornar uma versão melhor de mim mesmo.

De início, o que me vem à mente são as coisas que eu quero fazer pelos outros. Eu fiquei ao lado das pessoas a quem eu amo quando precisaram de mim? Eu reservei tempo para estar com as pessoas mais próximas a mim? Sou o parceiro que eu quero ser — amoroso, solidário e fiel ao meu lado irremediavelmente romântico e cafona? Fui um bom pai? Eu viajei e vi os quatro cantos do mundo? As pessoas sempre puderam contar comigo? Fui um participante ativo na comunidade? Ajudei as pessoas a realizarem seus sonhos? Deixei o mundo um lugar melhor?

Quando você sabe qual é seu destino, o caminho para chegar lá fica mais claro. Como diz Aristóteles, "Não será, pois, verdade que a procura pelo saber do supremo bem tem uma importância decisiva para a nossa vida? Não alcançaremos mais facilmente o que é devido se, tal como os arqueiros, tivermos um alvo a apontar?".[1]

Em algum momento, meus filhos descobriram que a forma mais fácil de escapar de um labirinto era, em vez de avançar, refazer o caminho de trás para a frente, sobretudo em um labirinto mais difícil ou complicado do que o normal. Começar tendo em mente o fim, eles perceberam, torna mais fácil decidir qual caminho seguir. A vida em geral funciona de forma semelhante.

Se este fosse o seu último ano de vida, você continuaria a viver da mesma forma como vive hoje? Certo dia, durante um almoço, fiz essa pergunta a um amigo e ele se apressou em retrucar: "Eu gastaria minhas economias, estouraria o limite dos meus cartões de crédito e me viciaria em drogas". (Ele estava brincando sobre as drogas. Espero.)

Quando você pensa em seu eu de noventa anos de idade, fica claro que estourar o limite de seu cartão de crédito ou usar drogas não o deixará mais feliz. Para muitas pessoas, pensar na própria morte as torna menos propensas a gastar dinheiro.[2] (Os malefícios das drogas são, creio eu, autoexplicativos.) E tenho certeza de que você não passaria seu último ano de vida verificando a caixa de entrada de e-mails, decepcionando outras pessoas, ou tentando provar ao seu tio que, naquela discussão sobre política na ceia de Natal, você tinha razão.

Quando você se põe a pensar no seu eu mais velho e imagina de que modo deseja que sua vida seja vista em retrospecto, você para de ruminar sobre as pequenas coisas que o instigam a ser reativo em vez de proativo. Você começa a ver o que realmente importa para você. As pequenas coisas parecem diminutas, e as coisas que realmente importam começam a parecer imensas. A partir dessa perspectiva, é mais fácil navegar em direção ao futuro que você realmente deseja. Você se torna capaz de enxergar a lacuna entre o lugar onde está e onde deseja estar e, se necessário, mudar de rumo.

Por exemplo, depois de fazer esse experimento mental, comecei a comer melhor, a dormir mais e a me exercitar com regularidade. Por quê? Porque, se meu intuito é viver até os noventa anos e fazer tudo o que eu desejo, preciso ter saúde. Da mesma forma, depois de ter feito esse experimento mental, fica claro que eu quero ser um pai mais presente. Por isso reduzi o uso do celular perto das crianças e criei rotinas que estimulam a conexão com elas: todos os dias, assim que elas chegam em casa, nós nos sentamos no sofá e conversamos sobre como foi o dia na escola. São mudanças pequenas, sem dúvida, mas têm um grande impacto em mim e nas pessoas que importam.

Ao mesmo tempo que continuo com o experimento mental, minha mente divaga para conjecturar sobre o que as pessoas vão dizer a meu respeito depois que eu me for, quando não houver oportunidade para eu responder. O que as pessoas *realmente* dirão?

Seja o que for, a minha oportunidade de mudar é agora — enquanto ainda tenho tempo.[3] Nem tudo o que as pessoas dirão será carinhoso, então isso significa que tenho alguns relacionamentos para consertar. Posso fazer isso agora, no entanto. Eu posso ser melhor. Por quê? Porque isso é importante para mim.

Sabedoria é transformar sua retrospectiva futura em sua antevisão atual. O que parece importar no momento raramente importa na vida, mas o que importa na vida sempre é importante no momento.[4]

O que no momento parece ser um glorioso triunfo é muitas vezes apenas uma vitória superficial. Dá a impressão de ser importante na hora, mas deixa de ter importância quando você vê da perspectiva da vida como um todo. Quando não estamos indo na direção do destino que almejamos, acabamos nos arrependendo de estar aonde chegamos. E evitar o arrependimento é um componente-chave para a satisfação com a vida.

DISCERNIMENTO E A BOA VIDA

Ter discernimento é, acima de tudo, ser eficaz em alcançar aquilo que importa — não o que importa apenas no momento, mas o que importa na vida. Não se trata de descobrir como alcançar o sucesso hoje, mas entender por que e como precisamos estruturar nossa vida tendo em mente o fim. Ter discernimento é, acima de tudo, ter sabedoria.

As pessoas sábias sabem o que é genuinamente valioso. Elas sabem melhor do que ninguém que há apenas uma vida — sem ensaio, sem esboço, sem chance de fazer de novo, sem recomeço a partir de um ponto de restauração anterior. Elas não desperdiçam seu tempo no encalço de ambições frívolas em uma esteira hedônica. Elas sabem em que consiste a verdadeira riqueza e se dedicam a alcançá-la — não importa o que a multidão possa pensar ou dizer.

Às vezes, o custo de ser sábio é que outras pessoas tratarão você como um tolo. E não é de se admirar: os tolos não são capazes de ver o que os sábios veem. As pessoas sábias veem a vida em toda a sua amplitude: trabalho, saúde, família, amigos, fé e comunidade. Elas não se fixam em uma única parte, excluindo as outras. Em vez disso, sabem como harmonizar as várias partes da vida e buscar cada uma em proporção com o todo. As pessoas sábias são as que sabem que alcançar a harmonia dessa forma é o que torna a vida plena de sentido, admirável e bela.

Se você deseja desenvolver o discernimento, comece fazendo duas perguntas: "O que eu quero da vida?" e "Vale realmente a pena querer o que eu quero?". Enquanto você não conseguir responder a essas duas perguntas, nem todos os conselhos do mundo sobre tomada de decisões servirão para te ajudar. Não há grande benefício em saber como adquirir as coisas que você deseja se essas coisas não o deixarem feliz. Por mais bem-sucedido que você se torne, por mais que adquira poder, fama ou dinheiro, isso pouco importa se no final de tudo você desejar uma oportunidade de refazer tudo de outro jeito.

Conclusão
O valor do pensamento eficaz

O discernimento custa caro, mas julgamentos malfeitos podem custar uma fortuna.

A mensagem mais abrangente deste livro é que existem instintos invisíveis que conspiram contra o discernimento e a capacidade de avaliar as coisas com bom senso e clareza. Nossos padrões nos estimulam a reagir sem raciocinar — a viver de maneira inconsciente, e não deliberada.

Ao retroceder aos padrões, você se envolve ativamente num jogo impossível de vencer. Se você vive no piloto automático, obtém resultados ruins. Piora tudo. Diz coisas que não podem ser desditas, faz coisas que não podem ser desfeitas. Você pode até atingir seu objetivo imediato, mas não consegue perceber que seus verdadeiros e mais importantes propósitos ficaram cada vez mais distantes. Tudo isso acontece sem que você tenha plena consciência de que, para começo de conversa, está exercendo um julgamento.

Em geral, os livros a respeito do processo de raciocínio se concentram em sermos mais racionais, e não percebem o problema fundamental: a maior parte dos erros de julgamento acontece quando não sabemos que devemos exercer julgamento. Eles acontecem porque nosso subconsciente está no comando do nosso comportamento e nos alijou do processo de determinar o que devemos fazer. Você não escolhe de caso pensado brigar com seu parceiro/sua parceira, mas se pega dizendo coisas ofensivas que depois não pode mais desdizer. Não é de modo refletido que você busca dinheiro e status sacrificando a convivência com seus familiares, mas passa cada vez menos tempo com as pessoas mais importantes da sua vida. Você não procura conscientemente defender com unhas e dentes suas ideias, mas se pega guardando rancor de qualquer um que o critique.

A chave para conseguir o que você quer é identificar o mecanismo de funcionamento do mundo e se aliar a ele. Com frequência as pessoas pensam que o mundo deveria funcionar de maneira diferente e, quando não obtêm os resultados que desejam, tentam escapar da responsabilidade culpando outras pessoas ou suas circunstâncias.[1] Evitar a responsabilidade é uma receita para o sofrimento, e o oposto do que é necessário para cultivar o discernimento.

Melhorar sua capacidade de avaliar as coisas com bom senso e clareza tem menos a ver com o acúmulo de ferramentas para aprimorar sua racionalidade e mais com a implementação de salvaguardas que convertam o caminho desejado no caminho de menor resistência. Trata-se de, quando você está em sua melhor forma, projetar sistemas que te ajudem quando você estiver na pior. Esses sistemas não eliminam os padrões, mas ajudam a reconhecer quando eles estão no comando.

Administrar nossos padrões requer mais do que força de vontade. Os padrões operam em nível subconsciente; sobrepujá-los, portanto, requer o controle de forças igualmente poderosas que impelem o subconsciente na direção certa: hábitos, regras e ambiente. Suplantar os padrões requer a implementação de salvaguardas que tornem visível o invisível e que nos impeçam de agir cedo demais. E exige o cultivo de hábitos mentais — responsabilização, conhecimento, disciplina e confiança — que nos ponham no caminho certo e o mantenham lá.

As pequenas melhorias que você faz em seu discernimento não serão sentidas até que sejam grandes demais para ser ignoradas. Gradualmente, à medida que elas se acumulam, você notará que gasta menos tempo corrigindo problemas que, para começo de conversa, nem sequer deveriam existir. Você notará que as várias facetas de sua vida se fundem de forma harmoniosa e perceberá que sente menos estresse e ansiedade e mais alegria.

O discernimento não pode ser ensinado, mas pode ser aprendido.

Agradecimentos

Este livro alinhava uma série de coisas que aprendi com outras pessoas: não são apenas ideias e reflexões alheias, mas a obra em si não pararia em pé sem a ajuda de outros.

Quero agradecer a meus incríveis filhos, William e Mackenzie, que não só me mostraram o mundo através de seus olhos infinitamente curiosos, como me ofereceram um terreno fértil para testar essas ideias no mundo real.

Agradeço a meus pais pelo apoio e incentivo e por sempre acreditarem em mim. Foi por causa deles que consegui superar todas as vicissitudes. Quero agradecer também ao meu professor de língua e literatura inglesas do ensino médio, sr. Duncan, e ao meu melhor amigo da escola, Scott Corkery, cuja amizade (e família) mudaram para sempre a minha trajetória.

Quanto ao conteúdo do livro, há tantas pessoas a quem agradecer que certamente me esquecerei de algumas. Depois de lançar um livro no mundo, não dá para mudá-lo, então você pode encontrar uma lista atualizada de agradecimentos e expressões da minha gratidão no endereço fs.blog.

Tive a sorte de aprender com muitas pessoas, mas talvez ninguém tenha me ensinado mais do que Peter D. Kaufman. Muitos dos achados e das lições aqui presentes vêm de nossas muitas conversas ao longo dos anos. Sou grato por nossa amizade.

Charlie Munger, Warren Buffett, Andrew Wilkinson, Chris Sparling, James Clear, Ryan Holiday, Nir Eyal, Steve Kamb, Michael Kaumeyer, Morgan

Housel, Michael Mauboussin, Alex Duncan, Kat Cole, Naval Ravikant, Jim Collins, Tobi Lütke, Annie Duke, Diana Chapman e Randall Stutman influenciaram de maneira considerável meu pensamento. Na verdade, muitas de suas ideias se enraizaram com tanta firmeza e profundidade em mim que são indistinguíveis das minhas. Se você gostar deste livro, deve procurar as obras desses autores e segui-los nas redes sociais.

Escrever um livro é uma maratona e não uma corrida de velocidade, e muitas pessoas ajudaram ao longo do caminho. Agradeço a Ariel Ratner, que tanto me incentivou, e a William Jaworski, Ellen Fishbein e Samuel Nightengale, da Writing.coach. Eles passaram tanto tempo revisando e transformando minhas frases que algumas seções do livro são em igual medida minhas e deles. Richelle DeVoe e a equipe da Pen Name ajudaram a organizar e dar existência concreta a alguns dos tópicos que existiam na minha cabeça. Todos nós podemos agradecer a Joe Berkowitz por reduzir o número de palavras e varrer do livro passagens desnecessárias.

Quero agradecer também aos primeiros leitores, que me forneceram sacadas perspicazes e muito mais: Trudy Boyle, Maureen Cunningham, dra. Setareh Ziai, Rob Fraser, Zach Smith, Whitney Trujillo, Emily Segal e Simon Eskildsen. E um grande obrigado à equipe da FS por manter tudo funcionando enquanto eu trabalhava neste livro: Vicky Cosenzo, Rhiannon Beaubien, Dalton Mabery, Deb McGee, Laurie Lachance e Alex Gheorghe.

Meu obrigado à equipe da Portfolio e da Penguin Random House, que transformaram minhas ideias numa coisa concreta. Agradeço à Michael Jordan da edição, Niki Papadopoulos, cuja perspicácia e paciência enquanto eu perdia todos os prazos merecem toda a minha estima. E a meu agente Rafe Sagalyn, que foi fundamental para me orientar no processo de publicação.

E... obrigado a você. Você confiou a mim algo muito mais valioso do que o preço deste livro: você confiou a mim seu tempo. Espero que esse investimento pague dividendos nos próximos anos.

Notas

1.1. PENSAR ERRADO – OU NEM SEQUER PENSAR? [pp. 19-24]

1. Ver, por exemplo, *Nicomachean Ethics*, de Aristóteles, 2. ed., traduzido por Terence Irwin (Indianapolis, Indiana: Hackett Publishing Company, 1999), pp. 18-9. [Ed. bras.: *Ética a Nicômaco*. Trad. de Leonel Vallandro e Gerd Bornheim. São Paulo: Nova Cultural, 1991]; *Ad Lucilium Epistulae Morales*, de Sêneca, organizado por Richard M. Gummere (Nova York: G. P. Putnam's Sons, 1917), Biblioteca Digital Perseus, texto da carta 11 traduzido por William Jaworski, disponível em: <http://www.perseus.tufts.edu/hopper/text?doc=Sen.+Ep.+11&fromdoc=Perseus%3Atext%3A2007.01.0080>; *Rápido e devagar: Duas formas de pensar*, traduzido por Cássio de Arantes Leite (Rio de Janeiro: Objetiva, 2012); e *A hipótese da felicidade: Encontrando a verdade moderna na sabedoria antiga* (Trad. de Helena Mussoi. Campinas: LVM, 2022).

2. Descobri a ideia de que somos naturalmente propensos a defender nosso território num livro de Robert Ardrey, *The Territorial Imperative: A Personal Inquiry into the Animal Origins of Property and Nations* [O imperativo territorial: Uma investigação pessoal sobre as origens animais da propriedade e das nações], bem como em conversas com várias pessoas. Se os animais instintivamente marcam e defendem seu território, acredito que nos humanos esse instinto biológico se manifesta de maneira mais profunda e matizada. Reagimos instintivamente quando as pessoas invadem não só nosso território físico, mas também nossa autoimagem. Uma vez que entremeamos nossa identidade e nosso trabalho, quando alguém faz alguma crítica a nossa atuação profissional, é como se um animal entrasse em nosso território. Certas pessoas mal-intencionadas se servem disso para nos desconcertar e nos impedir de dar nosso melhor — nos criticam ou criticam o papel que desempenhamos no trabalho para nos induzir a reagir sem raciocinar.

3. "Configuração-padrão natural" é um termo que encontrei pela primeira vez no discurso de paraninfo de David Foster Wallace, "Isto é água", publicado em forma de livro como *Ficando longe do fato de já estar meio que longe de tudo*, traduzido por Daniel Galera e Daniel Pellizzari (São Paulo: Companhia das Letras, 2012).

1.2. O PADRÃO DA EMOÇÃO [pp. 25-7]

1. Associated Press, "American Anti Claims Silver", *ESPN*, 22 ago. 2004. Disponível em: <https://www.espn.com/olympics/summer04/shooting/news/story?id=1864883>.

1.3. O PADRÃO DO EGO [pp. 28-34]

1. Essa ideia de ser impelido a fazer julgamentos apressados a partir de conhecimentos fortuitos é de meu amigo Morgan Housel em "History's Seduction Beliefs", *Collab* (blog), Fundo Colaborativo, 21 set. 2021. Disponível em: <https://www.collabfund.com/blog/historys-seductive-beliefs/>.
2. Meus agradecimentos a Kathryn Schulz, que influenciou meu pensamento com seu livro *Por que erramos? O lado positivo de assumir o erro* (Trad. de Tina Jeronymo. São Paulo: Larousse do Brasil, 2011).

1.4. O PADRÃO SOCIAL [pp. 35-9]

1. Robert P. George (@McCormickProf), *Twitter*, 1º jul. 2020, 23h23. Disponível em: <https://twitter.com/mccormickprof/status/1278529694355292161>.
2. Este exemplo vem de Paul Graham, "The Four Quadrants of Conformism", jul. 2020. Disponível em: <http://www.paulgraham.com/conformism.html>.
3. Parafraseando Daniel Kahneman em *Rápido e devagar*.
4. Warren Buffett aos acionistas da Berkshire Hathaway, 25 fev. 1985, Berkshire Hathaway. Disponível em: <https://www.berkshirehathaway.com/letters/1984.html>.

1.5. O PADRÃO DA INÉRCIA [pp. 40-4]

1. Shane Parrish e Rhiannon Beaubien, *The Great Mental Models*. Ottawa: Latticework Publishing, 2019. v. 2: Physics, Chemistry and Biology.
2. Leonard Mlodinow, *Elástico: Como o pensamento flexível pode mudar nossas vidas*. Trad. de Claudio Carina. Rio de Janeiro: Zahar, 2019, p. 199.
3. É provável que essa citação equivocadamente creditada a Darwin derive dos escritos de Leon C. Megginson, professor de administração e marketing na Universidade Estadual da Louisiana, campus de Baton Rouge. A despeito de Darwin jamais ter dito isso, agora a atribuição incorreta está — literalmente! — gravada na pedra: adorna o piso da Academia de Ciências da Califórnia (embora aparentemente a Academia tenha removido a atribuição a Darwin). Ver "The Evolution of a Misquotation", *Projeto de Correspondência de Darwin*, Universidade de Cambridge. Disponível em: <https://www.darwinproject.ac.uk/people/about-darwin/six-things-darwin-never-said/evolution-misquotation>.
4. Shane Parrish e Rhiannon Beaubien, op. cit., pp. 76-7.

2.1. AUTORRESPONSABILIDADE [pp. 53-63]

1. Matt Rosoff, "Jeff Bezos Has Advice for the News Business: 'Ask People to Pay. They Will Pay'", *CNBC*, 21 jun. 2017. Disponível em: <https://www.cnbc.com/2017/06/21/jeff-bezos-lessons-from-washington-post-for-news-industry.html>.

2. Ler e revisar isso hoje me faz pensar no terrível e trágico caso da garota canadense Rehtaeh Parsons (que estudou na mesma escola que eu, mas numa época diferente) e sua postagem no Facebook: "No final, não nos lembraremos das palavras dos nossos inimigos, mas do silêncio dos nossos amigos". Tu Thanh Ha e Jane Taber, "Bullying Blamed in Death of Nova Scotia Teen", *Globe and Mail*, 9 abr. 2013. Disponível em: <https://www.theglobeandmail.com/news/national/bullying-blamed-in-death-of-nova-scotia-teen/article10940600>.

2.4. AUTOCONFIANÇA [pp. 69-76]

1. Shane Parrish (@ShaneAParrish): "passar 99,99% do tempo à espera do momento certo para fazer algo difícil é a forma como você racionaliza para não fazer a coisa difícil que você sabe que precisa ser feita. Não existe momento perfeito. Tudo o que temos é o agora. Pare de esperar". *Twitter*, 29 jul. 2019, 22h01. Disponível em: <https://twitter.com/ShaneAParrish/status/1156021875853578246>.

2. "The Wrong Side of Right", *Farnam Street* (blog), 28 ago. 2017. Disponível em: <https://fs.blog/wrong-side-right/>.

2.6. DEFINIR OS PADRÕES [pp. 79-84]

1. Adam Wells, "Darrelle Revis Sent Home by Bill Belichick for Tardiness", *Bleacher Report*, 22 out. 2014. Disponível em: <https://bleacherreport.com/articles/2241281-darrelle-revis-sent-home-by-bill-belichick-for-tardiness>.

2. "Haier: A Sledgehammer Start to Catfish Management", *IndustryWeek*, 13 out. 2013. Disponível em: <https://www.industryweek.com/leadership/companies-executives/article/21961518/haier-a-sledgehammer-start-to-catfish-management>.

2.7. MODELOS + PRÁTICA [pp. 85-92]

1. Sêneca, *Moral Letters to Lucilius*, carta 11. [Ed. port.: *Cartas a Lucílio*. Trad. de J. A. Segurado e Campos. Lisboa: Fundação Calouste Gulbenkian, 2004, pp. 32-3.]

2. Shane Parrish, "Jim Collins: Relationships versus Transactions", *The Knowledge Project* (podcast), episódio 110. Disponível em: <https://fs.blog/knowledge-project-podcast/jim-collins-2/>.

3. Catão, o Velho, *On Agriculture*, p. 1. [Ed. bras.: Marco Pórcio Catão. *Da agricultura*. Trad. de Matheus Trevizam. Campinas: Editora da Unicamp, 2016.]

4. Shane Parrish, "The Work Required to Have an Opinion", *Farnam Street* (blog), 29 abr. 2013. Disponível em: <https://fs.blog/the-work-required-to-have-an-opinion/>.

5. De uma tradução de William Jaworski para Michel de Montaigne, *The Essays of Michel de Montaigne*, livro 3, capítulo 12. [Ed. bras.: Michel de Montaigne. *Os ensaios: Uma seleção*. Trad. Rosa Freire D'Aguiar. São Paulo: Penguin Classics; Companhia das Letras, 2010.]
6. Denzel Washington, *A Hand to Guide Me*. Des Moines, Iowa: Meredith Books, 2006, p. 20.
7. Sêneca, op. cit.

3.1. CONHECER SUAS FRAQUEZAS [pp. 95-101]

1. Richard Feynman, *The Pleasure of Finding Things Out: The Best Short Works of Richard P. Feynman*. Org. de Jeffrey Robbins. Nova York: Basic Books, 1999, p. 212.
2. Michael Abrashoff, *It's Your Ship: Management Techniques from the Best Damn Ship in the Navy*. Nova York: Grand Central, 2002.
3. Ibid.

3.2. PROTEGER-SE COM SALVAGUARDAS [pp. 102-11]

1. Giora Keinan, Nehemia Friedland e Yossef Ben-Porath, "Decision Making under Stress: Scanning of Alternatives under Physical Threat", *Acta Psychologica*, v. 64, n. 3, pp. 219-8, mar. 1987.
2. Shane Parrish, "Daniel Kahneman: Putting Your Intuition On Ice", *The Knowledge Project* (podcast), episódio 68. Disponível em: <https://fs.blog/knowledge-project-podcast/daniel-kahneman/>.

4.1. DEFINIR O PROBLEMA [pp. 121-8]

1. Thomas Wedell-Wedellsborg, "Are You Solving the Right Problems?", *Harvard Business Review*, jan./fev. 2017. Disponível em: <https://hbr.org/2017/01/are-you-shooting-the-right-problems>.
2. Retirei a formulação dessa ideia de Paul Graham (@paulg), "O que eu disse a duas crianças, uma de doze anos e uma de oito, no caminho da escola para casa: você pode pôr sua energia em ser bom em algo ou em parecer legal, mas não em ambas as coisas. Qualquer dose de energia que você gastar para parecer legal sai da energia para ser bom", *Twitter*, 12 mar. 2021, 12h36. Disponível em: <https://twitter.com/paulg/ status/ 1370428561409073153>.

4.2. ANALISAR CUIDADOSAMENTE POSSÍVEIS SOLUÇÕES [pp. 129-45]

1. Jim Collins, *Empresas feitas para vencer: Por que algumas empresas alcançam a excelência... e outras não*. Trad. de Maurette Brandt. São Paulo: HSM Editora, 2013.
2. Sêneca, *Cartas a Lucílio*. Trad. J. A. Segurado e Campos. Lisboa: Fundação Calouste Gulbenkian, 2004, carta 91, p. 456-7.
3. Josh Wolfe (@wolfejosh), "O fracasso vem da incapacidade de imaginar o fracasso. Plano HORRÍVEL com consequências contingentes, o aumento do rastreamento em meio à INCERTEZA

da #covid19 — total falha de previsão — aumento das multidões, diminuição do fluxo, aumento da CERTEZA de PROPAGAÇÃO de quaisquer possíveis casos", *Twitter*, 14 mar. 2020, 21h51. Disponível em: <https://twitter.com/wolfejosh/status/1239006370382393345?lang=en>.

4. Inspetor Geral Especial para a Reconstrução do Afeganistão, *What We Need to Learn: Lessons from Twenty Years of Afghanistan Reconstruction*, ago. 2021, p. IX. Disponível em: <https://www.sigar.mil/pdf/lessonslearned/SIGAR-21-46-LL.pdf>.

5. Roger Martin, *Integração de ideias: Como usar as diferenças para potencializar resultados*. Rio de Janeiro: AltaBooks, 2017.

6. Charlie Munger, reunião anual de acionistas da Berkshire Hathaway, 2003, citado em Tren Griffin e Charlie Munger, *The Complete Investor* (Nova York: Columbia Business School Publishing, 2015).

7. Andrew Carnegie, *The Autobiography of Andrew Carnegie*. Nova York: PublicAffairs, 2011.

4.3. AVALIAR AS OPÇÕES [pp. 146-68]

1. NPR, "Remembering Roger Boisjoly: He Tried to Stop Shuttle Challenger Launch", *All Things Considered*, 6 fev. 2012. Disponível em: <https://www.npr.org/sections/thetwo-way/2012/02/06/146490064/remembering-roger-bisjoly-he-tried-to-stop-shuttle-challenger-launch>.

2. Tim Urban, "The Cook and the Chef: Musk's Secret Sauce", *Wait But Why* (blog), 6 nov. 2015. Disponível em: <https://waitbutwhy.com/2015/11/the-cook-and-the-chef-musks-secret-sauce.html>.

3. George C. Marshall, entrevistas e reminiscências para Forrest C. Pogue, fita 12m e fita 19m, 21 nov. 1956, Biblioteca de Pesquisa da Fundação George C. Marshall, Lexington, Virgínia.

4.4. AGIR! [pp. 169-77]

1. Michael Lewis, *O projeto desfazer: A amizade que mudou nossa forma de pensar*. Trad. de Cássio de Arantes Leite. Rio de Janeiro: Intrínseca, 2017.

2. Shane Parrish, "Winning at the Great Game with Adam Robinson (Part 2)", *The Knowledge Project* (podcast), episódio 48. Disponível em: <https://fs.blog/knowledge-project-podcast/adam-robinson-t2/>.

4.5. MARGEM DE SEGURANÇA [pp. 178-93]

1. Karl Kaufman, "Here's Why Warren Buffett and Other Investors Don't Diversify", *Forbes*, 24 jul. 2018. Disponível em: <https://www.forbes.com/sites/karlkaufman/2018/07/24/heres-why-warren-buffett-and-other-great-investors-dont-diversify/?sh=86081474795f>.

2. Jim Collins e Morten T. Hansen, *Vencedoras por opção: Incerteza, caos e acaso — Por que algumas empresas prosperam apesar de tudo*. Rio de Janeiro: AltaBooks, 2012.

3. Ibid.

4.6. APRENDER COM SUAS DECISÕES [pp. 194-201]

1. "Your Product Is Decisions", *Farnam Street* (blog), 27 nov. 2013. Disponível em: <https://fs.blog/your-product-is-decisions/>.
2. Jason La Confora, "Super Bowl 49: Pete Carroll's Decision Astonishing, Explanation Perplexing", *CBS Sports*, 1º fev. 2015. Disponível em: <https://www.cbssports.com/nfl/news/super-bowl-49-pete-carrolls-decision-astonishing-explanation-perplexing/>.

PARTE 5: QUERER O QUE IMPORTA [pp. 203-5]

1. Jim Collins, no prefácio à edição comemorativa de trinta anos de *The 7 Habits of Highly Effective People: Powerful Lessons in Personal Change*, de Stephen R. Covey (Nova York: Simon & Schuster, 2020). [Ed. bras.: *Os 7 hábitos das pessoas altamente eficazes: Lições poderosas para a transformação pessoal.* Edição comemorativa. Rio de Janeiro: BestSeller, 2022.]

5.1. A LIÇÃO OCULTA DE DICKENS [pp. 207-11]

1. Philip Brickman e Donald T. Campbell, "Hedonic Relativism and Planning the Good Society". In: M. H. Appley (Org.), *Adaptation-Level Theory: A Symposium*. Nova York: Academic Press, 1971, pp. 287-305.

5.2. OS ESPECIALISTAS EM FELICIDADE [pp. 212-4]

1. "Karl Pillemer, Interview n. 2", *Farnam Street* (blog), 15 jun. 2013. Disponível em: <https://fs.blog/2013/06/karl-pillemer-interview-no-2/>.
2. Marco Aurélio, *Meditações: Os escritos pessoais de Marco Aurélio Antonino, imperador filósofo* (Ta Eis Eauton). São Paulo: Penguin-Companhia, 2023, pp. 122-3.

5.3. *MEMENTO MORI* [pp. 215-8]

1. Steve Jobs, "'You've Got to Find What You Love', Jobs Says", *Stanford News*, 12 jun. 2005. Disponível em: <https://news.stanford.edu/2005/06/12/youve-got-find-love-jobs-says/>.
2. Essa pergunta é uma brincadeira com "Estou fazendo o uso correto da minha escassa e preciosa vida?", que ouvi pela primeira vez de Arthur C. Brooks em "To Be Happier, Start Thinking More about Your Death", *The New York Times*, 9 jan. 2016. Disponível em: <https://www.nytimes.com/2016/01/10/opinion/sunday/to-be-happier-start-thinking-more-about-your-death.html>.
3. Steve Jobs, op. cit.
4. Jeff Bezos, citado em Jessica Stillman, "How Amazon's Jeff Bezos Made One of the Toughest Decisions of His Career", *Inc.*, 13 jun. 2016. Disponível em: <https://www.inc.com/jessica-stillman/jeff-bezos-this-is-how-to-avoid-regret.html>.

5. Shane Parrish (@ShaneAParrish), "A dor de tentar e fracassar é intensa e passa depressa. A dor de não tentar, por outro lado, é menos intensa, mas na verdade não desaparece nunca", *Twitter*, 10 jan. 2019, 22h53. Disponível em: <https://twitter.com/ShaneAParrish/status/1083572670677938176>.

5.4. A MORTE DÁ LIÇÕES DE VIDA [pp. 219-22]

1. Aristóteles, *Ética a Nicômaco*. 2. ed. Trad. António de Castro Caeiro. Rio de Janeiro: Forense, 2017, livro 1, capítulo 2.
2. Nicholas J. Kelley e Brandon J. Schmeichel, "Thinking about Death Reduces Delay Discounting", *PLOS One*, 2 dez. 2015. Disponível em: <https://doi.org/10.1371/journal.pone.0144228>.
3. Tirei essa ideia de Drew Stegmaier, "Writing Your Own Eulogy", *Medium*, 26 mar. 2016. Disponível em: <https://medium.com/the-mission/writing-your-own-eulogy-d177ba45374>.
4. Testei isso no Twitter: Shane Parrish (@ShaneAParrish), "O que importa no momento raramente importa na vida. No entanto, o que importa na vida sempre importa no momento", *Twitter*, 7 dez. 2019, 19h01. Disponível em: <https://twitter.com/ShaneAParrish/status/1203464699305742336>.

CONCLUSÃO: O VALOR DO PENSAMENTO EFICAZ [pp. 223-4]

1. Tomado de empréstimo de meu trabalho aqui: Shane Parrish, "Letting the World Do the Work for You", *Farnam Street* (blog), 3 fev. 2016. Disponível em: <https://fs.blog/joseph-tussman/>.

Índice remissivo

3 Lentes, Princípio das, 143-5
3+, Princípio, 138
30 Lessons for Living (Pillemer), 211

Abrashoff, Michael, 100-1, 110
abstrações, 154-7, 164
ação, 169-77; consequencialidade e reversibilidade na, 170-1; decidir "o mais tarde possível" (ALAP, *as late as possible*), 172-4, 177; decidir "o mais rápido possível" (ASAP, *as soon as possible*), 171-4; margem de segurança na *ver* margem de segurança; "parar, perder, saber", 174-5; três princípios de, 171-7
Afeganistão, 133
Alcoólicos Anônimos, 103
algoritmos, 45; no computador, 46, 93
Alta Expertise (*Hi-Ex*), Princípio da, 154, 162-3; dicas, 164-5; distinguindo especialistas de imitadores, 166-8; tendo apoio de especialistas, 163-7; tipos de especialistas, 164-6
Alta Fidelidade (*Hi-Fi*), Princípio da, 154-8; melhores opções reveladas, 158-9; salvaguardas para avaliar motivações e incentivos, 160; salvaguardas para obter informações de outras pessoas, 161; salvaguardas para realizar um experimento, 159
Alvo, Princípio do, 153
ambiente, hábitos e, 46

Apolo, templo a, em Delfos, 64
Aristóteles, 22, 91, 220, 227n
Arnold, Benedict, 30-2
arrependimentos, 213, 216, 221
ASPCA (Sociedade Estadunidense para a Prevenção da Crueldade contra Animais), 124
atrito, criar, 107-8
autoconfiança, 29, 51, 69-78, 97; como você fala consigo mesmo e, 70-1; e o lado errado do certo, 74-6; ego *vs.*, 70; honestidade e, 72-4
autoconhecimento, 51, 64-5, 70, 77-8; padrões e, 65
autocontrole, 51, 67-8, 77-8, 97
autoconveniência, viés da, 57, 112, 195
autodefesa e territorialidade, 22-3, 56, 95
autoimagem, 55-6, 58
autopreservação, 22-3, 49, 57n, 95
autorresponsabilidade, 51-63, 77-8; culpa e, 54, 57, 61, 112, 224; desculpas e, 54-6; reações que podem melhorar ou piorar as coisas, 59-60; reclamar e, 60; responsabilidade e, 53-4, 57-9, 61, 114-5, 148, 205, 224; vitimização e, 61-3
avaliação, etapa de, 118, 146-68; atribuir valores quantitativos a critérios, 153; critérios, 146-50; definição dos critérios mais importantes, 149-50; informações de alta expertise *ver* Alta Expertise (*Hi-Ex*), Princípio da; informações de alta fide-

lidade *ver* Alta Fidelidade (*Hi-Fi*), Princípio da; irrelevância, 153; Princípio do Alvo, 153; salvaguarda da, 151-3

Belichick, Bill, 80-1, 196
Benfold, USS, 99-100, 110
Berkshire Hathaway, 9n, 39, 228n, 231n,
Bernays, Edward L., 40
Bezos, Jeff, 54, 217
Brady, Tom, 89, 196
Brickman, Philip, 208
Brock, Lou, 38
Buffett, Warren, 38-9, 87-9, 92, 143, 166, 181, 183, 186, 225

cães, adoção de, 124-5, 127
caixa de areia, metáfora da, 92
Campbell, Donald T., 208
caráter, 205
Carnegie, Andrew, 143
Carroll, Pete, 195-7
Catão, o Velho, 88
Causa-Raiz, Princípio da, 123-5
certo, o lado errado do, 32-3, 59, 74-6
Challenger, ônibus espacial, 147-8
checklists, 109
clareza, na determinação de critérios, 146
Clear, James, 93, 96n, 225
Cole, Kat, 226
Collins, Jim, 87, 129-30, 184, 205, 226
comandante, diretriz de planejamento do, 189, 191-2
comparação social, 208
complexidade, 38n
confiança *ver* autoconfiança
confirmação, viés da, 175
conflito, evitando o, 43
conhecimento, 155; fortuito, 29; tamanho *vs.* maneira como é usado, 65; *ver também* informação
consequencialidade, 170-1
controle, alto custo de perder o, 20-1
cotidiano *ver* situações cotidianas
covid-19, pandemia de, 32n
critérios, 146-50; atribuir valores quantitativos a, 153; definição dos, mais importantes, 149-51
culpa, 54, 57, 61, 112, 224

Da Vinci, Leonardo, 156
Darwin, Charles, 43
decisões, 8, 117-20; aprender com suas, 194-201; aprender a pensar de forma eficaz, 8; avaliação *ver* avaliação; etapa de; boas *vs.* eficazes, 203-4; capacitar outras pessoas a tomar, 189, 191-2; consequencialidade e reversibilidade das, 170-1; cotidiano e, 13-4; definição do problema *ver* problema, definição do; execução *ver* ação; mantendo um registro dos pensamentos no momento das, 200-1; Princípio da Transparência, 199-200; Princípio do Processo para a tomada de, 195-9; processo de tomada de, 118-9; resultados de, 197; viver algum tempo com, antes de anunciá-las, 186-7; *vs.* escolhas, 117-20
"demissão silenciosa", 32n
Descartes, René, 41n
desculpas, 54-7, 104
determinação, 146, 149
Dickens, Charles, 207
discernimento, 8-9, 14, 19, 32, 49-50, 61, 68, 125, 127, 130, 214, 221-2, 223-4
Discursos (Epicteto), 79
"disparar primeiro balas de revólver, depois balas de canhão", Princípio, 184, 186
domínio, dependência de, 156n
Downtown Dog Rescue, 124-5, 127
Duke, Annie, 9

"efeito dominó", 170
ego, padrão do, 24, 28-34, 40, 57, 59, 61, 76, 97, 99, 113, 149, 155, 169, 180, 192, 195, 200, 204-5; confiança *vs.*, 70; *parecer bem-sucedido vs. ser bem-sucedido*, 28-32; sentir que estamos certos *vs.* estarmos certos, 32-3
Einstein, Albert, 145
e-mail, 107-8
Emmons, Matthew, 26-7
emoção, padrão da, 24-7, 66-7, 97, 147, 204; erros e, 114
Empresas feitas para vencer (Collins), 129
engenheiros, 174
Epicteto, 78
erros, 112-6; aprender com os, 115, 194; custo dos, 170-1; encobrir os, 114; reparar os danos causados pelos, 115; responsabilidade pelos, 114-5

escolha, conflitos de, 142
esteira hedônica, 208-9, 221
estoicos, 22
estresse, 103
Ética a Nicômaco (Aristóteles), 91, 227
Everest, monte, 188, 190, 193
excelência, 83
experimento, 159
expertise *ver* Alta Expertise (*Hi-Ex*), Princípio da

Farnam Street, 9, 133n
febre pontocom, 186
felicidade, 209-14, 222
Feynman, Richard, 89, 98
Fine, Cordelia, 17
Fitzgerald, F. Scott, 140
fontes, motivações e incentivos das, 160
força de vontade, 46, 49, 77, 97, 104, 224
força(s), 50-1; conhecimento sobre, 64-5; em ação, 77-8; fortalecer-se, 49-51, 97
Four Seasons, rede de hotéis, 141
fraquezas, 51, 95-101; adquiridas, 96-7; conhecimento sobre, 64, 66, 70, 95-101; gerenciar as, 93-4, 96, 98-9; inerentes, 95, 97; pontos cegos, 97, 100-1, 110, 160
frônese (*phrónesis*), 211

General Motors, 44
George, Robert, 36
grades de proteção, 109
grupos, 23-4, 95; inércia dos, 44

hábitos, 46, 80, 95, 98, 108; rituais, 50, 78n
Hábitos atômicos: Um método fácil e comprovado de criar bons hábitos e se livrar dos maus (Clear), 96n
Haidt, Jonathan, 22
HALT (*hungry, angry, lonely e tired*), 103
Hamilton, Alice, 44
Hamlet (Shakespeare), 67
Hansen, Morten, 184
Henley, W. E., 53
hierarquias sociais, 22-4, 30, 32, 40n, 49, 95
Hỏa Lò, campo de prisioneiros de guerra, 129-30
honestidade, 72-4
humildade, 70

Ideias próprias (Fine), 17
inércia, padrão da, 24, 40-4, 50, 78n, 95, 97, 113, 148, 169, 204; e dobrar as apostas quando você está errado, 43-4; nos grupos, 44
informação, 184; alta fidelidade *ver* Alta Fidelidade (*Hi-Fi*), Princípio da ; opinião *vs*., 160; quando parar de coletar, 175-6; relevante e irrelevante, 153; *ver também* conhecimento
instintos biológicos, 21-4, 45, 49; autopreservação, 22-3, 49, 57n, 95; hierarquias, 22-3, 30, 33, 40n, 49, 95; *ver também* autodefesa e territorialidade; padrões
"Invictus" (Henley), 53

Jobs, Steve, 215-6

Kahneman, Daniel, 9, 22, 104, 106, 109
Kaufman, Peter, 9, 86, 89, 225
Kierkegaard, Søren, 130
Kipling, Rudyard, 50
Kissinger, Henry, 82
Knowledge Project, The, 9, 56n

Lazier, Bill, 87
Lee, Bruce, 49
Lewis, Michael, 172
Lippman, Walter, 35
lógica do cisne negro, A (Taleb), 183
Long-Term Capital Management (LTCM), 178-80
Lütke, Tobi, 89, 226
Lynch, Marshawn, 196

Maitland, Frederic, 138
"mais tarde possível, o" (ALAP), 172-4, 177
"mais rápido possível, o" (ASAP), 171-4
mãos, amarrar as, 189, 192-3
Marco Aurélio, 89, 203, 214
margem de segurança, 178-93; à prova de falhas, 188-93; amarrar as mãos, 189, 193; diretriz, 183; e mecanismos de disparo automático, 189-92; redução da, 183; viver algum tempo com uma decisão antes de anunciá-la, 186-7; *ver também* comandante, diretriz de planejamento do; "disparar primeiro balas de revólver, depois balas de canhão";

Marshall, George, 158-9
Martin, Roger, 140-1
Meditações (Marco Aurélio), 203
Mlodinow, Leonard, 41
modelos, 85-92; a serem seguidos, 85-7; e seu conselho de administração particular, 87-9; e seu repositório de bom comportamento, 90-1; escolha os, 85-6; *ver também* pessoas exemplares
Montaigne, Michel de, 89
morte, lições de vida a partir da, 215-22
mudança, 41-2; de ideia, 43; sobre aquilo você acha que sabe, 73-4
Munger, Charlie, 9, 65, 88-9, 142-3, 166, 225

Nasa, 147-8
Nero, 35n
New England Patriots, 80-1, 196
Newton, Isaac, 41
norma, ir contra a, 77-8

objetivos/metas, 205, 223; promoção de, 146-8
opções: avaliação *ver* etapa de avaliação; diminuição das, 176; informações sobre *ver* informação; *uma e outra*, 140-2
opinião *vs.* informação, 160
oportunidade, custo de, 142-5; *perder* pela primeira vez uma, 174-6; Princípio das 3 Lentes, 143-5

padrão social, 24, 35-9, 73, 78, 96, 122, 126, 128, 147-8, 169, 180, 186, 204; e o esquivar-se das práticas estabelecidas, 37-9; resistir ao, 78
padrões, 20, 24, 45-7, 49-51, 79-84, 91, 96, 204-5, 223-4; autoconhecimento e, 65; da emoção, 24-7, 67-8, 97, 147, 204; erros e, 114; da inércia, 24, 40-4, 50, 95, 97, 113, 148, 169; da inércia nos grupos, 44; da inércia e de dobrar apostas quando você está errado, 43-4; do ego, 24, 28-34, 40, 57, 59, 61, 76, 97, 99, 113, 149, 155, 169, 180, 192, 195, 200, 204; *parecer* bem-sucedido *vs. ser* bem-sucedido, 29-32; pessoas espertas com baixos, 81-2; razão dos baixos, 81; reprogramando os, 45-7; sentir que estamos certos *vs.* estarmos certos, 32-3
palmas, 35
"parar, perder, saber", Princípio, 174-6

Peart, Neil, 117
pensamento binário, 137-9, 141-2
Pensamento de Segundo Nível, Princípio do, 132-7
pensamento eficaz, 8-10, 14-5, 20, 27, 49, 223
pensamento integrativo, 140
perder pela primeira vez uma oportunidade, princípio, 174-6
perspectiva, mudança de, 109-11
pessoas exemplares, 85-8, 90-1, 156
Pillemer, Karl, 212-4,
Pixel Union, 151-2
poderoso chefão, O, 25, 28, 30, 88
pontos cegos, 64, 74, 97-101, 110, 137, 139, 155, 160; gerenciamento dos, 98-9; no USS Benfold, 99-101, 110
posicionamento, 15
premortem (pré-morte), 131
prevenção, 103
primeiro nível, pensamento de, 133
Princeton Review, The, 175
problema(s): antecipação dos, 131-2; escrever por extenso o, 127
problema, definição do, 118, 121-8; como salvaguardar a etapa da, 125-8; como salvaguardar a, usando o teste do tempo, 127-8; Princípio da, 123, 125; Princípio da Causa-Raiz e, 123-5; salvaguardar a etapa usando uma parede corta-fogo, 125-7
Processo, Princípio do, 195-9
projeto desfazer, O (Lewis), 172
Propaganda (Bernays), 40
proteção contra falhas, dispositivos de, 188-92; amarrar as mãos, 189, 192; e mecanismos de disparo automático, 189-92; e planejamento do comandante, 189, 191-2
Publílio Siro, 58

querer o que importa, 203-5

Ravikant, Naval, 167n
razão, racionalidade e, 19-20, 67, 223
Reagan, Ronald, 147
reclamar, 60
recompensas, 53
Redelmeier, Don, 172-3

Reed, Joseph, 31
referência, quadro de, 110-1
regras automáticas, 78, 103-7
respiração, 71
responsabilidade, 53-4, 57-8, 61, 148, 205, 224; pelos erros, 114-5; *ver também* autorresponsabilidade
resultado, 197; Princípio do, Ruim, 131-2, 135
reversibilidade, 170-1
Revis, Darrelle, 81
rituais, 51, 78n
Robinson, Adam, 9, 121n, 175
Rohn, Jim, 22n, 96n
Rumsfeld, Donald, 64

sabedoria, 37-8, 86, 99, 114, 116, 195, 205, 211-3, 219, 221, 227
salvaguardas, 97, 102-11, 224; avaliação, etapa de, 151-3; avaliação das motivações e incentivos de suas fontes, 160; criação de atrito, 107-8; cuidadoso exame da solução, etapa do, 137-41; definição do problema, etapa de, 125-8; grades de proteção, 109; imaginar opções fora de cogitação, 138-9; informações de como as pessoas pensam, 161-2; mudança de perspectiva, 109-11; obter informações de alta fidelidade, 159-62; opções *uma e outra*, 140-2; prevenção, 103; realize um experimento, 159; registro dos pensamentos no momento da decisão, 200-1; regras automáticas, 78, 103-7; teste do tempo, 127-8; usando parede corta-fogo, 126-7
Schopenhauer, Arthur, 45
Scrooge, Ebenezer, 207, 209-11
"Se" (Kipling), 50
Seattle Seahawks, 195
Segunda Guerra Mundial, 158
segurança, margem de, 178
Sêneca, 86, 88, 91, 131-2, 214, 219, 227
Shakespeare, William, 67
Sharp, Isadore, 141
Shippen, Peggy, 31
Shopify, 89, 151

situações cotidianas, 13-5, 20, 24, 79, 213, 218
Slovic, Paul, 175
Sobre a brevidade da vida (Sêneca), 219
Sobre a tranquilidade da alma (Sêneca), 88
Sociedade Estadunidense para a Prevenção da Crueldade contra Animais (ASPCA), 124
soluções, análise das possíveis, 118, 129-46; custo de oportunidade, 142-5; pensamento de segundo nível e, 132-7; Princípio 3+, 138; Princípio das 3 Lentes, 143-5; Princípio do Custo de Oportunidade e, 143; Princípio do Resultado Ruim, 131-2, 135; salvaguardar a etapa de exame das, 137-42
sorte, 58, 62, 80, 86, 194-5, 198-200
Stakes of Diplomacy, The (Lippman), 35
Stockdale, James, 129-30
Stutman, Randall, 9
sucessos, aprender com, 194
Super Bowl XLIX, 195-6

Taleb, Nassim, 156n, 183
tempo, 15, 213; teste do, 127-8
Thiokol, Morton, 147
trade-offs, 142n
Transparência, Princípio da, 199-200
Tuft & Needle, 159

Ulisses, 189, 192
Urban, Tim, 156

Vencedoras por opção (Hansen e Collins), 184
Vietnã, Guerra do, 129
virtude, atribuição de, 36-7
vitimização, 61-3

Walsh, Bill, 80n
Washington, Denzel, 91
Washington, George, 31, 89
Weise, Lori, 124-5
Wilson, Russell, 196
Wittgenstein, Ludwig, 126
Wolfe, Josh, 132

1ª EDIÇÃO [2024] 3 reimpressões

ESTA OBRA FOI COMPOSTA PELA ABREU'S SYSTEM EM INES LIGHT
E IMPRESSA EM OFSETE PELA GRÁFICA SANTA MARTA SOBRE PAPEL PÓLEN
DA SUZANO S.A. PARA A EDITORA SCHWARCZ EM OUTUBRO DE 2024

A marca FSC® é a garantia de que a madeira utilizada na fabricação do papel deste livro provém de florestas que foram gerenciadas de maneira ambientalmente correta, socialmente justa e economicamente viável, além de outras fontes de origem controlada.